高等学校金融学专业系列教材

JINRONG KEJI GAILUN

金融科技概论

（第二版）

主　编　邓　辛

副主编　彭嘉欣　蔡　岑

中国教育出版传媒集团

高等教育出版社·北京

内容提要

本书是高等学校金融学专业系列教材之一。本书精练简明，深入浅出，便于教学。主要内容包括：金融科技概述、金融科技的起源与发展、金融科技公司与传统金融机构、人工智能基础、大语言模型基础、区块链基础、云计算基础、大数据基础、金融科技与商业银行、金融科技与另类信贷、金融科技与证券行业、金融科技与资产管理行业、金融科技与保险行业、金融科技监管、金融科技伦理。本书适合作为高等学校经济管理类专业相关课程的教材，也可作为相关从业人员的参考用书。

图书在版编目（CIP）数据

金融科技概论 / 邓辛主编. -- 2 版. -- 北京 ： 高等教育出版社，2025. 8. -- ISBN 978-7-04-065272-7

Ⅰ. F830

中国国家版本馆 CIP 数据核字第 2025BG1002 号

策划编辑	熊柏根	责任编辑 熊柏根	封面设计 张文豪	责任印制 高忠富

出版发行	高等教育出版社	网　　址	http://www.hep.edu.cn
社　　址	北京市西城区德外大街 4 号		http://www.hep.com.cn
邮政编码	100120	网上订购	http://www.hepmall.com.cn
印　　刷	上海新艺印刷有限公司		http://www.hepmall.com
开　　本	787 mm×1092 mm　1/16		http://www.hepmall.cn
印　　张	17	版　　次	2020 年 1 月第 1 版
字　　数	362 千字		2025 年 8 月第 2 版
购书热线	010 - 58581118	印　　次	2025 年 8 月第 1 次印刷
咨询电话	400 - 810 - 0598	定　　价	45.00 元

序

　　不时有金融学专业的学生问我,金融科技快速发展的背景下,该如何规划职业发展?科技到底会不会"颠覆"金融行业? 从华尔街到陆家嘴,"颠覆"一词带来了绵延不绝的焦虑情绪。而我不认为金融行业会被轻易颠覆,其实科技对金融的"赋能"伴随着行业发展的每一个阶段。比如,1866 年世界上第一条跨大西洋海底电缆的成功铺设标志着金融全球化的开始;1967 年,约翰·谢泼德·巴伦受自动售货机的启发,发明了第一台自动取款机,这开启了金融的数字化进程,同时巴伦也是"智能合约"的前辈。

　　那么,当前金融科技革命有什么独特之处? 首先,新技术应用于金融领域的进程比以往任何时候都要快。其次,从移动支付、另类信贷,到加密货币、智能投顾,大多数的变革都是从金融业外部发生的,年轻的初创公司和大型成熟的技术公司基于新技术竞相开发新的金融产品和服务以填补传统金融机构的业务空白①。外部的竞争打破了金融行业的垄断,进而迅速刺激金融行业发展前行。

　　金融科技的急速发展使得相关人才供给出现巨大缺口,同时专业性的教材更是短缺。2018 年年初,在邓辛教授访问哥伦比亚大学商学院期间,她给我讲起 2017 年的一次行业调研如何开启了她的金融科技探索之旅。这次调研发生在湖北十堰。作为汽车城,十堰的发展源于 1969 年。由于当时国际政治环境的变化,在保护我国工业制造能力的战略方针下,大批汽车制造人才和设备从沿海地带转移至这个内陆小城,建造了我国"第二汽车制造厂",即如今的东风汽车集团有限公司。该地四面环山,曾经只有一条铁路和一条公路连通外界。当时这个地理环境完美地满足保护工业制造能力的需要,但现如今却因身处内陆远离金融中心,金融资源匮乏。十堰存在成千上万家小型汽车零部件生产厂商,这些厂商很难在商业银行获取贷款,他们的生产毛利率为 14％～18％,但民间借贷的成本一般都在 20％以上。高昂融资成本的根本原因是信用的短缺。据此,调

---

① 这个观点是基于我与意德·哥德斯坦(Itay Goldstein)教授和乔治·安德鲁·卡洛里(George Andrew Karolyi)教授作为金融研究评论(*Review of Financial Studies*)主编在金融科技特刊中的述评文章"To FinTech and Beyond"。

研团队提出基于区块链技术的供应链金融商业模型,将供应链上小型供应商与核心企业的多层关联完整呈现,进而利用核心企业的优质信用来背书以降低小型供应商的融资成本。随后的多次讨论中,我看到她对金融科技有着全面而深刻的思考,所以不停鼓励她继续深入研究并和更多的受众分享她的成果。现在,很高兴看到这本《金融科技概论》教材的出版,这是她努力的成果,也为金融科技方向的教育提供了非常有价值的参考。

该书不仅介绍金融科技的概念,还全面回顾总结了科技赋能金融的历史。此外,技术基础部分通俗易懂地介绍了 A(人工智能)、L(大语言模型)、B(区块链)、C(云计算)、D(大数据)技术,提供了对应领域经典的教材文献供读者深入学习研究。并对商业银行、另类信贷、证券行业、资产管理行业、保险行业分别从用户交互、业务开发和底层基础设施建设三个层次进行总结分析。

在金融的发展历史上,中国以前一直是跟随学习者。但在这次金融科技变革中,中国市场在许多领域的创新领先其他发达资本市场,呈现出跳跃式发展的特点。科技的急速前行,如何保持前端优势? 每个人的回答可能不尽相同,但静下心的思考必不可少,这样才能发现规律,实现新的突破。我想该书可以作为一个很好的起点。

姜　纬

哥伦比亚大学商学院亚瑟·伯恩斯自由竞争企业讲席教授

全美金融协会(AFA)董事会成员

哈佛大学法学院公司治理中心资深研究员

美国国家经济研究局法律和经济学部研究员

前　言

自第一版问世以来，本书得到了高校师生和业内读者的广泛关注与支持。然而，近年来金融科技行业的发展日新月异，新技术、新模式层出不穷。各国的金融监管政策也在不断完善，我国亦陆续出台了一系列金融科技监管举措，引导创新规范发展。面对这样瞬息万变的技术竞赛，我们深切感到唯有与时俱进地更新教材内容，方能更好地帮助读者把握时代脉搏。为了顺应这一趋势，更好地服务教学与实践，我们对第一版进行了修订，在保留原书基本框架的基础上，对内容体系进行了全面更新。

本次修订重点围绕金融科技领域的新技术、新理念，聚焦金融科技领域的中国实践，充实和新增了多项具有时代特色的内容。例如，在技术基础篇中，增补了近年来备受关注的大语言模型专题；在监管与伦理篇中，则增加了中央银行数字货币与合规科技等内容，以反映科技手段在风险控制与合规管理方面的最新应用。在内容设计层面，本书大幅拓展了具有中国特色的案例资源，引入蚂蚁集团、度小满等在金融科技领域的代表性企业的实践，构建以中国企业为主体的案例知识图谱。与此同时，将我国近年来在金融科技领域出台的最新政策、取得的技术实践成果，以及参与国际治理的经验融入教材。通过这些更新和调整，使全书的结构更加系统合理，内容更加契合时代脉动，充分体现金融科技发展的最新趋势。

本书特色如下：

1. 着力原创性探索，助力中国自主教材体系构建。本书围绕"数字人民币""监管科技""金融科技伦理"等前沿课题进行了系统深入的阐述，凝练总结了中国在金融科技实践中的宝贵经验和独特发展路径。这些具有中国特色的理论分析和案例研究，旨在为读者理解日新月异的全球金融科技现象提供一个独特的"中国视角"，为金融科技领域的自主话语体系构建贡献绵薄之力。

2. 立足交叉学科逻辑，培养多元创新人才。本书打破金融与技术的壁垒，将人工智能、大语言模型、区块链等技术原理与支付结算、智能投顾、风险管理等金融业务逻辑进行模块化重构，构建"技术底层—金融应用—合规治理"三位一体的跨学科知识图谱，引导读者形成"以金融逻辑审视技术价值、以科技工具解决行业问题"的复合思维,培养兼具理论深度、技术敏感度与行业洞察力的多元创新人才。

3.反映新时代磅礴的金融科技实践,彰显大国金融担当。本书结合中国式现代化进程,在数字经济的背景下,选取蚂蚁集团、京东科技、字节跳动、微众银行等企业在数字支付、供应链金融等领域的案例,以及人民币跨境支付系统(CIPS)等中国方案,让读者把握行业发展趋势,理解金融科技的战略价值与大国担当。

本次修订由邓辛组织和协调,彭嘉欣与蔡岑参与了修订章节的撰写。在此过程中,编写团队密切合作,对教材体系和内容进行了不断完善。特别感谢有关管理部门和科研团队在资料收集、案例提供等方面给予的支持与帮助。同时,也要感谢高等教育出版社编辑团队在本书出版过程中给予的专业支持和指导。最后,感谢广大读者在第一版出版后提出的宝贵反馈意见——你们的建议为本次修订提供了重要参考,使我们能够不断改进并提升本书的内容质量。

限于水平,书中一定存在诸多缺点和不足,欢迎读者馈赐宝贵意见。我们衷心希望,本书能够为高等院校相关专业的教学提供有益的参考,也希望能够帮助读者更好地认识和把握金融科技浪潮下的机遇与挑战。让我们携手并进,在中国式现代化的宏大进程中共同见证金融科技的蓬勃发展!

邓　辛

2025 年 7 月

目 录

第一篇 理论基础

第二篇 技术基础

第三篇　应用实践

第四篇　监管与伦理

专栏目录

第一篇

理论基础

第一章

金融科技概述

学习目标

1. 掌握金融科技的概念。
2. 理解中国金融科技的发展定位。
3. 理解金融科技产业的技术支撑。
4. 掌握金融科技的业务模式与典型产品。
5. 理解金融科技对金融行业底层技术架构的影响。

引导案例

随着阿里巴巴集团控股有限公司(简称"阿里巴巴")、腾讯科技(深圳)有限公司(简称"腾讯")等科技巨头涉足金融领域,银行等传统金融机构意识到了一种无法忽视的威胁——自身业务逐渐被压缩至最基础的功能范围,利润空间也在不断被科技企业"切"走。

想象一个场景,如果有一天,作为日常社交工具的微信拥有了和传统金融机构一样的业务,你会选择在哪办理业务呢?

这个问题的答案仁者见仁,智者见智。有人可能出于安全和习惯的考虑继续选择传统金融机构,有人则更偏爱方便、高效、低成本且具备定制化服务的微信。但若能将安全性提高到传统金融机构同样的水平,不难想象,大多数用户群体将会转向生活中更亲切、熟悉的微信。截至 2025 年,考虑到微信约 13.85 亿名的月活跃用户,我们也就不难理解传统金融机构恐惧感的由来了。

金融科技对传统金融业态的颠覆已经势不可当。为了避免被客户抛弃,传统金融机构纷纷加入布局金融科技市场的行列,或加大自身技术研发,或和科技公司合作,或直接投资金融科技公司。毕马威会计师事务所(简称"毕马威",KPMG)发布的《金融科技脉搏》报告显示,2021 年全球金融科技融资上升至 1 320 亿美元。

思考题：

1. 金融科技到底是什么？
2. 金融科技将如何改变传统金融行业？它的发展又取决于什么因素？

第一节　金融科技的概念、定位与技术基础

金融科技（FinTech）是金融（finance）和科技（technology）的结合体。历史上，科技在金融市场和金融机构中一直发挥着重要的作用，许多金融业务的实现都离不开科技的支撑和辅助，如订单的管理、客户信息的载入、投资数据的分析、头寸报告和监管报告的编制等。现在，随着科技与金融的不断融合，金融科技被赋予了更加专业化的含义。

一、金融科技的概念

起初，金融科技用于"形容"那些利用现代科技、从事创新金融服务的初创企业的业务特征，该类企业是传统金融体系的有效补充。近年来，不同机构对金融科技的概念作出了不同理解。比如，国际权威机构金融稳定理事会（FSB）①认为金融科技是技术带来的金融创新，金融科技能够创造新的业务模式、应用、流程或产品，从而对金融市场、金融机构或金融服务的提供方式造成重大影响②。中国人民银行金融研究所互联网金融研究中心将金融科技分为狭义和广义两种。狭义的金融科技是指金融机构运用包括云计算、大数据和区块链等新型数据分析和存储技术，加强经营管理、提升服务效率和市场竞争效率。广义的金融科技除了狭义的金融科技，还包括金融机构利用新的管理技术和方法，对金融业态和金融运营模式等产生的新的影响。

本书重点关注金融科技对传统金融行业的深远影响，因此认为：金融科技是指基于人工智能、大语言模型、区块链、云计算、大数据等数据采集、存储、分析、计算的新兴技术，使金融市场和金融机构在金融服务供给上的效率大幅提升并具有颠覆性作用的业务创新。

二、金融科技的定位

（一）金融科技的发展定位

基于时任英国央行行长马克·卡尼（Mark Carney）的演讲③，金融科技的发展定位

---

① 金融稳定理事会的前身为金融稳定论坛（FSF），是七个发达国家（G7）为促进金融体系稳定而成立的合作组织。在中国等新兴市场国家对全球经济增长与金融稳定影响日益显著的背景下，2009年4月2日在伦敦举行的20国集团（G20）金融峰会决定，将FSF成员扩展至包括中国在内的所有G20成员国，并将其更名为FSB（Financial Stability Board）。

② 该概念来自金融稳定理事会于2016年3月对外发布的有关金融科技的专题研究报告。

③ 演讲名为"Building the Infrastructure to Realise FinTech's Promise"，2017年4月12日。

金融科技 VS 互联网金融

金融科技与互联网金融的概念有实质性的不同。

互联网金融(ITFIN)是指传统金融机构与互联网企业利用互联网技术和信息通信技术实现资金融通、支付、投资和信息中介服务的新型金融业务模式①。互联网金融最常见的表现形式为传统金融机构与互联网企业合作,基于互联网进行金融产品的销售和客户服务,实现线下到线上的便捷功能。简而言之,互联网金融是将互联网作为金融产品和服务的销售渠道的拓展。

金融科技则不一样,它是基于金融本身而产生的全新的产品。产品不仅与大数据、区块链等创新的互联网技术深度融合,商业模式、服务对象也发生了改变,是金融本质的重新定位。

举个例子来说明两者的不同。比如,余额宝的实质是由天弘基金管理有限公司(简称"天弘基金")提供的货币基金。借助于支付宝(中国)网络技术有限公司(简称"支付宝")这一基金互联网销售渠道,天弘基金成为中国管理规模第一大的基金公司。截至 2023 年,余额宝接入 30 家基金公司进行基金产品销售。这类销售业务属于互联网金融业务。除了余额宝,蚂蚁集团的财富管理板块也在开展智能投顾业务的研发,如能够基于用户消费习惯、收入结构等大数据,并通过机器学习对财经新闻进行算法挖掘,进而自动调整用户的资产配置,具备这类功能的服务属于金融科技产品。

思考题:

1. 互联网金融与金融科技有什么区别?

2. 请举例说明,金融科技带来了哪些金融创新?

包括五点:一是消费者将得到更多的选择机会、更具针对性的服务和更优惠的价格;二是中小型企业将得到新的信贷支持;三是伴随着交易成本降低、资本效率更高、经营管理更富弹性,银行将变得更具生产力;四是金融体系本身将更具韧性、多样性,金融宽度和深度也将得到提升;五是金融服务将更具普惠性,人与人的联系更加紧密,人们的知情权得到尊重(见图 1-1)。

中国人民银行印发的《金融科技发展规划(2022—2025 年)》指出,金融科技作为技术驱动的金融创新,是深化金融供给侧结构性改革、增强金融服务实体经济能力的重要引擎。金融科技要坚持"数字驱动、智慧为民、绿色低碳、公平普惠"的发展原则,为构建新发展格局、实现共同富裕贡献金融力量。

《金融科技
发展规划
(2022—
2025 年)》

---

① 该概念来自中国人民银行等十部门发布的《关于促进互联网金融健康发展的指导意见》。

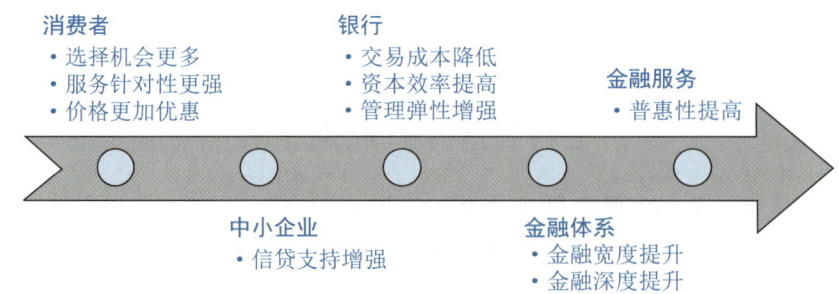

图 1-1　金融科技的发展定位

（二）金融科技的市场定位

金融科技在成熟度不同的金融市场定位不同。比如,北美地区金融业发展较为成熟,而在亚太地区,以中国和东南亚各国为代表,金融服务水平相对滞后。

整体来看,以亚太地区为代表的非成熟金融市场,金融科技的市场需求广阔,发展潜力巨大(见表 1-1)。在中国,金融科技以中青年消费者为重点服务对象,不仅仅是因为他们对新生事物接受能力强,与移动设备有更紧密的联系,更重要的是,他们是社会消费的主力人群。

表 1-1　金融科技市场定位对比[①]

项　　目	北　　美	亚　　太
市场现状	消费者基本金融需求均能得到满足;金融服务人群覆盖比例高	大量消费者没有获得正规的金融服务
市场定位	在零星领域起补充作用,侧重为消费者提供更加便捷的金融服务	服务广大的未开发市场,侧重长尾用户的拓展
市场价值	"锦上添花"	"雪中送炭"

（三）金融科技的功能定位

金融科技在金融服务中所起到的都是辅助功能,是提高效率的工具,人力才是主导。科技并不能独自实现效率的提高,人们必须严格遵循金融业务和商业模式的规律,针对不同的需求,应用技术来创新不同的服务模式。比如,云计算技术为海量数据的运算能力和速度的提升带来了突破;大数据风控技术主要应用于互联网金融的信用风险管理领域,可以解决信息不对称问题;人工智能风控技术在大数据技术的基础上,可以解决风控模型优化问题;区块链技术则可以应用于支付清算等操作的技术安全领域。未来的金融,一定是广泛应用金融科技的金融,不存在所谓传统金融之外的应用金融科技的新金融。

三、金融科技的技术基础

（一）人工智能技术

人工智能(AI, artificial intelligence),是指通过计算机程序实现与人相似的理性行

---

① 资料来源:中国信息通信研究院,《中国金融科技产业生态分析报告》,2018 年 1 月。

为的智能技术。其本质是具有人类智能的机器,能够模拟、延伸和扩展人类智能的理论、方法、技术及应用形式。如果把人工智能比拟人类,则要实现的功能包括听说读写、行动、思考和学习等。在听说读写方面,主要涉及语音语义和计算机识别方面的技术,包括语音识别、机器翻译、图像识别、人脸识别、虹膜识别、文字识别等;在行动能力方面,主要涉及机器人技术;在思考能力方面,主要涉及定理证明、自动推理和搜索方法;在学习能力上,主要涉及机器学习、知识获取、知识处理、知识表示等技术。

近年来,人工智能进入了一个高速发展阶段。云计算和大数据的兴起为人工智能提供了基础支撑,深度学习带来的算法突破提高了复杂任务处理的准确度和效率,极大地推动了语音识别、计算机视觉、机器学习、自然语言处理、机器人等人工智能技术的发展。金融领域对技术进步向来敏感,将人工智能技术应用于金融行业可以批量人性化和个性化地服务客户,提高数据处理效率,重塑传统金融服务模式。

(二) 区块链技术

区块链是一种去中心化的分布式共享记账技术,其设计目的是让各方参与者能够在技术层面建立信任关系,是金融科技中极具革命性的技术之一。区块链技术在金融领域的优化作用体现在以下三个方面。

1. 金融资产数字化

区块链上信息的不可篡改性、去中心化的数据储存方式,以及便利和低交易成本特性,使其成为包括货币在内的各类金融资产数字化的最佳载体。

2. 实时数字化交易模式

不同于当前各类金融交易的 T + N 模式,区块链网络中将不存在清算这个概念,所有的交易都是"发生即清算",交易完成的瞬间所有的账本信息都完成同步更新。微众银行与上海华瑞银行、洛阳银行、长沙银行联合建立的"微粒贷"备付金实时对账系统就是一个典型案例,也是国内首个银行区块链实际应用场景。

3. 革命性的"去信任"过程

区块链的运用将彻底颠覆金融体系中的信任模式,即从信任金融机构等中介机构的模式转变为交易双方相互信任的模式。信任是金融业的基础,为建立信任机制,金融业发展了大量的带有中心化性质的中介机构,包括证券、保险、交易所、第三方支付平台、银行等。然而,传统的中心化中介机构处理信息过于依赖人工,且金融信息传播链条过长,导致出错率高且效率低下。区块链技术的出现使这一问题可能被有效解决。交易双方无须借助第三方信用中介就能开展经济活动,传统商业模式的底层逻辑将发生改变。

(三) 云计算技术

云计算为用户提供可用的、便捷的、按需的网络访问,使其进入可配置的计算资源共享池,采用按使用量收费的模式。计算资源包括网络、服务器、存储、应用软件、服务。作为网络环境下计算资源交付和使用的技术,云计算技术的目的是实现计算资源能够像自来水和电一样按需供应。

金融云是云计算技术为金融机构量身定制的服务。它利用云计算的一些运算和服务优势，将金融业的数据、客户、流程、服务及价值通过数据中心、客户端等技术手段分散到"云"中，以改善系统体验，提升运算能力和数据价值，为客户提供更高水平的金融服务，并同时达到降低运行成本的目的。金融业务上云[①]，能充分利用云计算平台的超强计算能力，降低服务器等硬件资源的一次性投入成本和IT运维人员的投入费用。更重要的是，上云后的业务系统可以更高效地利用互联网上的各种云服务资源。高成本、非核心的外围系统或者同质化的基础金融服务借助互联网实现业务外包，使企业专注于核心金融业务持续创新和运营管理，进而降低了中小微金融机构的金融服务门槛，有利于普惠金融的进一步实施。

（四）大数据技术

在大数据时代，每天都有海量信息快速生成。如果能掌握这些数据，运用数学运算，理解信息、转化信息，把数据转换为有价值的内容，就能预测下一个商机，而这个数据处理技术就是大数据技术。

与传统数据管理技术不同，大数据技术实现了静态向动态、低维向多维的转变。它往往与云计算技术相伴，其特色在于对海量数据进行分布式数据挖掘。目前，大数据技术被广泛应用于银行、征信、保险、证券投资等领域，在细分客户、市场营销、风险控制、优化运营管理能力等方面展现出了诱人的前景。

（五）物联网技术

物联网技术是实现"物物互联"的互联网技术，是在互联网技术的基础上，将用户端扩展到物品上，使物品和物品（T2T）、人与物品（H2T）、人与人（H2H）都能够实现通信并进行信息交换。该技术实现了由"人的互联"向"物的互联"的转变，具有跨时代的重要意义。

在物联网系统内，通过大数据技术对人和物的数据信息进行实时采集和分析，可以更加精细、动态地对人和物进行"智能管理"，有利于提高资源利用效率。因此物联网在金融行业中的应用，主要体现在客观数据采集上。比如在企业客户融资过程中，银行可以运用物联网实时掌握企业的原料库存、成品积压等情况；针对动产质押融资，可以运用传感器、导航定位等技术监控质押动产的存续状态和变化情况；针对"三农"客户融资，物联网传感器可以监控农作物生长环境并自动化预测产量。同时，物联网对保险行业的影响尤其深刻：可穿戴设备作为物联网健康管理的感应终端，为保险业采集数据、解决客户与保险公司间的信息不对称问题、实现精准营销提供了一个新的突破口；车联网的应用也将变革车险定价模式，全面推动保险业的升级。物联网在金融业务中的功能较为单一，因此本书在后文中未单独成章进行介绍。

---

① 　金融业务上云，指金融机构将数据迁移到云平台，借助云计算的优势，提高数据的灵活性，并降低IT基础架构的成本。

第二节　金融科技的作用

金融科技的发展对社会、经济都产生了很大的作用,这里主要讨论其在金融业务上的作用。金融业务可以划分为前端(获客模式和用户体验)、中端(业务产品的研发)和后端(技术架构)三个部分。如图1-2所示,金融科技在这三个部分的业务优化中发挥着不同的作用。

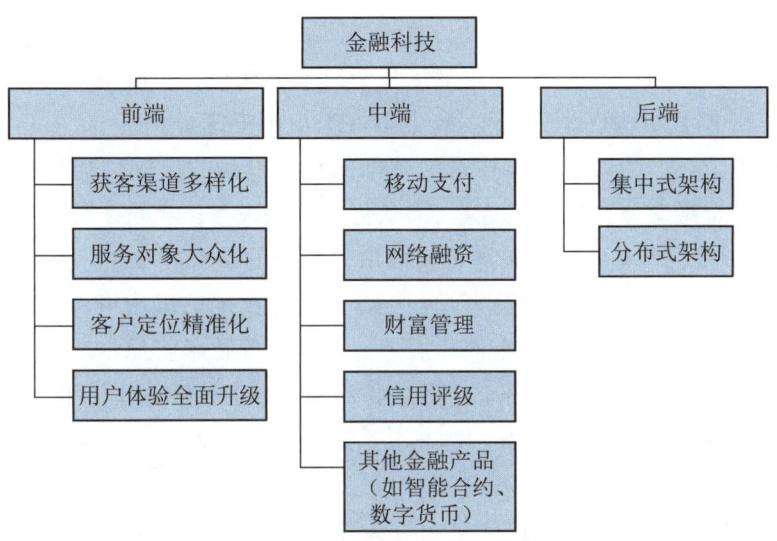

图1-2　金融科技业务流程细分

一、前端:获客模式和用户体验

(一)获客渠道多样化

金融机构的传统获客渠道大多依靠物理网点。机构物理网点多,获取客户就方便。该方式不仅受到网点的时空限制,其运营成本也十分高昂。一个物理网点的设立至少需要配备场地、人员、柜台、网络专线、监控、门禁设备等。在金融科技的帮助下,金融机构依靠互联网和移动客户端在线上就能获取用户。而且,通过丰富的虚拟空间和服务场景,用户体验得到优化,客户黏性增强,金融机构的获客能力大大提升。余明桂等(2022)的研究发现,商业银行的数字化转型对劳动力需求具有破坏效应,能够通过缩减分支机构和减少银行营业网点间接减少劳动力需求。数字化转型指数每增加一单位标准差,劳动雇佣减少0.792%。而劳动力数量下降又进一步帮助银行降低了运营成本。

除了物理网点、网上营业厅、移动客户端等金融机构的自有渠道,传统金融机构开始与互联网公司进行合作,开拓获客渠道。这是因为互联网的普及率越来越高,作为消费主力的当代年轻人与互联网企业接触的频率远高于与传统金融机构接触的频率。借助互联网公司渠道和流量的优势,传统金融机构可以进一步降低获客引流的成本。

（二）服务对象大众化

传统金融服务有明显的金融排斥性,即金融服务大都针对中高端收入群体或大型企业,众多低收入群体或者小型企业获得的金融资源有限。技术的发展极大地降低了金融服务的准入门槛。

融资市场上,新兴网络融资方式与传统融资渠道有显著差别。在传统金融市场中,贷款人一般是资金实力雄厚、能承担较大风险的机构投资者。普通投资者大多通过银行等金融机构以存款或购买理财产品的方式间接参与金融市场的借贷活动。中国P2P网贷行业在经历早期快速扩张后,因风险集中暴露(如平台跑路、资金池违规操作、高坏账率),自2016年起进入强监管整顿阶段。监管部门通过"三降"(降存量业务规模、降出借人数量、降借款人数量)、"备案制"等政策逐步清退不合规平台。截至2020年年末,原银保监会宣布P2P网贷机构已全部清零,行业彻底退出历史舞台。

投资市场上,首先,以人工智能技术为基础的智能投顾的出现使得原先只有高净值客户才能享受的金融服务变成了低成本、大众化的金融服务。相较于传统财务顾问收取的管理费率在1％以上,有的智能投顾公司收取管理费的费率在0.3％左右,低廉的收费标准对于普通投资者具有极大的吸引力。其次,大数据技术的采用可以捕获用户的多维数据,从而可以根据个人需求提供个性化服务。云计算等技术将原本矛盾的大众化与个性化统一到全新的低成本高质量的全新服务体系中。最后,智能分析平台、社交投资平台的出现也大大提高了投资者的参与度。

（三）客户定位精准化

通过大数据技术分析客户身份信息和行为数据,金融机构能够从中验证客户的购买习惯和支付偏好,更深层次地了解客户购买意愿和行为,进而预测客户的未来需求和信用状况,实现精准营销,用最直接的方式满足目标客户的潜在需求,解决客户"痛点"。民生银行于2018年7月落地的"场景金融智能服务平台"项目,其重要功能之一就是依托大数据计算能力,实现多渠道、"千人千面"的产品推荐。

此外,大数据技术也能评估营销效果。通过持续跟踪营销效果,监测不同渠道、不同形式的营销方案带来的客户流量和购买转化率,金融机构能够及时评估营销方案效果并进行动态调整,设计最优营销方案。

（四）用户体验全面升级

金融服务机构在借助技术创新拓宽客户渠道、提高经营效率、降低成本的同时,也大大增强了用户的服务体验。无论是移动支付的便捷性、管理智能的高效性还是客户营销的精准性,无一不体现对客户习惯的重视。金融科技的核心是技术,本质是金融,而服务才是目的。趋于完美的客户体验是最终"俘获"客户、占领市场的手段。根据麦肯锡报告,在客户体验上的成功转型,可使企业在2～3年内实现10％～15％的营收增长、15％～20％的服务成本降低和20％～30％的员工满意度提升。优化客户体验正在成为未来金融机构竞争的焦点,也是金融科技发展的方向。

二、中端：业务产品的研发

金融科技业务形式多样，呈现出高度细分且相互交叉的特点。中国的金融科技起源于金融的 IT 系统，其最开始是不受重视的基础设施。随着支付产业的出现，金融科技从后台系统渗透到金融的核心业务，并且，逐渐将金融与实际生活联系得更为紧密（见图 1-3）。当前，在移动支付、网络融资、财富管理和信用评级方面，金融科技的相关业务已逐渐成熟。我国金融科技在移动支付和网络融资方面的应用尤其广泛且深入。截至 2024 年 12 月，我国网络支付用户规模达 10.29 亿人，网络购物用户规模达 9.74 亿人，网上零售额、移动支付普及率稳居全球第一。

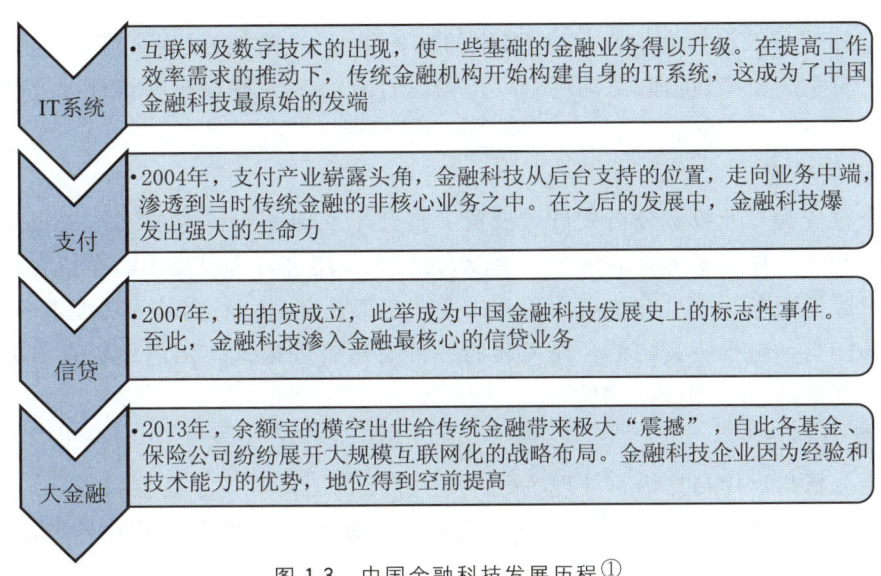

图 1-3 中国金融科技发展历程[①]

（一）移动支付

移动支付是指通过社交媒体和公共平台提供本地、跨境、跨渠道的支付和转账服务。我国移动支付主要分为两类：一是社交平台嵌入型，基于社交媒体的应用程序提供便利的金融支付服务，如支付宝（阿里巴巴）和财付通（腾讯）；二是日常消费活动嵌入型，如用在餐饮、公用事业、医疗服务、网上购物和交通等方面的银联云闪付、京东支付、快钱支付和翼支付等。

移动支付丰富了支付场景，大大提高了支付效率和便利度，更重要的是为其他金融服务提供流量入口，有效地补充了现有金融体系的服务功能。

（二）网络融资

网络融资模式的核心是互联网时代的金融脱媒[②]，即摒弃了银行这一吸存放贷的传统信用中介，利用云计算、大数据等互联网技术，通过网络平台整合借贷双方投融资信

---

① 资料来源：艾瑞咨询，《夜明前——2017 年中国金融科技发展报告》。编者作了一定调整。

② 金融脱媒，又称金融非中介化，指在金融管制的情况下，资金供给绕开商业银行体系，直接输送给需求方和融资者，完成资金的体外循环。

息,实现资金的有效配置。网络融资的方式包括众筹和 P2P 借贷。

网络融资是传统金融市场的有效补充,主要体现在服务目标对象、融资渠道和风险控制三个方面。在服务目标对象方面,网络融资更侧重长尾客户,其服务目标对象与银行有鲜明区分,呈现大众化、"草根化"特点,借贷双方门槛较低,有效地补充了资金供求市场的空缺。在融资渠道方面,网络融资依靠互联网平台实现金融脱媒,提升了运营效率和服务质量,并在一定程度上解决信息不对称问题。在风险控制方面,网络融资通过将资金需求拆分成多笔小额贷款来分散融资风险。相比传统融资,网络融资通过互联网平台的无界性,可在短时间内聚集数量众多的参与者,使分散到单个投资者的投资额度非常小,从而降低了融资风险。

(三) 财富管理

财富管理是以客户为中心,根据客户的财务状况、风险偏好、现金流和财富需求,为其提供一套关于资产、负债、流动性管理的财富计划。金融科技在财富管理方面的应用主要包括以下四个方面。

1. 社交投资

社交投资为专业投资分析人员和投资者搭建了交流平台。它的基本逻辑是基于移动客户端和大数据分析等互联网技术手段,为广大长尾客户提供原本高净值客户才能享受的投资顾问服务。它具有普惠性和开放性。它集社交、移动、交易等功能于一身,是信息共享功能与金融投资策略结合在一起的一种财富管理模式。国内比较有名的社交投资平台包括雪球、东方财富股吧等。

2. 智能分析

智能分析指运用自然语言处理、深度学习和知识图谱等人工智能技术,分析宏观经济、公司业绩、网络舆情等数据,判断事物之间的关联性,为金融决策提供辅助功能,如股票推荐、公司收入预测等。

3. 量化交易

最初量化投资交易仅运用计算机来进行辅助工作,进行简单的统计计算。大数据、云计算等技术的出现和发展使得处理海量数据难度大为降低,量化投资的可靠性也在不断增强。目前,在国外发达的金融市场上,利用计算机程序来执行金融交易决策已经十分普遍。从交易量占比看,量化交易占到衍生品市场总交易量的 80% 以上。中国目前量化交易规模还不算特别大,但是规模较大的公募基金都有自己的量化团队。

4. 智能投顾

利用大数据分析、量化金融模型与智能化算法,并结合投资者的风险承受水平、财务状况、预期收益目标与投资风格偏好等情况,为客户提供多元化、自动化、个性化的智能理财服务。智能投顾能以最少的人工干预帮助投资者进行资产配置及管理。

(四) 信用评级

基于非传统的在线数据源和行为,如购物行为和社交媒体网站的信息,运用大数据分析技术来了解并确定客户的风险概况。截至 2024 年 9 月月末,中国人民银行金融信用信息基础数据库已累计收录 11.6 亿名自然人、1.3 亿户企业和其他组织的相关信息。

但我国仍有近2.5亿名自然人缺乏信用记录,没有信贷交易数据的人数更是达到6亿。仅靠商业银行、公共服务机构、少数市场化征信机构等的信息整合远远无法满足市场的需求,而且过高的信息采集成本也限制了其使用范围。

网上支付的普遍化为线上征信提供了可行条件,这是因为移动端的数据维度更多,可以使用户"画像"更立体,数据的实时获取和解析让风控有效性得以提升。2015年年初,我国政府颁发了8张个人征信业务牌照,征信业进入飞跃式发展阶段。目前,我国互联网征信行业已经呈现良好的发展态势,有望成为我国征信体系的重要组成部分。典型的大数据征信机构包括依托电商平台采集数据的"芝麻信用"、通过社交网络取得信息的"腾讯征信"等。

(五) 其他金融产品

数字货币是电子货币的一种,但是又明显区别于传统电子货币。它依靠密码技术来创建、发行并实现流通,可以用来进行真实的商品和服务交易,如比特币、莱特币、以太币、瑞波币等。基于其去中心化、匿名性强、支付便捷的特征,数字货币在跨境贸易、支付清算和商务汇款等方面有着非常大的发展潜力。中国、英国、荷兰等国家也正在着手研发国家法定数字货币。

智能合约是按照既定合约条款,触发某些特定条件时,能够自动执行的计算机程序。早在1993年,数字合约和数字货币专家尼克·萨博(Nick Szabo)就提出了智能合约的概念,但当时数字金融系统无法满足可编程交易的需要,智能合约在金融体系中未得到实质性的应用。随着金融科技的飞速进步,区块链等技术的出现为智能合约从虚拟转化为现实提供了可能。智能合约是区块链技术的重要应用,基于区块链"去中心化"及数据不可篡改的特点,智能合约实现了整个交易流程的透明化和可追踪,并可避免恶意行为对合约正常执行的干扰。

三、后端:技术架构

以云计算为依托,金融行业的技术架构已发展到从集中式架构向分布式架构转型变革的关键节点。中国工商银行在2018年8月31日公布的半年报中明确表示,未来信息科技系统建设的重要目标之一就是,深化IT架构转型,降低系统之间的耦合性[1];招商银行在2018年8月25日公布的半年报中,提出要加速推进云计算和分布式交易平台的建设[2];深交所用了四年时间把核心交易系统架构转型到分布式架构上;此外,东方证券、民生银行、广发银行、南京银行等金融机构也相继完成了技术架构的转型。

(一) 集中式架构与分布式架构

1. 集中式架构

集中式架构主机资源集中在大型主机或小型机上,操作系统、中间件、数据库等"基础软件"均为闭源商用系统。换言之,在集中式架构下,每个终端或客户端仅负责数据的

---

[1] 资料来源:中国工商银行,《中国工商银行股份有限公司2018年半年度报告(A股)》。

[2] 资料来源:招商银行,《招商银行股份有限公司2018年半年度报告(A股)》。

录入和输出,而数据的存储与控制处理完全交由主机来完成。

集中式架构最大的特点就是部署结构简单。因为集中式架构往往基于底层性能卓越的大型主机运行,所以无须考虑如何对服务进行多个节点的部署,也就不用考虑多个节点之间的分布式协作问题。

2. 分布式架构

分布式架构以水平扩展为主,通过横向扩充节点(一个节点扩充到多个节点),每个节点运行独立,节点之间通过网络互连。随着节点扩充,系统处理能力能够随之提升,单节点失效时,整个集群仍可以对外提供服务。

分布式架构的优势在于采用更加开放的架构,各节点松耦合[①],降低了单个节点对基础软硬件的可靠性、可用性的依赖,可用性高、可扩展性好、成本较低、受制于单一厂商的制约较少,以及对国外技术产品依赖性较小等。

(二) 金融机构技术架构发展趋势

20 世纪 70 年代,我国银行业开始运用计算机代替手工进行业务处理,20 世纪 90 年代中后期,实现全国范围的银行计算机处理联网。2000 年,金融行业开始建设全国集中的核心业务系统。彼时集中式系统架构依靠成熟稳定、可靠性强的优势,推动了金融行业业务及信息化建设的发展。这给金融业 IT 服务商提供了很好的成长土壤。

随着国家安全可控战略的实施、移动互联网金融的兴起、普惠金融业务量的迅速增长,金融机构开始面临着金融脱媒带来的转型压力,集中式架构逐渐呈现出故障容错能力及弹性扩展能力不足、对基础软硬件产品依赖度高、核心技术受制于人等局限性,迫切需要转型升级。

在此背景下,分布式架构凭借其部署快、可扩展性高等特性,逐渐成为金融机构实现业务创新试验的首选技术架构。分布式架构能够帮助金融机构弹性扩容、缩短应用部署时间、实现故障自动检测定位以及业务升级不中断,从而使得客户能够随时随地访问金融机构,为客户提供方便的服务,进而颠覆金融行业服务模式和行业格局,更好地适应"互联网＋金融"服务模式(见图 1-4)。

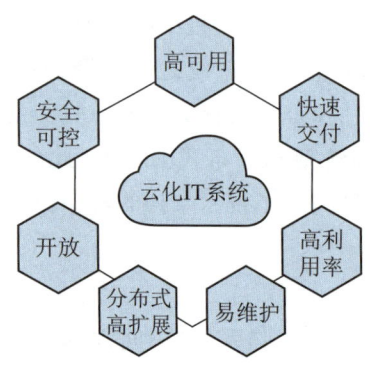

· **高可用**:云平台高可用&负载高可用
· **快速交付**:自服务,极致资源响应
· **高利用率**:资源池化共享,降低成本
· **易维护**:智能运维,故障自动恢复
· **分布式高扩展**:水平无缝扩展,资源弹性伸缩
· **开放**:对硬件无绑定,开放API接口
· **安全可控**:多维度安全,自主控制

图 1-4　云化 IT 系统的特点

---

① 耦合一般指软件组件之间的依赖程度。松耦合结构的优点在于更新一个模块不会引起其他模块的改变。这使应用程序环境更敏捷,能更快地适应更改,并且降低风险。

分布式架构是云计算的基础技术,而金融云服务则专指面向金融机构的云计算服务。金融机构上云,将最大限度地实现 IT 投资的业务价值,降低业务运营成本,提高 IT 成本透明机制,最终实现以技术扩展商业边界。

比如国内首家核心系统在云上的银行——网商银行,就是利用蚂蚁金融云(现已升级为蚂蚁金融科技),推出"310"模式贷款业务(3 分钟审批,1 秒钟放款,全程 0 人工干预),完全基于海量数据给出授信额度;在保险领域,云技术也已经对风险评估、定价环节产生了变革。

本章小结

1. 金融科技是指基于人工智能、大语言模型、区块链、云计算、大数据等数据采集、存储、分析、计算新兴技术,使金融市场和金融机构在金融服务供给上的效率大幅提升并具有颠覆性的业务创新。

2. 金融科技在金融业务的前端、中端、后端三部分的业务优化中发挥着不同的作用。

3. 金融科技对前端的作用体现在获客渠道多样化、服务对象大众化、客户定位精准化、用户体验全面升级上。

4. 金融科技在中端业务产品的研发方面,在移动支付、网络融资、财富管理和信用评级方面,业务已逐渐成熟。金融科技研发的其他金融产品还包括数字货币、智能合约等。

复习思考题

1. 简述金融科技的概念。

2. 金融科技的市场定位是什么?

3. 金融科技对金融行业的优化作用体现在哪些方面?

4. 金融科技的技术支撑有哪些?

5. 请列举一些金融科技产品。

第二章
金融科技的起源与发展

学习目标

1. 了解 FinTech 1.0、FinTech 2.0 和 FinTech 3.0 不同阶段的发展情况。
2. 掌握金融科技各个发展阶段的特点。
3. 理解亚非等地区金融科技发展的逻辑。

引导案例

2003 年深秋,一位卖家在淘宝网点击了"担保交易"按钮、将支付链接发送给买方,这笔通过第三方托管完成的交易,不仅成就了阿里巴巴首单网购业务,更悄然开启了金融科技革命的篇章。彼时的支付宝团队或许未曾料到,这个为解决电商信任问题而生的支付工具,将在 20 年后变为处理交易峰值超 50 万笔/秒的超级金融平台——从二维码支付的全民普及,到余额宝掀起互联网理财浪潮,再到区块链跨境汇款打通"一带一路"资金动脉,每一次技术跃迁都在重构金融服务的时空边界。当肯尼亚渔民通过 M-Pesa 手机钱包获得人生首笔数字信贷,当上海白领在元宇宙银行与 AI 顾问探讨 ESG 投资组合,金融科技已从工具性创新升维为重塑全球金融秩序的基础设施。

思考题:

1. 简述金融科技从萌芽到发展的过程。
2. 金融科技的广泛性与包容性是如何形成的?
3. 未来金融科技发展的方向又将如何?

第一节　FinTech 1.0: 金融全球化

金融全球化拉开了现代金融科技发展的序幕,FinTech 1.0 阶段(1866—1966 年)就此开始。

一、FinTech 1.0 的开端

金融全球化开始的标志性事件是 1866 年世界上第一条跨大西洋海底电缆成功铺设。电缆起始于爱尔兰的瓦伦西亚岛，终止于加拿大纽芬兰，每分钟可以传输 8 个英文单词，实现了欧美大陆"一线牵"。此后更多的海底电缆建设工程启动。到 19 世纪末期，欧洲和北美已经被紧密地连接在同一个电报通信网络之中。跨大西洋电报系统的诞生，让欧美的主要市场之间可以即时通信，促进了信息交流，将世界经济金融连接为一个整体。我们可能对现在打开电脑就能查询到全球各个市场的行情司空见惯，但是在那个通信工具不发达的年代，即使是每秒仅 8 个单词的传输速度，对金融市场来说也是质的飞跃。值得指出的是，过去五年新增的海底电缆铺设量，比此前 150 年的总量还要多。随着大数据时代的来临，更密集的实物电缆网对传输更大流量的数据是必不可少的。这也再次印证了跨洋海底电缆的铺设，对金融市场的意义非凡。

除了跨洋海底电缆的铺设，在 19 世纪中后期到第一次世界大战爆发前的这段时间内，电报、铁路、运河和蒸汽轮船等也都对金融全球化做出了贡献，使金融信息能够更快地传递，金融交易和支付能在更短的时间内完成。英国经济学家约翰·梅纳德·凯恩斯（John Maynard Keynes）在《〈凡尔赛和约〉的经济后果》（*The Economic Consequences of the Peace*）一书中描绘的战前欧洲生动地反映了当时金融全球化的面貌：伦敦的居民可以一边在床上啜饮着早茶，一边用电话订购来自世界各地的各种商品，这些商品可谓是应有尽有，想要多少就可以订购多少，而且完全可以期待着它们会一大早就被送到顾客的家门口；同时，他们也可以使用同样的方式，对世界各地的自然资源和新兴企业进行投资，不费吹灰之力，也不会遇到什么麻烦，他们就可以获得所期待的成果和收益。

二、编译破译技术发展

在战争期间，由于战争对各国正常经济生活秩序的干扰，金融全球化的进程受到阻碍，但是科技却在战争的作用下快速发展。第二次世界大战期间，各国为了更加安全有效地传递情报，在通信加密技术（code）和密码破解系统（decode）上投放了大量人力、物力、财力。IBM 后来也将这种破译代码的工具嵌入早期的计算机。在这个过程中，电脑技术得到了突飞猛进的发展，为日后人工智能的发展奠定了技术基础。

三、信用卡体系发展

除了编译破译技术，20 世纪 50 年代，美国出现了信用卡；1964 年，美国施乐公司（Xerox Corporation）发明了电报的进阶版本——传真机；1966 年，InterbankCard Association［即万事达卡国际组织（MasterCard International）的前身］成立，创造了一种新的信用卡体系。这些技术的诞生，对之后金融科技的发展都产生了巨大的影响。FinTech 1.0 大事记如图 2-1 所示。

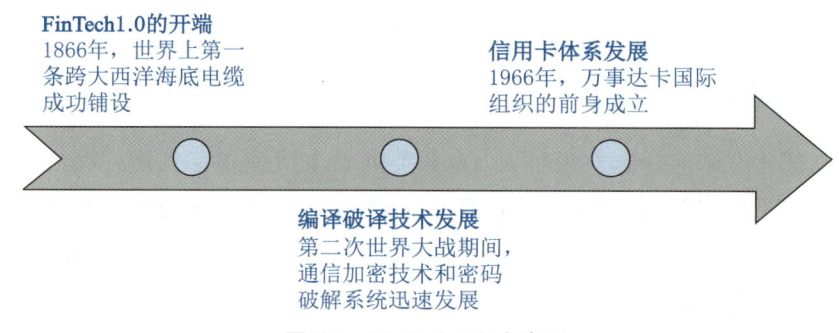

图 2-1　FinTech 1.0 大事记

第二节　FinTech 2.0: 金融数字化

FinTech 2.0 阶段(1967—2007 年),金融科技的发展不再局限于 FinTech 1.0 阶段的实体基础设施的更新与推广,而是转向了数字化的操作机器和电子化的业务系统。

一、FinTech 2.0 的开端

1967 年,英国的巴克莱银行(Barclays Bank)引入了世界上第一台自动取款机(automated teller machine,ATM),宣告了现代 FinTech 2.0 时代的到来。通过这些设备,客户可以在全天内任意时间提取金额较小的现金,一方面方便了客户,另一方面减少了银行员工的工作量。ATM 的使用,使得银行业向数字化转变,标志着传统金融机构开始尝试通过引入科技提供更多金融产品并提高自己的服务质量,来巩固自己的地位。前美联储主席保罗·沃尔克(Paul Volcker)甚至表示:银行唯一有用的发明是 ATM 机。可见 ATM 在金融科技发展过程中发挥着关键作用。同年,美国德州仪器公司(Texas Instruments)制造出了第一台手持金融计算器。这一发明使得金融业的运作变得更加高效便捷,大大提高了金融从业者的工作效率。手持金融计算器也可以看作是现在的智能手机的鼻祖。

此后,在传统金融领域尝试引入更多的科技,支付和交易的效率随着新系统、新技术的推出不断提高。

二、支付领域的发展

在支付领域,1970 年,美国成立了纽约清算所银行同业支付系统(CHIPS,clearing house interbank payments system)。20 世纪 70 年代初期,美国联邦储备通信系统也由电报系统转变为了电子系统。1974 年,旨在解决银行跨境清算问题的环球同业银行金融电讯协会(SWIFT,Society for Worldwide Interbank Financial Telecommunications)成立。这些电子支付系统使得无论是国内还是国际的交易均能够即时进行,为全球日益

活跃的金融交易提供了清算上的后盾。日均交易量可达 4 万亿美元的外汇交易市场就得益于此。在外汇市场上几乎没有现金交易，都是通过清算机构对金融机构账户进行电子记账完成交易的。

三、交易领域的发展

在证券交易领域，1971 年美国的全国证券交易商协会创建了纳斯达克（NASDAQ）。纳斯达克收集场外市场上证券商对股票的报价，再发布在电子公告栏上，实现了股票的自动报盘，从而降低了股票卖价和买价的差额，提高了场外市场的流动性。1976 年，纽约证券交易所建立了订单转送及成交回报系统（DOT，designated order turnaround），实现了订单的电子传递。证券交易系统的交易形式由票据实物交割逐渐转变为如今的全电子证券交易，也是金融数字化进程中重要的一步。

四、引起监管重视

FinTech 2.0 阶段，金融科技的发展并非一直顺利，支付系统和交易系统的自动化在带来便利的同时也带来了风险。1974 年，赫斯塔特银行（Herstatt Bank）接到了德国当局清算的命令却无力支付美元，最终无奈倒闭。这让监管当局加强了对金融科技的监管，推出了一系列确保可靠的支付体系的国际协定。1987 年 10 月 19 日，在金融全球化的背景下，全球股市在道琼斯指数暴跌的影响下先后大幅"跳水"。对此次"股灾"的解释，普遍接受的说法是：在电子化交易系统下程序化交易[1]盛行，电脑看到股市下挫时会自动按此前已经写好的抛售机制执行抛售行为，抛售行为再次打压股价，形成恶性循环，股价下跌趋势非但不能得到有效的遏止反而愈演愈烈。在监管方面，此次"股灾"之后，美国证券交易委员会批准了熔断机制，即标普指数在短时间内下跌幅度达到 7% 时，美国所有证券市场交易均将暂停 15 分钟，来遏制恶性循环的发生。这次"股灾"促进了各国的监管者们谋求合作机制，实现共赢。随着金融科技风险的显现，监管得到了越来越多的重视，为之后监管科技概念的提出埋下伏笔。

五、互联网领域的探索

FinTech 2.0 阶段，金融科技发展的另一个贡献在于互联网技术的发明与使用。随着 20 世纪 90 年代互联网的兴起，1995 年美国的富国银行（Wells Fargo）率先利用万维网向客户提供网上账户核验服务，拉开了互联网在金融领域应用的帷幕，也为此后的 FinTech 3.0 打下了基础。2001 年，美国的 8 家银行已经有超过一百万名在线客户。2005 年，英国诞生了第一家没有实体营业网点的直接银行（direct banks）。互联网成为传统金融机构不能忽视的战场。FinTech 2.0 大事记如图 2-2 所示。

---

[1]　程序化交易是指通过电脑软件的帮助，用市场上常用的技术指标构建出一组投资策略，借由程序计算出买卖的方向与时点，操盘人只要完全依照程序所提供的买卖信号，做出买进或卖出的动作，而不通过操盘人自身看法来操作。

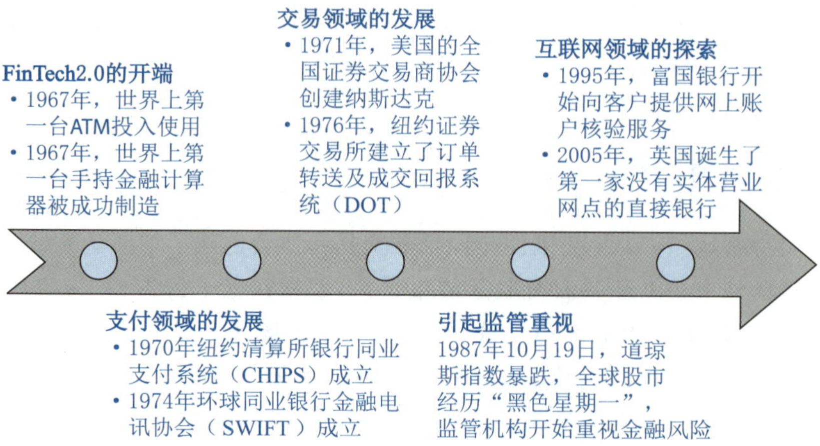

交易领域的发展
- 1971年，美国的全国证券交易商协会创建纳斯达克
- 1976年，纽约证券交易所建立了订单转送及成交回报系统（DOT）

FinTech2.0的开端
- 1967年，世界上第一台ATM投入使用
- 1967年，世界上第一台手持金融计算器被成功制造

互联网领域的探索
- 1995年，富国银行开始向客户提供网上账户核验服务
- 2005年，英国诞生了第一家没有实体营业网点的直接银行

支付领域的发展
- 1970年纽约清算所银行同业支付系统（CHIPS）成立
- 1974年环球同业银行金融电讯协会（SWIFT）成立

引起监管重视
1987年10月19日，道琼斯指数暴跌，全球股市经历"黑色星期一"，监管机构开始重视金融风险

图 2-2　FinTech 2.0 大事记

第三节　FinTech 3.0: 金融移动化

2008 年，金融科技再次迎来转折点，迈入 FinTech 3.0 阶段（2008 年至今）。这次 FinTech 革命中，发展中国家终于崭露头角。将 FinTech 2.0 阶段中的电子支付的应用场景从电脑端进一步延伸到智能手机等移动终端上，金融服务的提供与获取变得更加方便迅捷。

一、金融科技发展的原因

2008 年全球金融危机使得传统金融界陷入僵局，金融科技却得到了快速发展。首先，金融危机的失业效应为金融科技提供了人才资源。金融危机使得众多金融机构倒闭或者裁员，不仅有大批金融从业者待业，还有大量金融应届毕业生求职受阻。这些闲置的劳动力或选择创立一家金融科技公司或选择加入初创金融科技公司。其次，金融机构试图通过科技手段提高盈利能力。金融危机后各国对金融市场的监管都趋于严格，增加的监管成本使得公司盈利能力下降，而引入科技可以帮助金融机构更好地控制合规风险，甚至谋求新的盈利点。最后，公众对以银行为代表的传统金融机构的不信任为金融科技公司提供了市场空间。美国第四大投资银行雷曼兄弟（Lehman Brothers）破产、美国第三大投资银行美林公司（Merrill Lynch）被美国银行收购、美国政府接管美国国际集团（AIG），这些看上去规模庞大、业务稳定的"大公司"转眼就摇摇欲坠。这使得民众开始接纳阿里巴巴（Alibaba）、腾讯（Tencent）、谷歌（Google）等科技公司提供的金融服务。

与此同时，2008 年还见证了智能手机的革新。2007 年，乔布斯发布了第一代 iPhone 智能手机。2008 年 7 月，支持 3G 网络的 iPhone 3G 智能手机问世。移动数据传输速度的加快，为金融科技在移动终端领域的开拓提供了广阔的舞台。

二、金融科技的影响

我们可以将 FinTech 3.0 阶段金融科技的影响划分为以下五个方面。

（1）金融科技丰富了投融资方式。众筹、P2P 等另类投资方式，如果失去了科技的帮助则将很难运行。越来越多的对冲基金和私募股权利用量化交易策略和高频交易策略进行投资。很多第三方咨询类机构开始采用智能投顾技术，为客户提供定制化投融资服务。

（2）金融科技为风险管理提供更多手段。2008 年之前，大部分金融服务业的风险管理手段多侧重建立技术性的量化风险模型，比如在险价值模型（VaR，value at risk）等。1994 年 J.P.摩根（J.P. Morgan Chase & Co.）提出的"风险度量制"模型就是这种方法的典型代表之一。但 2008 年的金融危机证明这样的风险管理手段存在很大不足，金融危机后的风险管理开始侧重建立新的监管规则、搭建更完善的风险管控体系和妥善处理新涌入的竞争者对市场的影响。科技的注入大大提高公司风险管理和政府风险管控的效率。

（3）金融科技改变了传统的支付手段。尤其是在日常生活场景下的应用，互联网移动支付就是其中的典型代表。根据工信部和中国互联网络信息中心数据，截至 2024 年年底，移动互联网用户数达 15.68 亿户，网络支付用户规模达 10.29 亿人，网络购物用户规模达 9.74 亿人，网上零售额、移动支付普及率稳居全球第一。除了已有的线上线下购物支付、扫码乘车、国外购物换汇和退税等，支付宝和微信支付等移动支付端仍在继续拓展更多支付使用场景。其方便商户和用户使用的同时，推动了金融科技发展。比特币等加密货币的兴起也是电子支付领域的一大革命。而加密货币是否能颠覆已有的支付体系，或是已有的支付体系能否巧妙地化解加密货币的潜在威胁，与未来金融科技的发展轨迹息息相关。

（4）金融科技导致了数据安全问题的出现，同时为解决该问题提供了解决方案。金融科技渗透生活的另一表现就是大数据时代的到来。借助科技手段，庞大和杂乱的金融数据可以产生巨大的价值，但如果不好好防范而遭到黑客蓄意攻击，也可能产生强大的破坏力。数据安全不仅与个人、企业密切相关，与整个金融行业、甚至国家层面则更是如此。怎样在利用数据的同时做好数据安全工作，是金融科技从业者不能忽视的话题。

（5）金融和科技的交汇点在于用户交互。金融科技产品既要满足金融服务的需求，保证用户体验，又要具备技术上的可实现性。金融科技公司改变了以往传统金融公司服务用户的方式，对营业部式的交互方式产生了冲击。做好用户交互界面，不仅可以提高客户在使用上的方便性，还有可能发现更多拓展金融领域的机会，带来更多新的商业科技。

第四节　FinTech 3.5：亚洲和非洲的金融科技革命

在 FinTech 3.0 阶段，发展中国家在金融科技的发展进程中终于占据了一席之地。

为了突出发展中国家在这次进步中所扮演的角色和做出的贡献,我们把亚洲和非洲的金融科技发展情况进一步归纳为 FinTech 3.5。

一、亚非地区金融科技高速发展的原因

亚非地区的金融科技得以高速发展的原因可归纳为三方面。

（1）前期金融机构基础薄弱。从机构层面来看,发展中国家银行业的完备性不如发达国家,给了金融科技增长的机会。亚非地区的银行在科技上的支出和营业网点的数量均不及欧美地区的银行。银行业的不发达说明在亚非地区银行业的竞争程度小于欧美地区。银行业受国有银行或少数较大银行的影响大。而一旦公众因腐败或服务质量不佳等而对国有银行失去信心,很容易就转向非银行业机构。同时,由于银行网点分布相对稀疏,没有银行账户的人口数量庞大,对于那些有账户但无法在短时间内获取银行服务的客户,尤其对因为没有账户而无法获取银行服务的群体而言,移动手机银行则变得非常有吸引力。

（2）人口红利。从人口结构层面上看,亚非地区的中产阶级群体庞大。据预测,2030 年,亚洲的中产阶级将占据全世界 60% 的比例。同时,亚非地区有大量拥有移动智能设备的年轻人,他们都是金融科技的潜在客户群体。另外,在印度和中国,每年都有大量学习计算机技术或工程科学的毕业生。可见,这些国家金融科技在技术难点突破上的人力资源丰富。

（3）监管成本低。从法律制度上看,发展中国家可能存在规章制度不健全、对数据的保护和竞争机制的约束不够严格的问题。对于公司而言,产品符合政府监管所花成本减少,可以拿出更多的资金来打磨产品,攻克技术难关。

二、中国:弯道超车、领跑全球

根据世界银行公布的数据,2023 年中国每十万个成年人可以分得的商业银行分行数量为 8.77 家,而同一数据在美国为 26.63 家;2021 年中国每十万个成年人可以分得的ATM 数量为 81.44 台,而同一数据在英国为 96.28 台。尽管近年来,中国银行业的实体设备量实现了连续增长,但是与发达国家的差距仍然很明显。在中国目前的发展速度下,中国银行业没有时间再向西方国家的基础设施配备程度看齐。但金融科技为他们提供了一条很好的出路,使他们没有必要在实体设备上继续花费大量精力。银行业转向线上终端,通过互联网提供质量相同甚至是更佳的服务体验。

中国的金融科技公司在这些年取得的成果也是有目共睹的。2010 年到 2024 年,中国新增了 8.9 亿名网上支付用户,网上支付使用率增长了 62.8%。中国数字经济的规模也从 2017 年的 27.2 万亿元上涨至 2022 年的 50.2 万亿元,呈飞速增长趋势。从 1978 年开始,中国银行业仅用 40 年时间便实现了从单一银行体系向多元化银行体系的跨越式演进——截至 2024 年 6 月,我国已形成由 6 家国有大行、12 家股份行、124 家城商行、

1 577 家农商行、19 家民营银行(含纯互联网运营的微众银行和网商银行)，以及 1 620 家村镇银行等构成的银行业金融机构体系。这一发展速度创造了全球银行业改革奇迹。反观英国，其在银行业发展了 150 年之后才在 2010 年颁发了第一张新零售银行的许可证给 MetroBank。

金融科技公司的蓬勃发展使整个社会受益。阿里巴巴直接或间接提供了 287 万个就业岗位，为超过 40 万家中小企业提供了贷款服务。监管者需要在传统银行业和互联网金融公司的动态竞争中谋求平衡，这很难，但是很重要。在监管上，银行应该和那些提供与银行相似甚至一致服务的金融科技公司公平竞争。而对于那些初创公司而言，他们又需要一套能让他们在承担高昂的监管成本之前就能发展起来的监管模式。也就是说，监管需要避免繁重的合规成本，同时保证金融市场的稳定。中国政府正在朝着这个方向努力，试图找到一个能让处于 FinTech 2.0 阶段的传统金融机构和处于 FinTech 3.0 阶段的新市场参与者均有所归依的监管方式。

这样分层的"轻"监管模式在亚洲也产生了良好的反响。韩国正在为纯网上经营的银行开发独特的体制；印度已经为支付银行建立了专属的执照，并且已经为 11 家银行颁发了该执照；而中国也正在酝酿引入私有银行来满足传统国有银行所不能提供的服务需求。这些发展至关重要，因为它们反映了一个地区金融科技的动态，也表明了国家政策对特定子行业发展的支持。

专栏 2-1

中美互联网巨头金融布局的比较

金融布局

中国互联网巨头的金融布局从传统的支付、贷款、理财和银行，到新兴的众筹、汽车金融等均有涉及，力图实现一条龙服务。而美国互联网巨头只是将金融看作自身主业的辅助，与银行等金融机构的关系也更多的是合作，将自身金融业务定位为金融机构服务的管道和补充，而非自立门户式的竞争。

金融营收占比

2024 年，腾讯营收为 6 602.6 亿元人民币，其中包括金融科技及企业服务业务实现营收 2 119.56 亿元，同比增长 4%，占腾讯总营收的 32%。金融科技服务收入增长主要反映了理财服务及商业支付服务收入增加。企业服务收入增长主要受企业微信收入和商家技术服务费增长驱动。

反观社交媒体巨头 Facebook 母公司 Meta，其收入的主要来源一直是广告。Facebook 2024 年的营收为 1 645.01 亿美元，其中有 1 606.33 亿美元的收入来源于广告业务，仅有 2.35% 的收入(约 38.68 亿美元)来源于"现实实验室"及其他业务。

两国公司金融布局上的差异，正是中美在金融发展、用户需求、社会文化、隐私政策等方面差异的反映。

美国的金融发展成熟程度与信用卡普及率领先于中国

美国金融机构高度发达,2022年银行总数为5 129家,各机构充分竞争,分工明确。而在中国,国有银行是银行业的主要组成部分。它们并非完全市场化,在政策上享有更多资源和优势。工商银行、建设银行、农业银行、中国银行分别位列2024年中国最赚钱的公司的第5、6、8、10名,而京东、阿里巴巴、腾讯分别处于第13、21、38名。在信用卡普及率方面,截至2023年年末,我国信用卡累计发卡量7.67亿张,在已持有信用卡的客群中,人均持卡数量为1.9张,而美国在2016年人均信用卡持卡数已达3.16张。

相比于美国,中国的银行机构与互联网公司进行深度合作的动力不高,创新的紧迫性也不高。金融业不成熟的管理现状,给了中国互联网公司在金融布局上极大的发挥创造空间。

美国科技巨头与银行呈现合作共赢局面

美国金融机构包括相关的政府金融管理机构,是美国互联网巨头的大客户。目前,亚马逊云服务(AWS)是全球最大的云计算服务平台,金融是其重点服务行业。2024年,AWS云计算在销售额仅占亚马逊总额17%的情况下,利润占集团利润的58%。而美国各大银行和传统金融机构正在成为科技公司云端服务的潜在客户,处于快速成长期的云端服务需要更多金融业的客户。例如,美国金融行业监管局90%的重要应用布局在AWS上,每年可为其节省2 000万美元。如果选择发展金融业务,与银行成为直接竞争对手,则会影响云端服务业务的发展,很有可能得不偿失。

而在中国,由于金融业的保守和市场化程度不足,互联网公司倾向自建系统。例如,支付宝的建立就是因为当初没有银行愿意为淘宝提供第三方担保,阿里巴巴不得不自建平台。不过发展到现在,BAT与各大银行在理财、用户信息管理等各方面的合作发展,正逐渐加强。

美国网络支付手续费高于中国

尽管美国出现网络支付的时间远早于中国,但是其交易手续费一直居高不下。无论是以信用卡为基础的VISA、MasterCard,还是第三方网络支付公司PayPal、Square和Stripe,其商家手续费均在2.5%以上。而以支付宝和微信支付为代表的中国第三方网络支付公司的费率仅为0.6%。美国高昂的支付成本阻碍了客户的支付热情,进而影响了网络支付的发展。中美网络支付手续费对比如表2-1所示。

美国公司的技术驱动VS中国公司的商业模式驱动

美国互联网公司的技术驱动模式建立在探索并满足用户需求的基础上,利用技术有机组合或叠加进行问题的一站式解决;中国互联网公司的商业模式驱动则是希望以技术性更新来改变商业或生活方式。例如,Google并没有利用其强大的数据收集与分析能力来做金融,而是为金融公司获得用户提供通道,已成为互联网金融

表 2-1 中美网络支付手续费对比

名　　称	费　　率
VISA、MasterCard	1％～1.5％
PayPal	4.1％～4.4％＋30 美分
Square	2.6％＋10 美分
Stripe	美国：2.9％＋0.3 美元 中国香港：3.4％＋2.35 港币＋2％的货币转换费
支付宝	个人收款码（正常）：0 个人收款码（花呗支付金额＞150 元）：0.6％ 个人收款码（花呗支付金额≤150 元）：0 经营收款码（借记）：0 经营收款码（贷记）：0.38％ 经营收款码（花呗支付金额＞150 元）：0.38％ 经营收款码（花呗支付金额≤150 元）：0
微信支付	个人收款码（正常）：0 经营收款码（借记）：0.1％ 经营收款码（贷记）：0.38％

领域的最大企业投资者。

美国文化的简洁原则和中国文化的"大而全"

在美国文化中的简洁原则的影响下，美国的 App 都力求简单直接的效果。而中国互联网从业者在"大而全"文化的影响下，倾向发展"平台""生态""产业链"，在做大概念和规模之后，获取更高的估值。

美国的用户数据安全控制较规范

用户数据分析对建立用户"画像"进而控制金融风险和完善金融服务体系有着十分重要的作用。欧美国家对用户数据隐私的重视程度远高于中国。2019 年 3 月爆发的"泄露门"事件使得 Facebook[①]市值暴跌数百亿美元，创始人扎克伯格在国会听证会上道歉。而中国虽然颁布了《网络安全法》，但是在用户数据安全上还需进一步改善，很多 App 要授权用户位置、通讯录等核心权限才能使用。

思考题：

1. 在金融布局上，中国的互联网巨头 BAT 与美国的互联网巨头有哪些主要区别？请简要分析两者发展模式上的差异。

2. 根据专栏内容，说明中美数据隐私监管差异如何影响两国金融科技发展路径。

---

① Facebook 现已改名为 Meta。

三、非洲:电子货币的移动支付模式

非洲的情况与亚洲地区的情况是类似的,但是在基础设施方面,非洲面临的局面比亚洲更加严峻。在非洲,只有 20% 的家庭有机会接触正式或者半正式的金融服务,而这一数字在亚洲为 60%。所以电信运营商比银行更加适合推动金融科技的发展。

将电子货币记录在手机上并通过手机进行支付和储蓄的模式在肯尼亚和坦桑尼亚大获成功。其中最著名的案例当属 M-Pesa。M-Pesa 由移动运营商萨法瑞公司(Safaricom)在 2007 年推出。在不到 5 年的时间里,通过该平台完成的支付已经超过了肯尼亚 GDP 的 43%。

目前,非洲的金融科技核心业务是移动货币的收付和储蓄功能,以及信贷和小额保险服务。这些服务由电信运营商提供,这些公司鼓励客户采取与购买通话时间相同的方式和地点来购买移动货币,并在手机上使用金融服务。这样的方式与柬埔寨、老挝等亚洲国家的移动货币发展非常相似,但与中国或印度的情况不尽相同。

相同点主要表现在功能上,非洲和中国的移动支付均可实现货币转账和线下支付的功能,并可以提供便捷金融服务,如 M-Pesa 可帮助用户向非洲商业银行(CBA,Commercial Bank of Africa)和肯尼亚商业银行(KCB,Kenya Commercial Bank)申请金额在 100 万肯尼亚先令以下的贷款,支付宝和微信支付等可帮助客户购买理财产品和保险产品等。

两者的不同点主要表现在商业模式和技术模式上。第一,在商业模式上,以 M-Pesa 为代表的非洲移动支付以电信运营商为核心。用户在运营商认证的线下店铺购买电子货币,通过编辑包含收款账户和金额内容的短信完成支付,整个过程不需依托银行等金融机构。中国的移动支付模式则以和银行的合作为基础。无论是以支付宝、微信支付为代表的第三方支付平台,还是和包支付、翼支付等电信运营商推出的支付平台,以及中国银联旗下的云闪付,都需要用户绑定银行卡账户才能进行支付活动。第二,在技术模式上,M-Pesa 以 SIM 卡作为安全支付的认证和加密容器,无须手机具有智能功能,因此在经济条件相对落后的非洲地区得以大面积推广和使用。目前,中国的移动支付市场以二维码支付为主,辅以部分 NFC(near field communication)支付,需要使用智能手机才能完成相应功能。值得指出的是,自 2017 年 12 月起,M-Pesa 也推出了扫描二维码支付的业务。

本章小结

1. 现代金融科技的起源和发展,按不同的发展重心和特点可以分为三个阶段:FinTech 1.0 阶段金融科技由发达国家推动,侧重基础设施建设,使金融市场全球化;

FinTech 2.0 阶段金融科技仍主要发生在发达国家,侧重传统金融机构引入科技,使金融市场数字化,与此同时互联网科技公司的涌现和发展也为之后 FinTech 3.0 阶段打下基础;

FinTech 3.0 阶段,金融科技引入了移动互联技术,更多创业公司和已有的科技公司开始提供金融服务,打破了传统金融的固有模式,发展中国家也有了实现弯道超车的机会,鉴于发展中国家在 2008 年之后在金融科技领域的迅猛发展,我们将在这个阶段发生在亚洲和非洲的金融科技革命归纳为 FinTech 3.5。

2. FinTech 3.0 阶段的金融科技的影响可以分为五个方面:金融投资、风险管理、支付手段、数据安全、用户交互。

3. 亚非地区在 2008 年以来金融科技快速发展,得益于前期金融机构基础薄弱、人口红利及监管成本低三个因素。

复习思考题

1. 金融科技发展的三个阶段是如何划分的? 标志性事件是什么? 有何特点?

2. FinTech 3.0 阶段中,金融和科技的结合主要表现在哪些方面?

3. FinTech 3.5 阶段中,亚非地区的金融科技得以快速发展的原因有哪些?

4. 选择一个金融科技公司或金融科技产品,结合网上搜索到的信息和本章所学,分析其如何适应金融科技大环境的发展,并找到自己的市场定位。

第三章

金融科技公司与传统金融机构

🔬 **学习目标**

1. 理解金融科技公司与传统金融机构的区别与联系。
2. 了解金融科技公司的金融科技应用与发展趋势。
3. 了解传统金融机构的金融科技应用与发展趋势。

引导案例

除了银行,其他传统金融机构与金融科技公司合作的案例也比比皆是。比如保险行业,中国人保与认知智能全国重点实验室及科大讯飞合作研发了人保首个专属问答大模型,借助大模型在语义理解、搜索增强等功能,提高知识获取的效率,降低企业运营成本;证券行业,海通证券与商汤科技合作开发的多模态全栈式大模型"e海言道",通过部署生成式 AI 工具到证券交易的前、中、后期各环节,减少了大量重复性开发工作;基金行业,天弘基金与阿里云共建"去 IOE 大型结算系统",用互联网的技术和理念保证金融数据的安全流动,让用户对后台技术的复杂程度无感,极大地提高了业务处理效率并增加了业务数据容量。传统金融机构与金融科技公司的合作持续深化,并呈现出技术融合精细化、场景服务多元化、生态共建开放化的新趋势。

思考题:

1. 传统金融机构与金融科技公司合作的必要性与互补性体现在哪些维度?

2. 请结合金融行业细分领域特性,探讨传统金融机构与金融科技公司的技术融合呈现出哪些新发展趋势。

第一节　金融科技公司

金融科技公司和传统金融机构以科技是否为该企业或机构的核心业务进行区分。金融科技公司以技术服务为主业,具有创新和开拓的基因,大多数该类企业最初与金融并不相关,而是在后期发展中将业务逐步向金融行业倾斜,如阿里巴巴旗下的蚂蚁集团、京东旗下的京东科技、百度旗下的度小满、字节跳动、美团等。

一、蚂蚁集团

(一)蚂蚁集团的公司背景

蚂蚁科技集团股份有限公司(简称"蚂蚁集团")的母公司是阿里巴巴,起始于支付宝。2014 年 10 月,浙江蚂蚁小微金融服务集团股份有限公司(简称"蚂蚁金服")正式成立。蚂蚁金服在成立之初,只是淘宝网的结算部门,员工只有几人,记账用的是简单的电子表格,但在短短几年中,就从支付领域起步,进入金融行业,并用数据和技术改变了中国金融业的面貌。2020 年 7 月蚂蚁金服正式更名为蚂蚁集团。以移动互联网、大数据、云计算为基础,从成立至今,蚂蚁集团推出的产品与服务成为金融科技的重要实践。

(二)蚂蚁集团在金融科技方面的应用

蚂蚁集团在技术上的布局采用 BASIC 战略,即区块链(blockchain)、人工智能(artificial intelligence)、安全风控(security)、物联网(IoT)和计算(computing)五大领域。

1. 区块链

蚂蚁集团依托阿里云的底层平台,在其上构建 BASS 和 PBASS 系统,为链上[①]金融、链上零售和链上生活赋能。根据公开资料,蚂蚁区块链已落地 50 多个应用场景,在公益、跨境汇款、小微企业融资、商品正品溯源、租赁房源溯源等领域均有涉及。蚂蚁集团还推出了区块链 BaaS(blockchain-as-a-service)服务平台与蚂蚁区块链合作伙伴计划,旨在帮助区块链中小创业者直接在底层技术上做各种应用场景的开发和创新。

阿里巴巴是全球申请区块链专利数量极多的公司,在 IPRdaily 联合 incoPat 创新指数研究中心发布的"全球区块链企业发明专利排行榜"中,2017 年与 2018 年均排名第一。

2020 年 7 月,蚂蚁集团将蚂蚁区块链品牌升级为蚂蚁链。2023 年,蚂蚁链凭借26.5% 的市场占有率位居中国 BaaS 市场首位,其技术优势明显,其区块链平台支持 20亿个账户的规模和 10 万 TPS 的吞吐量,显示出强大的技术实力。

---

① 这里的"链"指的是区块链。

专栏 3-1

蚂蚁集团在跨境汇款上的区块链应用

2018 年 6 月 25 日，还未改名的蚂蚁金服在中国香港宣布，联同 GCash① 推出了应用支付宝区块链技术的跨境汇款功能。这是全球首个在跨境汇款全链路②使用区块链的电子钱包，并由渣打银行负责日终的资金清算与外汇兑换。港版支付宝 AlipayHK 的用户可以通过区块链技术向菲律宾钱包 Gcash 汇款。

支付宝将区块链技术引进电子钱包，在令跨境转账速度加快、大幅度降低成本的同时，还可提高交易过程的透明度。AlipayHK 用户只需在电子钱包内进行几步简单操作，就可在数秒内将钱转到 GCash 用户的电子钱包内，而在以前这个操作需要 10 分钟到几天不等。蚂蚁集团的区块链跨境汇款原理如图 3-1 所示。

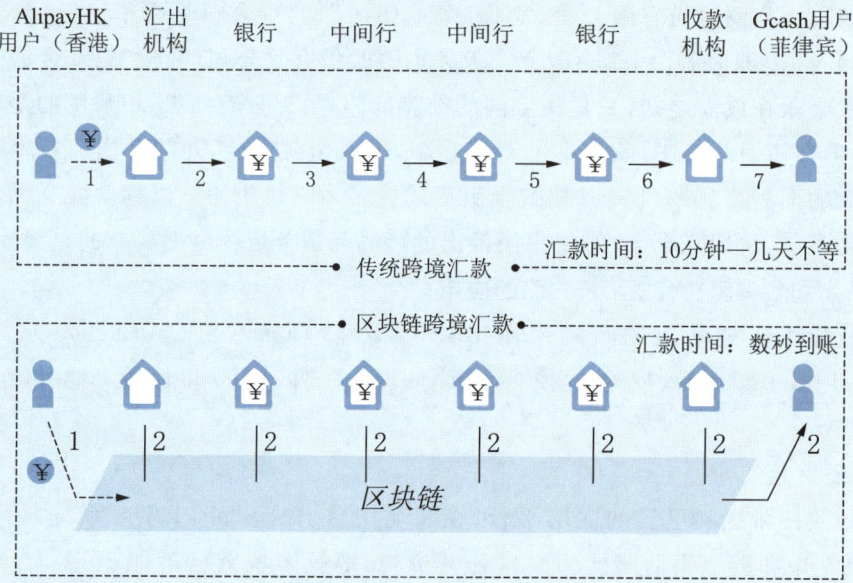

图 3-1 蚂蚁集团的区块链跨境汇款原理

区块链技术的应用能够彻底改善汇款的速度和效率。使用区块链智能合约，用户一旦提交汇款申请，所有交易环节的参与机构，包括 AlipayHK、GCash 和渣打银行，都会收到通知。

在转账过程中，每个环节的参与机构都会同时执行和验证交易。运用区块链技术，汇款人和收款人可以清楚地追踪到资金流向，包括汇款申请从何处提出，汇款人何时成功收到汇款等。同时，所有被储存、共享及上传至区块链汇款平台的信息，都会做加密处理，以保障用户隐私。

---

① GCash 是有着"菲律宾支付宝"之称的虚拟电子钱包产品。
② 全链路指整个业务链，涵盖每一个环节。

截至 2024 年,蚂蚁区块链跨境汇款服务以 Alipay＋打通了全球 35 个支付伙伴、覆盖全球 66 个国家和地区 9 000 万家商户,连接了 16 亿个用户账户,并实现了 7×24 小时的实时跨境清算。这意味着,无论是周末还是时差夜晚,蚂蚁国际的跨境转账都可以即时到账,远优于传统 SWIFT 转账动辄 1～3 个工作日的速度。

思考题:

1. 列举并简要说明金融科技行业的关键技术及其在金融领域的应用。

2. 蚂蚁集团如何通过区块链技术提高跨境汇款的效率?

3. 蚂蚁集团在区块链跨境汇款中的新发展对全球支付网络的影响如何?

2. 人工智能

蚂蚁集团基于支付宝等平台上海量的用户数据,利用深度学习算法,建立了一个金融智能大脑——Antzero,旨在提升风控信用决策的能力,降低金融服务成本,改善服务体验。

Antzero 有三个典型应用场景:智能营销、定损宝、智能助理机器人。

智能营销上,Antzero 可以区分用户需求,在合适的时间、地点,多场景、多频次给用户推送合适的内容,最终提高业务的转化率。

定损宝是 Antzero 在保险行业的应用,它基于深度学习实现的图像识别技术,用户拍照即可对车辆进行快速精确的定损。此外,在运费险项目上,还可以根据用户的不同特性推荐不同的产品并进行精确的个性化定价,从而找到更合适每个用户的保险产品。

以人工智能驱动的智能客服机器人在蚂蚁集团旗下业务的服务触达率已经超过 95％,它主要有两种能力:一是猜用户的问题,蚂蚁集团通过分析用户在支付宝中的行为,挖掘出当前 80％以上用户的潜在问题,在用户主动提问前识别其需求;二是问答机器人,蚂蚁集团机器人解决率已经超过人工服务。

蚂蚁集团在 2023 年将“AI First”作为三大战略之一,全力将人工智能技术深度融入业务体系。蚂蚁集团布局大模型及应用、AI 算力、具身智能,发布 AI 生活管家“支小宝”、全新升级的 AI 金融管家“蚂小财”等。2024 年年底以来,蚂蚁集团还在人工智能领域新发起多项投资,将回收的资金投入大模型等前沿科技领域,实现“投资—支持—退出—再投资”的正向循环。

3. 安全风控

目前,蚂蚁集团的风控系统能够对每一个用户的每一笔支付进行 7×24 小时的实时风险扫描。支付宝的用户可以用指纹、人脸来进行登录和支付校验。在其他场景下,蚂蚁集团还采用掌纹、眼纹等多种生物识别种类进行核验。以人脸识别为例,其准确性目前可达金融级精准度,真实场景中的误识率低于十万分之一。众所周知,支付宝已经成为中国最普及的支付方式,整个社会正在向高度无现金化快速前进。当越来越多的第三方服务如共享单车、餐馆酒店等开始采用支付宝平台,越来越多的交易发生在支付宝上,现实世界里的交易欺诈问题也会迁移到支付宝上。此时,准确度是巨量交易订单的基本保障。

4. 物联网

蚂蚁集团旗下的蚂蚁技术实验室在虚拟现实、人工智能、传感融合(sensor fusion)和交互设计等多个领域寻求突破,已经实现在沉浸式虚拟现实中完成支付,并通过机器学习、传感融合等技术,在完全无人值守的超市中准确识别消费者和商品,无缝完成结账。

 **专栏 3-2**

蚂蚁集团智能货柜——物联网智能零售新范式

蚂蚁集团的智能货柜是一种新型的无人售货设备,它利用支付宝的技术和平台,给用户带来便捷的购物体验。智能货柜通过内置的传感器、摄像头和智能识别系统,实现对商品的自动识别和结算。用户扫码开柜后即可取货离开,兼具了24小时无人售货、占地面积小的优点,并能为商家提供精准的销售分析和决策支持。

智能零售货柜结合了物联网技术、人工智能和传感器等先进技术,实现了商品销售和支付过程的自动化。每个货柜配备传感器和摄像头,用于感知顾客行为和商品状态。顾客拿起商品时,传感器检测到商品移动,摄像头通过图像识别确定商品种类和数量。这些设备精确追踪商品的位置和状态,确保顾客拿走的商品被准确记录。智能软件系统管理商品库存和交易信息,实时更新库存数据,帮助商家及时补货,提升购物体验。

目前,蚂蚁集团智能货柜已经在我国多个城市得到广泛应用,如地铁站、商场、办公楼、学校等。除此之外,智能货柜的应用场景也在不断拓展,不限于蚂蚁速递柜、蚂蚁干洗柜、蚂蚁外卖柜等,在提升用户购物体验和提高商户运营效率方面展现出了巨大潜力。

思考题:

以蚂蚁集团智能货柜为例,探讨其如何利用金融科技解决实际问题。

5. 计算

经过十多年金融科技业务的运作,蚂蚁集团磨炼出了一套强大的全栈式金融云计算解决方案,包括移动开发、数据库、大数据、客服、风控等多项能力。目前,蚂蚁金融云已经开放给南京银行、众安保险、天弘基金等多家国内机构,蚂蚁集团在印度战略投资的移动支付平台 Paytm 也在使用。在全球范围还未有如此大业务量级的机构能做到在维持本企业运营的同时,还能做到将金融云计算的能力对外开放。

二、京东科技

(一) 京东科技的公司背景

京东科技控股有限公司(简称"京东科技"),原名京东金融科技控股有限公司,公司定位经历了从金融过渡到金融科技再到产业科技的转变。现在,京东金融成了京东科技旗下的子品牌,致力于为企业、金融机构、政府等各类客户提供全价值链的技术性产品与解决方案。

借助于大数据、人工智能、云计算、区块链、物联网等新兴科技,京东科技建立起独有的大数据体系、技术体系、风控体系、支付体系、投研体系、投顾体系等一整套金融底层基础设施。同时,公司通过将技术、产品、资金端、资产端开放给银行、证券、保险等各类金融机构及其他非金融机构,为用户提供菜单式、嵌入式服务。

京东科技是中国第一个提出金融科技定位的公司,也是当前市场上与金融机构合作范围极广的科技公司。截至 2025 年 3 月,京东科技已经和 500 多家金融机构建立合作,服务 4 500 多万名用户。

(二) 京东科技在金融科技方面的应用

1. 供应链金融

京东科技相继推出京保贝、采购融资、保理融资、融资租赁、智管信单、京东金采等针对公司客户的一体化金融服务,助力实体企业的持续发展。以建工企业和能源企业为例,京东科技的正向保理服务和反向保理服务可发挥作用。正向保理服务允许企业将应收账款转让给保理机构,提前获得资金;而反向保理服务则是基于核心企业的信用,为其上游供应商提供融资支持。截至 2025 年 1 月,京东供应链科技已服务超千家核心企业,累计让利超十亿元。

2. 消费金融

在京东科技的业务布局中,消费金融业务始终占据重要地位,这又以"京东白条"和"京东金条"两大核心产品为代表。其中,京东白条定位于场景化信用消费,其应用场景高度聚焦于京东商城的购物支付环节,提供 500 元至 3 万元的先消费后付款服务,通过自动化授信系统与分期优惠组合策略,构建起完整的消费金融闭环。京东金条则聚焦现金借贷领域,覆盖教育、医疗、旅游等多元化资金需求场景,支持 5 000 元至 20 万元的灵活额度,依托智能化风控模型实现秒级审批放款。

两大产品构建起分层服务体系:京东白条作为信用基建工具,通过平台消费数据评估用户信用资质,主要面向电商活跃客群;京东金条则面向具有良好履约记录的白条用户,提供更高阶的融资服务。这种梯度式产品架构既有效控制信用风险敞口,又实现了用户价值的深度挖掘。值得注意的是,两者在还款机制设计上形成差异化互补——京东白条侧重场景化消费激励,京东金条强调资金流动性管理,共同构成覆盖消费全链条的金融解决方案。

3. 企业金融

京东科技积极投身企业信用生态的构建。一方面,京东科技利用京东生态体系内数据、工商数据、司法数据进行大数据挖掘,建立企业风险监控和企业关系图谱;另一方面,京东科技通过人工智能技术抓取舆情信息,构建舆情监控信用查询系统,共同构建企业信用生态。

4. 其他业务

除了上述业务,京东科技还发布了针对股票的大数据消费指数、针对 ABS 资产的

ABS 云平台、债券管理科技、"京东股票"App。京东科技推出的基于图谱网络的反欺诈识别模型,可根据图谱方法迅速判断支付的决策是否通过,通过机器学习和深度学习的方法提炼出访问路径等。

三、度小满

（一）度小满的公司背景

度小满科技(北京)有限公司(简称"度小满")源于百度旗下金融服务事业群组,于2018 年被独立拆分,截至 2022 年服务用户达 4 000 万人,放贷金额超过 2 万亿元。度小满继承了百度在搜索场景与人工智能两方面的优势,在金融科技的浪潮中,展现出了巨大的潜力。

（二）度小满在金融科技方面的应用

1. 大数据风控

在百度内部的生态中每天会有数亿名用户发出超过 60 亿条信息,其中大多数为旅游、装修、租房和教育等与消费金融相关的消费信息,此外还有大量小微企业产生的与企业金融相关的经营查询信息,因此度小满有相当丰富的金融场景。

利用情绪、兴趣、学历、城市、职业的稳定性数据的描述再加上央行征信的数据为客户画像,度小满可以让模型风险区分度提升 15%。与以往仅利用央行征信数据做风控指标不同,度小满在央行征信的基础上利用大数据技术做了一个增量,加入了更实时的数据、更多的维度、更多的科技,使客户区分度进一步提高,风控能力也由此增强。

截至 2019 年,度小满满足的仅是整个百度内部生态金融需求的 1% 而已。中国绝大多数搜索场景都是通过百度实现的,度小满借助百度的搜索场景优势能够更好地为合作银行及其他金融机构开发更多金融业务,获得合作伙伴的信赖。

2. 人工智能

度小满上线了智能客服、智能催收等功能,并通过云帆消费金融开放平台 2.0、磐石一站式金科平台、ABS 云平台三大开放平台将"人工智能 + 金融"能力赋能给合作伙伴,从而帮助金融机构降低成本、提升效率。

一方面,度小满通过大数据与人工智能高效地完成调查、审核、风险评估等环节,再利用云帆消费金融开放平台接入更多金融机构,为企业智能推荐合理的融资方案,不仅提升了金融机构的效率,还解决了小微企业融资难的问题。截至 2023 年年底,度小满已经服务超过 2 200 万个小微企业主及工商个体户。

另一方面,度小满还利用人工智能实现智能获客、身份识别、大数据风控、智能投研、区块链监管资金流向等功能,十分有效地帮助金融机构减少坏账与降低成本。

3. 监管科技

除了服务金融机构,监管科技也是度小满的重要发展方向。当前,度小满与某地金融办展开合作,对已立案的数百家非法集资企业的实际经营地址进行挖掘,以直观展示非法集资企业的楼宇片区分布,提升专项整治效率。度小满计划联合各地金融办,构建专项金融地图,对辖区内相关金融机构进行标注,提高金融机构的辨识度。

四、字节跳动

（一）字节跳动的公司背景

字节跳动成立于2012年,总部位于北京,是全球领先的科技企业,旗下拥有抖音、TikTok、今日头条等核心产品。2025年,抖音的日活跃用户超过6亿名,TikTok的全球月活跃用户突破15亿名,成为字节跳动营收的主要动力。在金融科技领域,字节跳动通过技术输出与场景融合,逐步构建起涵盖支付、风控、数据服务等多元化的金融科技生态。截至2024年,字节跳动已经至少拥有保险经纪、网络小贷、第三方支付、商业保理、融资担保等金融牌照,基本实现了互联网金融业务与互联网电商、本地生活等非金融业务的商业闭环。

（二）字节跳动在金融科技方面的应用

字节跳动在金融科技领域的应用主要包括以下几个方面。

1. 支付业务

字节跳动通过收购武汉合众易宝科技有限公司(后更名为"抖音支付科技有限公司"),成功获得了第三方支付牌照,并于2021年正式推出了"抖音支付"平台。通过这一平台,字节跳动将支付业务与其短视频社交平台深度融合,推动了电商和本地生活服务等高频场景中的支付渗透。《2023抖音生活服务年度数据报告》显示,2023年抖音生活服务平台总交易额增长了256％,门店覆盖370多个城市,并且超过450万家门店通过平台获得了生意增长。同时,入驻服务商的数量也增长了1.79倍。尤其值得注意的是,抖音平台上的"达人探店"功能,通过平台的社交效应,帮助实体商家增收了946亿元。通过在抖音等平台内嵌入支付功能,字节跳动不仅提升了交易便捷性和用户黏性,也进一步强化了其在支付业务中的市场竞争力。

2. 消费金融

字节跳动在消费金融领域的布局通过旗下的深圳市中融小额贷款有限公司(简称"中融小贷")展开。中融小贷专注于"三农"和个人经营消费等领域的贷款支持。字节跳动在消费金融市场推出了"抖音月付"和"放心借"等产品,分别针对消费类产品的分期支付及小额信贷服务。截至2023年,字节跳动消费金融的贷款余额已超过1 000亿元人民币。此外,字节跳动的消费金融产品包括一系列风控和信评技术,通过数据分析对用户进行信用评估,并通过"助贷"模式为持牌放贷机构提供优质客户资源。此举不仅提升了业务效率,还增强了平台的风险控制能力。

3. 其他业务

字节跳动通过收购北京华夏保险经纪有限公司,获得了保险经纪业务的相关资质,并通过抖音平台推出相关保险产品。同时,字节跳动也涉足了融资担保(深圳市智永慧科融资担保有限公司)、商业保理(海南字跳商业保理有限公司)等领域,进一步完善了其金融业务生态。

五、美团

（一）美团的公司背景

美团成立于 2010 年,起初作为团购网站而闻名,逐步扩展至餐饮外卖、酒店预订、旅游、共享单车等多个生活服务领域。随着业务的快速扩展,美团逐渐发展成了中国极大的本地生活服务平台。美团的战略是通过"零售＋科技"的结合,提升生活服务的效率和质量。

在持续拓展业务范围的过程中,美团不断加强技术投入,尤其在人工智能、大数据、云计算等领域的技术应用,成为支撑其多元化业务发展的核心动力。除了传统的生活服务,美团在金融科技领域的应用逐步成型,进一步推动了其业务的创新和发展。截至 2024 年,美团已持有支付(钱袋宝)、小额贷款(三快小贷)、民营银行(吉林亿联银行)、保险经纪(重庆金诚互诺)、商业保理等多张金融牌照,金融业务逐渐渗透至 B 端供应链和 C 端消费场景。

（二）美团在金融科技方面的应用

美团在金融科技领域的应用主要包括以下几个方面。

1. 支付业务

美团于 2016 年全资收购钱袋宝,获得第三方支付牌照,推出"美团支付"并嵌入外卖、到店消费等高频场景。通过整合线上平台与线下支付场景,美团支付不仅增强了用户黏性,还为商户提供了丰富的支付场景和消费数据支持。

2. 贷款业务

美团通过旗下的重庆美团三快小额贷款有限公司(简称"三快小贷")开展贷款业务,面向个人用户和商户提供多样化的金融产品。截至 2022 年 6 月,美团的小额信贷业务在贷余额约为 89.35 亿元人民币。在产品层面,美团推出了"美团生意贷",利用平台大数据和人工智能技术,精准评估用户信用,为生活服务行业的中小商家和个体工商户提供无抵押经营性贷款,授信额度为月流水的 1～3 倍。此外,面向个人用户的"美团月付"于 2020 年上线,类似于蚂蚁花呗,提供最长 38 天的免息期,支持延期还款和分期还款,最高可分 12 期。

3. 保险业务

美团在保险领域的布局主要通过与多家保险公司合作,推出涵盖健康险、旅游险等多种产品的保险服务。例如,美团推出了"美团旅行保险"和"美团外卖保障计划",为消费者在出行和日常生活中提供风险保障。此外,美团还面向商户推出了商业保险产品,包括财产险和责任险,帮助商户降低经营风险,提高业务的稳定性和持续性。

六、中国金融科技公司的发展趋势分析

（一）竞争格局上：行业整合加速，市场集中度提升

纵观金融科技行业,细分领域庞杂,初创企业众多,特别是 2013 年以来的互联网金

融热潮,吸引了大批企业进入市场。经过数年的发展与竞争,金融科技市场格局开始呈现整合趋势。

根据企查猫数据,通过在企业名、品牌/产品、经营范围、企业简介四个方面筛选关键词"金融科技",并选定信息传输、软件和信息技术服务业及金融业,截至 2023 年 3 月 9 日,我国金融科技产业主体数量规模约为 3.3 万家,其中注册主体最热的年份为 2015 年,新增企业数量达到 4 826 家。这一时期正好就是互联网迅速普及的时期,市场出现了量化派(北京量科邦信息技术有限公司旗下品牌)、百融(北京)金融信息服务股份有限公司等金融科技公司。同期,蚂蚁金服独立,成为阿里巴巴旗下金融服务公司,并推出余额宝;京东金融也开始独立运营,定位为服务金融机构的科技公司。而从 2016 年之后,新注册的公司数量逐渐下降。到 2023 年,新成立的金融科技公司为 483 家,仅为 2015 年的 10%,如图 3-2 所示。

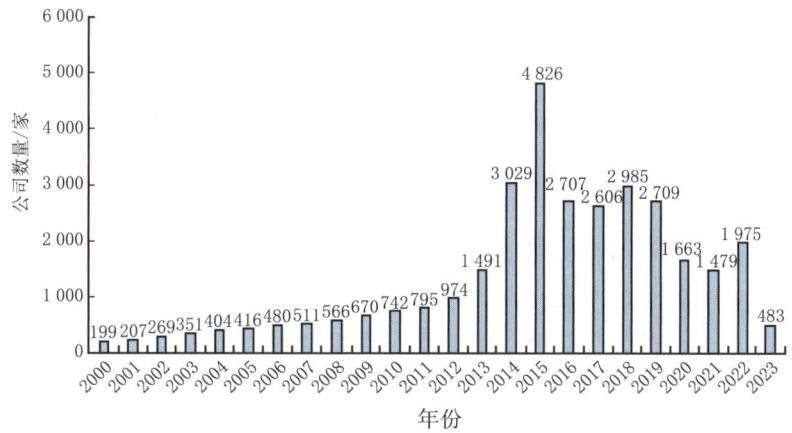

图 3-2　2000—2023 年中国金融科技产业主体数量规模

市场上新进企业的大幅骤减可能有以下两方面原因。

一是市场竞争程度愈发激烈。经历了多年的高速发展,金融科技领域的公司数量已经达到一定量级,在 2015 年的顶峰时,注册的金融科技公司已多达 4 826 家,而大部分公司的业务集中在风控、营销和运营层面,其是科技最广泛的应用场景,也是目前金融科技公司争夺最激烈的领域。

二是监管日渐趋严。随着严监管的常态化,部分领域的业务空间已出现阶段性的天花板,如网络借贷领域,监管部门明确表态要严格控制增量、消化存量,在客观上推动了行业洗牌。

在这两方面的压力下,实力不济的机构选择加速转型,或者退出市场。监管与市场共同驱动金融科技公司的整合。

总之,科技行业具有赢者通吃的天然特性,更容易形成巨头垄断的局面。同时,随着传统金融机构逐渐从目标客户变成强有力的竞争对手,可以预见,伴随着行业的不断整合,少数突围者将引领潮流。

（二）服务上：金融科技应用认知深化

随着金融科技的发展和客户行为的变化，金融机构对金融科技的理解认知持续深化。移动互联、5G通信技术、AI等技术的发展无一不在帮助金融科技公司从"客户"向"用户"[1]服务理念转变。金融科技的表现形式也不再停留在金融本身，而是贯穿生活的诸多环节，如从传统的投资理财扩充到日常水电煤气等日常开销的支付，进而连接到消费、保险和健康等相关流程和环节，金融科技公司提供的服务表现得更为基础。

未来金融科技创新的关键，是如何借助金融科技无缝无感融入客户的生产和生活，为客户提供简单便捷的产品和服务。根据麦肯锡的一项研究[2]，目前四分之三的用户期待"即刻"服务，即通过线上对接在五分钟内即可享受服务。在此背景下，"刷脸"（人脸识别）在成为转账、开户、ATM存取款等金融服务新标配的同时，也已深入到门禁、门店点餐、酒店入住、航空旅行等生活的各个方面。在此过程中，越来越多金融服务模块已通过SDK（软件开发工具包）/API（应用程序编程接口），无感嵌入各类场景中。

随着技术的不断成熟与应用，客户对金融科技的认识持续加深，对金融服务和产品的期望将不断升高。未来金融科技赛道上的佼佼者，一定也是良好客户体验的提供者。

（三）模式上：由金融服务向科技赋能转型

2018年，众多金融科技公司纷纷表示未来"不再做金融业务"，而回归技术服务。其中，度小满从百度独立，京东金融改名京东数科，360金融（更名为360数科后，再更名为奇富科技）从奇虎360剥离上市。高度相似的战略转变，揭示了金融科技创新者们的新共识：未来赋能和合作带来的价值将大于竞争。

一方面，在金融强监管下，过去依靠传统业务驱动的发展模式面临较大挑战，如牌照获取难、资本金约束大、资管政策收紧，网贷、理财、支付等很多业务受限，最好的转型方式就是与传统持牌机构合作。另一方面，科技在未来竞争中的作用日益重要，而发挥自身科技优势，有望形成差异化优势，也可以获得更高的市场估值和青睐。

在金融科技化的道路上，除了互联网巨头，神州数码控股有限公司、深圳市长亮科技股份有限公司等传统金融IT服务商，以及众多细分领域的金融科技平台，均陆续加入科技赋能的行列。这些科技赋能者，试图将纷繁复杂的场景、流量、数据、风控、资金、产品等金融要素标准化，并从用户管理、产品定价、渠道营销、运营模式等方面，优化传统金融机构的服务链条，市场有望形成"场景流量方—平台赋能方—金融机构"的多元合作新模式。

---

[1] 在新零售背景下，客户和用户是属于完全不同的两个概念。客户就是单位时间内只光顾一次或者几次，不具备黏性和忠诚度的人群。用户则是不断采购和使用同一个商户提供的商品，有很高的忠诚度的人群。用户具有核心价值，如缴费的会员。

[2] 资料来源：麦肯锡咨询，《中国银行业CEO季刊：极致客户体验——银行未来竞争的护城河》，2017年。

（四）市场上：重心由服务 C 端向 B 端转变

过去,金融科技创业者或行业巨头都瞄准 C 端市场,以 C 端流量为基础,将网络贷款、在线支付、资产管理等视为直接服务 C 端的主要发力点。但市场格局逐渐稳定,创新空间有限,消费级互联网市场已进入聚焦客户黏性的存量时代,而企业级互联网市场前景可期。致力于开发 B 端业务,为金融机构提供相关科技服务（2B2C①）,成为众多金融科技公司未来布局的重点。目前 2B2C 发展带来的平台生态已初具格局,金融科技 B 端市场服务需求进一步显现,巨头纷纷布局 B 端市场,甚至有新兴公司登陆资本市场。

（五）渠道上：社交媒体与金融走向融合

随着数字化和社交平台的迅猛发展,社交媒体已不再单纯作为信息交流的渠道,而成为金融服务创新的热点领域。通过社交平台,用户的日常活动、兴趣爱好和社交互动被转化为数据资产,从而为金融服务提供了丰富的基础。越来越多的科技巨头和金融机构开始探索社交媒体与金融科技的结合,通过将金融服务无缝嵌入社交、内容、本地生活等高频场景,推动"社交即服务"向"社交即金融"升级。比如,字节跳动旗下的短视频平台抖音,正逐步将金融服务嵌入其平台,形成"社交 + 金融"生态系统。抖音支付作为字节跳动的支付业务,通过社交媒体的力量推动用户在短视频平台内进行交易；美团则通过其庞大的用户数据和服务场景,利用社交元素（如用户的评价、分享、互动）进行精准的金融产品推送。可以预见,未来社交媒体金融将在更多领域发挥重要作用,重构金融服务的触达方式。

第二节　传统金融机构

传统金融机构包括银行、券商、保险公司、信托公司、基金公司等。这类机构是金融服务的传统供应商。它们意识到科技的重要作用后,逐步加大技术的投入,或成立金融科技子公司,或购买相关科技服务和商业模式,或外包部分业务给相关科技公司,如平安集团、建设银行。金融服务仍是该类机构的主导业务,技术是该类机构提高金融服务效率、培养核心竞争力、加快转型的辅助手段。金融强监管下,更多的金融科技机构向服务性、辅助性的技术服务角色靠拢。

在金融科技浪潮中,传统金融机构依托多年的金融电子化、信息化建设基础,积极拥抱移动互联网、大数据、云计算、人工智能、区块链等新兴科技手段,大大推进了整个金融业资源配置效率的提升和成本的下降。18 家全国性银行关于金融科技战略的表述,如表 3-1 所示。

---

① "2B"指"to business",即企业；"2C"指"to consumer",即消费者。

表 3-1　18 家全国性银行关于金融科技战略的表述

银　　行	金融科技战略
工商银行	坚持"科技驱动、价值创造",加快推进科技强行、数字工行建设
农业银行	将"数字经营"作为全行三大战略之一重点推进
中国银行	"点""面"结合,加大科技金融支持力度,深化"业数技"融合
建设银行	聚焦"金融科技的领跑者、自主创新的国家队、新金融生态的开拓者"三个战略定位
交通银行	建设"数字化新交行"
邮储银行	致力于打造服务乡村振兴和新型城镇化的领先的"数字生态银行"
浦发银行	全力打造金融科技核心竞争力,大力推动 AI 技术与金融服务的深度融合
招商银行	以打造"最强金融科技银行"为目标
兴业银行	坚持科技兴行战略
光大银行	致力于搭建"1 + 16 + 100"科技金融专营化专业化组织体系
中信银行	围绕"数字中信"战略目标,立足科技兴行,提速数字化转型
民生银行	打造敏捷高效、体验极致、价值成长的数字化银行
平安银行	坚持"对公做精"的战略方针,立足长期,打造特色化、专业化的科技企业经营体系
华夏银行	"智慧金融、数字华夏",建成"一流智慧生态银行"
浙商银行	以"智慧经营"为核心理念
广发银行	围绕"数字广发"科技发展战略
恒丰银行	建设一流数字化敏捷银行
渤海银行	以科技赋能"数字、平台、场景、生态"为发展理念

一、中国平安——转型科技公司

在所有部署金融科技的传统大型金融机构中,中国平安最具有代表性。透过中国平安在金融科技领域的布局,能够窥见传统金融机构的业务走向。

(一)中国平安的公司背景

中国平安保险(集团)股份有限公司(简称"中国平安")成立于 1988 年,截至 2022 年,已拥有 6.93 亿名的互联网用户。中国平安在金融科技领域布局了多个基于生物识别、大数据、人工智能等技术的项目,以陆金所、金融壹账通为代表,已经取得了一定程度的成功。全球知识产权权威媒体 IPRdaily 联合 incoPat 创新指数研究中心发布的 2018 年全球金融科技发明专利排行榜中,中国平安凭借 1 205 件发明专利申请量位居全球第一。

陆金所结合银行传统风控体系、保险大数法则风险分散管理工具及区块链技术,创建了一个全新的贷款服务模式①。目前,陆金所已经走到了智能化的阶段,并形成"4KY"体系,即投资者适当性管理体系(KYC)、产品适当性管理体系(KYP)、风险适当性管理体系(KYR)、意图预测模型体系(KYI),以及智能理财服务体系、智能灾备、大数据业务信息安全风控系统。其中,KYC通过产品评级以及借助大数据、机器学习等方式对投资者"精准画像",最终实现投资者风险承受能力与产品风险的精准匹配,让投资者买到合适的产品;KYP能帮助客户更精准地评估陆金所提供的投资产品的风险特征;KYR是动态调整的信用评估模式,可以对借贷人的信贷状况进行深入分析;KYI的核心功能则是"动态意图预测"的能力,KYC、KYP、KYI融入了基于经济行为学理论而设计的投资性格测评体系,帮助平台更深层地理解用户的金融偏好,以此针对性地为用户全生命周期不同阶段、不同时点、不同的金融需求提供服务。截至2024年9月,陆金所控股累计服务约2 480万名客户。

金融壹账通是由平安壹账通、前海征信、银行壹账通三大业务整合而来。基于人工智能、区块链、云平台、生物识别等核心科技,金融壹账通建立起了智能银行云、智能保险云、智能投资云和开放平台,为金融机构提供科技驱动的业务解决方案。事实上,平安云服务作为技术能力开放平台,集合了平安集团所有的技术积累,包括金融云、城市云、医疗健康云、政府云四个领域。平安科技提供大部分底层技术,其他业务子公司将各自能力分区打包,整合到云平台,灵活开放,有针对性地服务各个领域。金融壹账通与金融机构合作时,也得到了这些金融机构的资源和场景的加持。

截至2024年三季度末,金融壹账通已覆盖南非、新加坡、泰国、马来西亚、印尼、阿联酋、菲律宾、越南等20多个国家和地区,累计服务192家境外金融机构。

（二）中国平安在金融科技方面的应用

中国平安的金融科技化所带来的成效主要体现在个人金融业务与企业金融业务两方面。

1. 个人金融业务

中国平安的金融科技化带来了服务质量与效率的提升,真正实现了消费金融的提质提速。例如,在消费金融领域,首创的微表情风控系统通过面部微动作捕捉实现信贷欺诈识别,配合声纹识别与行为轨迹分析,将贷款审批时效由传统5天压缩至2小时,信贷损失率降低60%。

值得一提的是,中国平安在科技赋能方面更注重人工智能领域的突破。数据显示,2024年在保险领域,中国平安借助AI技术,实现93%寿险保单秒级核保,56%保单10分钟内闪赔,车代渠道80%保单平均1分钟出单,车险定损速度提升4 000倍,人力成本降低60%。在风控领域,保险防风险减损约200亿元,信贷催收回退约5 000亿元。在信用保证保险领域,通过智能风控模型实现信保业务出清,产险净利润同比飙升67.7%。

---

① 当前,陆金所网贷模式包括:陆金所的P2P 3.0模式、P2B模式、债权转让模式、非标资产交易平台。

2. 企业金融业务

对外输出科技能力是中国平安的一项重要工作,其力争在未来实现 40％的业务收入来自外部。而这个外部,指的就是技术输出给其他金融机构。

平安技术输出的主要平台是由平安科技自主研发的平安云。平安云已经建设成为金融行业规模最大、应用最广的云平台,涵盖中国平安 95％以上的业务公司,支撑 80％的业务系统投产;并以金融为起点,深度服务于金融、医疗、智慧城市、房产、汽车五大生态圈,作为平安服务的综合输出平台为全行业提供 IaaS(基础设施服务)、PaaS(通用平台服务)、SaaS(软件应用服务)全栈式云服务。目前,平安云积累企业客户已超 500 家。

二、建设银行——成立金融科技子公司

(一)建设银行的公司背景

中国建设银行(简称"建设银行")以"综合性经营、多功能服务、集约化发展、创新型银行、智慧型银行"为转型方向,在金融科技发展方面的优势体现在三个方面:一是技术优势。2017 年,建设银行耗时六年时间打造的"新一代"核心系统全面竣工并成功上线。其率先建成了国内最大的金融私有云,可信度、业务服务能力等方面在业界具有较大优势。二是业务优势。在"新一代"核心系统带来的技术支撑下,建设银行在金融产品创新、营销、运营、风险管理、数字化服务方面的业务能力得到全面优化,"新一代"技术优势正逐步显现为业务优势。三是 G 端客户优势。建设银行因其国资背景,能获得政府、事业单位等 G 端客户的青睐。尤其,近年来建设银行积极响应国家号召,切实履行国有大银行社会责任,打造住房租赁平台"CCB 建融家园",全力推动住房租赁市场健康发展。

建设银行在金融科技转型方面采取了向内孵化转型的策略,设立金融科技子公司,通过自身力量培育金融科技核心竞争力,打响了国有大行成立金融科技公司的"第一枪"。

截至 2025 年 3 月,包括建设银行在内至少有 27 家银行成立了金融科技子公司,设立金融科技子公司的银行名单如表 3-2 所示。

表 3-2　设立金融科技子公司的银行名单(不完全统计)

类　型	名　单
国有银行	中国银行、农业银行、工商银行、建设银行、交通银行
股份银行	兴业银行、招商银行、民生银行、浦发银行、平安银行、光大银行、华夏银行、浙商银行、厦门国际银行、盛京银行、中信银行(国际)、华侨银行
城商行	河北银行、北京银行、廊坊银行、长沙银行、济宁银行
农商行	重庆农商行、深圳农商行
农信社	浙江农村商业联合银行(浙江农信)、广西壮族自治区农村信用社联合社
互联网银行	微众银行

（二）建设银行在金融科技的应用

1. 设立金融科技子公司——建信金科

建信金融科技有限责任公司（简称"建信金科"）于 2018 年 4 月 18 日在上海开业，初期规模 3 000 人，注册资本 16 亿元，已是当时中国商业银行规模最大的科技公司。其经营范围包括软件科技、平台运营及金融信息服务等，以服务建行集团及下属子公司为主，同时开展科技创新能力输出。

截至 2025 年 3 月，建信金科已将金融科技能力成功运用于智慧金融、智慧政务、智慧出行、监管科技、乡村振兴等领域。

2. 建设银行在金融科技方面发展路径的分析

建设银行在金融科技方面发展路径与其他成立金融科技子公司的银行一样，都是遵循由内到外的发展轨迹。这些银行系金融科技子公司成立初期主要以服务集团及集团内部子公司为主，在此基础上，逐渐实现技术输出，服务同业。这类金融科技公司最大的优势在于对金融行业的运营、业务、监管的理解更为深刻；同时，集团化优势能给予其更多金融资源；但与互联网金融科技公司相比，在技术、场景和体制机制方面仍存在差距。

未来，在科技赋能转型、银行业加速内部孵化金融科技、金融云发展进入红利期的时代背景下，银行系金融科技子公司将获得一定的发展机会。

三、传统金融机构在金融科技方面发展趋势分析

技术的高速发展为传统金融注入了全新的活力，也带动着传统金融机构的转型。在新兴金融业态的冲击下，以银行为代表的传统金融机构面临巨大挑战和转型压力。为了提升金融服务效率，增强市场竞争力，传统金融机构开始强化自身的科技属性，将金融科技作为公司的战略重点与转型方向。一些金融机构甚至将公司未来发展方向直接定位于科技公司，如招商银行宣称要成为"金融科技银行"，中国平安立志于成为"金融科技公司"，浙商银行提出要"构建科技金融服务生态圈"。

外部环境也为传统金融机构的发展提供了有利的条件。金融科技公司本身在金融业务的扩展上就受到资本、资源的约束，监管的加强更是提高了这类公司进入金融市场的门槛。在这种环境下，持牌金融机构凭借其资源优势成为金融科技公司青睐的合作对象。可以预见，未来传统金融机构将在金融科技发展中发挥重要作用。

第三节　金融科技公司与传统金融机构的融合

传统金融机构优势在于资金储备、风控经验、产品研发、客户经营管理，以及用户在金融产品及信贷业务上的数据。金融科技企业的优势在于用户流量、社交生活数据，以及对云计算、人工智能等新技术的应用。双方合作则协同效应明显，过度竞争则存在业

务合规和监管政策风险。因此,越来越多的传统金融机构与金融科技公司选择合作,或者合并收购,以取两者之长,实现优势互补。典型的融合方式包括传统金融机构购买金融科技公司核心技术和商业模式、以持股形式开展合作、外包部分业务给金融科技公司等。

一、合作战略

（一）合作战略的应用现状

银行方面,各大银行对金融科技的建设热情愈加高涨,银行与金融科技公司的合作事件也屡见不鲜。目前与银行合作最多的金融科技公司包括:华为、百度、阿里巴巴、腾讯、京东、科大讯飞、邦盛科技、第四范式、眼神科技、同盾科技、旷视科技、依图科技、云从科技等。根据双方合作内容及性质,其合作方式又可分为业务或场景合作、战略合作及联合实验室三大类,合作主要集中在智能风控领域。

此外,券商、基金、保险行业的对外合作也是如火如荼:中信建投与况客科技在投顾领域达成战略合作,共同开发和推广投顾 AI Agent 智能体应用,以期为客户提供精准、高效的投资建议和服务。中国人寿携手百度实施"智慧国寿"战略,利用百度先进的科技手段如云计算、人工智能技术实现"价格实时发现、资源精准匹配、产品按需提供、服务随时响应、风险提前预警";财通证券与未改名的蚂蚁金服签订战略合作协议,借助蚂蚁金服的消费标签、支付标签、芝麻信用等阿里系用户数据标签,实现对客户的精准画像、精准营销、精准服务等。

毕马威 2024 年发布的调查报告显示,48％的受访金融科技企业认为"与平台企业和科技公司加强合作"才是中小金融机构发展金融科技的首要选择。另外,公开数据显示,截至 2020 年 6 月 30 日,与蚂蚁集团合作的金融机构超过 2 000 家,其中约 100 多家合作银行、约 90 家保险公司、约 170 家资管机构等。而尚未分拆出来的腾讯金融科技,凭借腾讯云与传统金融机构的合作,在银企纵深合作时代,也拥有漂亮的数据。京东金融的公开资料显示,截至 2025 年 3 月,京东金融已和 500 多家金融机构建立合作。总之,传统金融机构与金融科技公司的合作已成为业界常态。

（二）合作战略面临的机遇和挑战

1. 合作战略面临的机遇

传统金融机构购买金融科技公司的先进技术和服务,可以改进业务运营模式和服务方式,倒逼其改革。比如,传统金融机构可以对移动客户端、网上营业厅进行改造,在账户体系、产品开发销售等环节优化创新;又比如,传统金融机构可以在已有的风险控制金融架构基础上,在用户、技术资源方面引入金融科技企业的大数据、云计算和人工智能等工具,强化风险控制能力。

公开资料显示,某民营银行接入腾讯云推出的金融风控大模型后,双方合作建立了超过 7 个定制化模型,覆盖了该银行所有的进件渠道。此举缩短了风控建模时间,提高了迭代速度,且显著提升了银行风控效果。招商银行与华为合作构建的基于 FusionInsight 大数据解决方案的信用卡统一风控平台上线后,风险案件数降低 50％,半年减少损失超亿元,信用卡发卡时间从 15 天左右缩短到 5 分钟。

而传统金融机构则可以为金融科技企业提供融资服务,由传统金融机构建立相关风险投资基金来为金融科技企业提供资金,或者由传统金融机构建立相关孵化项目等,这样金融科技公司就可以专心于研发技术。另外,金融科技公司也可以通过与传统金融机构合作间接获得业务经营牌照(资质),越过互联网金融行业的监管门槛,这更多地体现在征信、评级、贷后管理等方面。例如,2018 年 8 月,阿里巴巴以 35 亿元入股华泰证券,成为华泰证券第六大股东,就是金融科技公司借助传统金融机构券商牌照进驻证券市场的典型案例。

2. 合作战略面临的挑战

传统金融机构和金融科技公司尽管都有强烈的合作意愿,但由于多方面的差异,在实际操作过程中仍然存在一定的问题。

在传统金融机构和金融科技公司的合作中,双方都认为管理方式和企业文化的差异是亟待克服和解决的重要挑战。传统金融机构经历了较长的发展阶段,管理方式和企业文化相对固化且深入,而大部分金融科技公司成立时间较短,管理方式和企业文化大多处在探索阶段,管理方式也相对灵活,这就造成了两者的矛盾。

另外,监管的不确定性是传统金融机构和金融科技公司合作过程中面临的又一个问题。监管是一把双刃剑,一方面可作为催化剂,确保一个良好健康的市场环境;另一方面,监管也可能制约创新。比如,互联网金融的发展提高了整个金融体系的运行效率,但网贷平台的违约事件、各类非法集资等不良行为频发使得互联网金融风险加剧,促使政府不断加强监管整治力度。2017 年 12 月 1 日,互联网金融风险专项整治、P2P 网贷风险专项整治工作领导小组办公室下发《关于规范整顿"现金贷"业务的通知》,对市场上快速发展的现金贷业务进行规范,内容包括资格监管、业务监管和借款人适当性监管。在 2020 年原银保监会发布的文件《关于进一步规范商业银行互联网贷款业务的通知》中,对商业银行与合作机构共同出资发放贷款的出资比例等事项作出了规定,单笔贷款合作方出资不得低于 30%,并严控跨区域经营,严禁商业银行将风控环节外包。随着新金融模式的不断发展成熟,政府监管也会逐步完善,这种监管环境的变化让金融机构和金融科技公司合作的不确定性增加。在新的监管趋势下,将金融科技领域所积累的经验和传统金融行业的风控能力结合将是关键。

二、收购战略

(一) 收购战略的应用现状

根据 FT Partners 发布的调查报告,金融科技领域的并购活动在 2024 年呈现爆发式增长,总交易额达到 1 831 亿美元,较 2023 年的 1 022 亿美元增长 79%,交易数量也从 1 124 笔增至 1 405 笔,增幅达 25%。从细分领域看,金融管理解决方案以 386 笔交易领跑,银行和贷款技术以 250 笔紧随其后,财富和资本市场技术以 220 笔位列第三。2024 年并购交易规模位居第一的是 Capital One 收购 Discover 案例,美国消费银行 Capital One 以 353 亿美元全股票交易收购信用卡发行商 Discover,旨在整合其覆盖 200 多个国家和地区的全球支付网络。

金融科技公司收购传统金融机构（如银行、保险、财富管理）的情况比较罕见，一般交易金额也较小。在所有金融科技公司收购传统金融机构的交易中，没有交易价值超过10亿美元的案例，只有5起交易的价格超过1亿美元，而在那些已经完成的金融科技公司对传统金融机构的收购案中，大多数收购对象为财富管理公司和保险公司。

（二）采用收购战略的优劣势分析

相比于合作，直接收购对收购方可能更为有利。收购之后，收购方可以将金融科技创新与自身商业模式充分融合，完全掌控与客户的关系。收购方同样有权决定技术的战略发展方向、是否向竞争对手提供相关技术等。

然而，与合作战略相比，收购战略也存在一些劣势。一方面，与合作相比，收购的价格高。其次，传统金融机构和金融科技公司可能存在着较大的估值差异。另一方面，为了完成收购交易，收购方必须资本化并募集大量的资金。这也是迄今为止，大多数收购都是由拥有较多资本和资源的大型金融机构发起的原因。

本章小结

1. 金融科技公司和传统金融机构以科技是否为该企业或机构的核心业务进行区分。

2. 中国金融科技公司在竞争格局上，行业趋于整合，市场集中度提升；服务上，金融科技应用认知深化；模式上，由金融服务向科技赋能转型；市场上，重心由服务C端向B端转变。

3. 传统金融机构的优势在于资金储备、风控经验、产品研发、客户经营管理，以及用户在金融产品及信贷业务上的数据。金融科技企业的优势在于用户流量、社交生活数据，以及对云计算、人工智能等新技术的应用。因此，越来越多的传统金融机构与金融科技公司选择合作，或者合并收购，以取两者之长，实现优势互补。

4. 传统金融机构与金融科技公司的合作，对传统金融机构而言，可以改进其运营模式和服务方式，倒逼传统金融机构的改革；对金融科技公司而言，可以得到传统金融机构的资金支持、间接获得业务经营牌照。但合作也存在多项挑战，如合作双方管理方式和企业文化的矛盾、监管的不确定性。

5. 尽管通过收购，收购方可以将金融科技创新与自身商业模式充分融合，避免合作双方管理方式和企业文化的矛盾，但收购的价格可能非常高，且收购双方存在较大估值差异，因此传统金融机构与金融科技公司更多采用合作方式。

复习思考题

1. 简述金融科技公司与传统金融机构的关系。

2. 请列举一些金融科技公司，并总结这类公司的发展趋势。

3. 请列举一些传统金融机构，并总结这类机构在金融科技方面的发展趋势。

第二篇

技术基础

第四章
人工智能基础

🎯 学习目标

1. 掌握人工智能的概念。
2. 了解人工智能的发展历史。
3. 掌握人工智能的主要方法。
4. 理解人工智能在金融领域的代表性应用及其背后的商业逻辑。

📖 引导案例

目前,人工智能涵盖了大量的分支和丰富的子领域,从通用领域如学习和感知,到专门的问题,如下棋、定理证明、翻译、语音识别。近十年来,人工智能与金融的联系也越来越紧密。

以华尔街金融巨头摩根大通为例,近年来,摩根大通积极采用人工智能技术来提升其运营效率和客户服务质量。该行开发了一个名为 COiN(Contract Intelligence)的平台,利用机器学习技术自动审阅法律文件。此前,人工审阅这些冗长复杂的合同每年要耗费律师团队 36 万小时,而 COiN 平台可以在几秒钟内完成相同的任务。COiN 能够自动读取数以千计的合同文本,提取出贷款金额、利率、抵押品等关键字段,并核对其中的例行条款是否完整。更重要的是,机器分析错误率更低,不会像人那样疲劳或分心。这一应用显著减少了人为错误的可能性,提高了合同处理的速度和准确性。

此外,摩根大通还在其交易业务中采用人工智能技术。通过分析市场数据和新闻资讯,AI 系统能够识别交易机会并优化交易策略。这种技术的应用提高了交易决策的效率和精确性。可以看到,人工智能正深刻改变金融行业的格局。

思考题:

1. 人工智能的概念是什么,又有着怎样的发展历史? 其中的主要方法包括哪些?
2. 人工智能从哪些方面影响着金融行业的发展?

第一节　人工智能的概念、发展与方法

一、人工智能的概念

人工智能（AI，artificial intelligence），是指通过计算机程序实现与人相似的理性行为的智能技术。人工智能概念的分类如表 4-1 所示。第一类概念强调了人工智能的类人属性：约翰·霍格兰德（John Haugeland）认为人工智能是有头脑的机器；里奇（Rich）和奈特（Knight）进一步指出人工智能是旨在使计算机能够实现那些当人来执行的时候需要智能的一种技艺。第二类概念更强调人工智能的合理性（rationality）：温斯顿（Winston）认为人工智能是使感知、推理和行动成为可能的有关计算的研究；普尔（Poole）等学者提出人工智能是一种研究人工智能体（artificial agent）的设计技术。

表 4-1　人工智能概念的分类

第一类概念：强调类人属性	第二类概念：强调合理性
像人一样思考： "使计算机思考的令人激动的新成就，……按完整的字面意思就是：有头脑的机器"（霍格兰德，1985） "与人类思维相关的活动，诸如决策、问题求解、学习等活动的自动化"（贝尔曼，1978）	**合理地思考：** "通过使用计算模型来研究智力"（切尔尼克和麦克德蒙，1985） "使感知、推理和行动成为可能的有关计算的研究"（温斯顿，1992）
像人一样行动： "创造能执行一些功能的技艺，当由人来执行这些功能时需要智能"（库茨维尔，1990） "研究如何使计算机能做到那些目前人比计算机更擅长的事情"（里奇和奈特，1991）	**合理地行动：** "计算智能、研究智能体的设计"（切尔尼克和麦克德蒙，1985） "AI……关心人工制品中的智能行为"（尼尔松，1998）

人工智能与机器学习的概念略有不同。根据微软对智能系统（system of intelligence）归纳的概念，一个完整的 AI 解决方案需要具备学习人类知识，并能利用这些知识自动而高效地完成那些过去只有人类能够胜任的任务。马特·泰迪（Matt Taddy）把任务结构、数据和机器学习列为人工智能的三大支柱。首先，任务结构是指 AI 必须有一个定义好的任务目标和商业应用场景。其次，数据是指 AI 需要大量的连续生成的数据来进行训练与学习。最后，机器学习能够从结构化或非结构化的数据中识别模式并作出预测，从而表现出智能的行为。由此我们可以清晰地分辨出：机器学习是实现人工智能的一种方式和工具。机器学习更注重模式的识别，而人工智能将预测任务分割成一系列的子任务，每一个子任务可以由机器学习或其他算法来解决。

以下棋为例，传统人工智能通常进行每一步棋可行下法的优劣分析，或者制定一些下棋的规则,从而让机器在对弈时表现出智能的行为。机器学习则是另一种实现人工智能的方法,我们可以让机器直接观察人类棋手对弈的棋局,这些棋局称作训练数据集(training set),棋局的胜败称作标签(label)。机器将从这些棋局中直接学习能够决定棋局胜负的棋路或定式,这些能够区分胜败的因素称作特征(feature)。经过对训练数据集的不断学习,机器最终也将在与人类对弈的过程中展现出智能的行为。

二、人工智能的发展

人工智能起始于沃伦·麦克劳奇(Warren McCulloch)和沃特勒·皮茨(Walter Pitts)在 1943 年的研究。他们首次提出了一种人工神经元模型,每个神经元具有"开"或"关"的状态,并且能对临近神经元的刺激做出反应。在此基础上,唐纳德·赫布(Donald Hebb)于 1949 年展示了一条用于修改神经元的更新规则,称作赫布型学习。赫布认为:两个神经元或者神经元系统,如果总是同时兴奋,就会形成一种"组合",其中一个神经元的兴奋会促进另一个的兴奋。这一理论是现在广为流行的神经网络模型的理论基础。

1956 年的夏天,约翰·麦卡锡(John McCarthy)在达特茅斯组织的为期两个月的智能研究与神经网络研讨会上首次提出了"人工智能"这一术语。这次会议虽然没有取得技术上的重大突破,却为后来人工智能二十年的飞速发展埋下了种子。在随后涌现出新生技术中,通用问题求解器(general problem solver)的出现或许是第一个体现"像人一样思考"的程序。通用问题求解器通过定义公理和逻辑来自动推导或证明结论。欧几里得空间中的几何问题证明是通用问题求解器适用性领域的主要例子。

约翰·麦卡锡在加入麻省理工学院之后,定义了高级语言 Lisp,这一语言成为其后三十年人工智能编程的第一语言。Lisp 的名字源于链表处理器(list processor),因为链表是 Lisp 语言使用的主要数据结构。与此同时,弗兰克(Frank)用他的感知机模型(perceptron)加强了赫布型学习,这也成为未来机器学习模型的雏形。感知机模型是一个二元线性分类模型,可以视为前馈神经网络最简单的形态。

在人工智能研究取得快速进展和突破的同时,更多的困难也接踵而至。第一类困难来自对问题的认识不充分。典型的例子是早期的机器翻译工作。当时的专家认为,只要使用简单的语法变换和一部电子词典,就足以保证翻译的准确性。然而事实上,机器翻译至今仍然处在发展研究的阶段,歧义、语言背景等诸多问题为机器翻译增加了极大的难度。第二类困难是现实问题的难解性。早期的人工智能可以通过迭代尝试各种组合来找到问题的最优解,这对于一些简化问题适用性很强,如下棋、证明数学题,却很难扩展到大规模的实际问题。第三类困难是模型基本结构的局限性,如感知机模型并不能表示非常复杂的问题。

早期 AI 的研究方法通过搜索和推理来寻找问题的解,这样的方法称作弱方法(weak method)。弱方法尽管通用,却不能扩展到某一具体领域的大规模问题实例。为了克服这一难关,弱方法的替代方案是使用更多领域相关的知识,从而保证更完善的推理步骤。1969 年,费根鲍姆(Feigenbaum)和斯坦福的同事启动了启发式程序的设计项目（heuristic program project），以研究专家系统（expert systems）。专家系统通过大量的专家规则来进行判断，主要应用领域是医疗诊断。费根鲍姆、布坎南（Buchanan）和爱德华（Edward）医生共同开发了一款名为 MYCIN 的专家系统用于诊断血液传染。MYCIN 从专家会见大量病人的过程中提取 450 条规则，诊断结果能与某些专家一样好，甚至表现得比经验尚不丰富的医生好很多。

到了 20 世纪 80 年代，布莱森（Bryson）和胡（Ho）于 1969 年首次建立的反向传播（back-propagation）算法再次风靡学术界，至少四个不同的研究机构投身于改进神经网络的潮流之中。同时，AI 也开始与控制论和统计学等研究领域逐步融合，数据挖掘（datamining）和贝叶斯网络（Bayesian network）就是最典型的例子。事实上，最初 AI 的建立部分是出于对传统统计学与控制论的一种叛逆，而在 20 世纪 80 年代的这次复兴中 AI 恰恰开始接纳传统理论，并将创新更多地建立在严格的定理上，而非仅仅依靠直觉。

20 世纪 90 年代以来，智能体伴随着互联网开始兴起，它在互联网的应用中非常普遍，搜索引擎、推荐系统中都能找到其大显身手之处。尽管如此，约翰·麦卡锡等学者依然认为 AI 不应该把研究重点放在提升某一类特定任务的表现上，譬如下棋或者自动驾驶，而应该致力于建立一个"会思考、学习和创造的机器"。这类 AI 被称为人类级 AI（human-level AI），是人工通用智能（artificial general intelligence）领域的主要目标。

21 世纪被称为大数据的时代。随着存储能力和计算能力的不断增长，以及互联网提供的大规模数据源，人们关注的重点不再单是算法，数据本身也变得至关重要起来。一方面，基于神经网络的深度学习在大量数据训练后获得了出色的效果；另一方面，样例自展（bootstrap）可以学习标注新样本的模式。与 20 世纪的人工智能相比，大量的数据帮助 AI 克服了学习足够知识量的瓶颈，因此省去了人工为机器提供知识库这一工程。

专栏 4-1

会下棋的土耳其机器人

1770 年，在奥地利女皇玛利娅·特蕾莎的宫廷上，一位叫作 Wolfgang von Kempelen 的发明家展示了一台会下国际象棋的机器。Kempelen 把他的发明叫作土耳其机器人，这是用枫木雕刻出来的真人大小的机器人，它身披土耳其礼服，坐在一个上面放着棋盘的木制柜上。

Kempelen 宣称这台机器可以击败宫廷里面任何人，玛利娅·特蕾莎的一个顾问接受了他的挑战。Kempelen 打开木柜的门，展示一个像时钟一样由杠杆和齿轮组成的机械装置，然后将一把钥匙插入机器，上好发条。机器人竟然开始举起了木质的手臂下出第一步。不到 30 分钟，它就击败了挑战者。

土耳其机器人引起了轰动。在接下来的 10 年时间里，Kempelen 带着这个下棋机器在欧洲巡游，击败了当时一些以聪明闻名的人，包括本杰明·富兰克林和腓特烈大帝。1804 年，Kempelen 过世，土耳其机器人被卖给了仪器制造者 Johann Nepomuk Maelzel，后者又带着它继续世界巡游。

1819 年，著名的英国工程师和数学家查理斯·巴贝奇跟这台机器下过两次棋，结果都输掉了，但下棋的经历使其有机会仔细观察这台机器。他怀疑这个机器人并不"智能"，而是一个精心制作的骗局，他怀疑里面藏有一个控制该机器人下棋的人。巴贝奇是对的。看似发条装置的土耳其机器人背后的真相是 Kempelen 和 Maelzel 相继雇来国际象棋大师躲在那个木制柜里面。国际象棋大师可以通过磁铁将上面的棋局镜像到木柜底下，让他观察发生了什么，利用一个滑轮组来移动土耳其机器人的手臂。他藏身的地方有若干滑动面板，这样当 Maelze 开门让大家观察土耳其机器人内部时，他就能滑动到没有被打开的地方躲起来。

尽管巴贝奇对这种骗术表示怀疑，但并没有去揭露。土耳其机器人带给了他灵感。很快，他开始致力于一个叫作差分机的自动机械计算器的设计，其用来生成没有错误的对数表。他的第一个设计重达 4 吨，需要约 25 000 块金属零件。但在 19 世纪 30 年代他放弃了这个项目，开始致力于设计一个更加复杂的装置，叫作分析机。这种机器有一个"存储库"(store)和一个"运算室"(mill)，分别充当内存和处理器，以及通过穿孔卡片解析程序指令的装置。1864 年，他在日记中写到自己对使用"机械符号"来处理全新类型挑战的渴望：经过充分考虑之后，他选择了发明一种机器作为试验。这种机器应该可以成功地玩纯粹需要智力技能的游戏，如国际象棋。

尽管土耳其机器人和巴贝奇的机器并无技术联系，但巴贝奇与土耳其机器人的邂逅是机器计算史的开端。

思考题：

1. 专栏中提到的"土耳其机器人"虽然能下棋，但本质是人为操控的骗局。结合人工智能的定义，分析土耳其机器人是否属于真正的人工智能。

2. 教材提到早期 AI 依赖"弱方法"（如搜索和推理），而现代 AI 更强调数据驱动（如深度学习）。请以下棋为例，分析两者实现智能化的技术路径差异，并分析数据在其中的作用。

三、人工智能常用的方法

（一）问题求解

问题求解智能体(problem-solving agent)是智能体的一种基本模式。问题求解智能体旨在针对某一类问题，通过搜索可行方法集来寻求最优解。

一个标准化的求解问题由以下几部分构成。

(1) 智能体初始状态(initial state)。

(2) 智能体的行动集(action sets)。

(3) 智能体的转移模型，用 Transfer(s, a)来表示在状态 s 下执行行动 a 后转移到的状态。

(4) 目标测试，用于确定给定的状态是不是目标状态，如在象棋中目标状态就是指"将死"的状态。

（5）路径耗散函数，反映智能体从状态 a 到状态 b 的转移路径所耗费的成本。

因此，一个问题最优解可以表示为：从初始状态出发，在行动集中选择行动转移状态以达到目标状态，并希望在转移路径中耗费最低的成本。

根据是否掌握关于最优解的信息，可以把搜索分为有信息搜索和无信息搜索。无信息搜索不依靠任何外部信息，只通过问题的定义进行搜索。有信息搜索又叫作启发式搜索，通过一个启发式的函数来估算从当前状态到目标状态的距离或代价。

贪心算法是启发式算法的一个代表。在每一个状态，贪心算法会仅仅根据当前的行动集选择最优行动。仍以下棋为例，贪心算法的每一步都选择在当前局势下最优的算法，而不会以最终棋局的胜利为目标决定这一步棋的下法。换言之，在贪心算法下，智能体将无法牺牲一些棋子来换取胜利，这也是"贪心"名字的由来。因此，贪心算法并不是一种全局最优的方法，但这并不意味着贪心算法没有用处。在大部分应用场景中，全局最优的方法往往很难得到，而贪心算法是一种相对高效的替代方法，往往能比其他算法更快地找到一个还不错的解。总而言之，贪心算法的局限是由于短视性而陷入局部最优，而随机搜索算法又缺乏效率。

模拟退火算法和遗传算法是两种避免陷入局部最优解的经典启发式算法。模拟退火算法的核心是在迭代寻找最优解的过程中，以一定的概率接受一个比当前解更差的解，这也是退火和冷却的含义。寻求最优解的过程可以理解为加热，而冷却则代表着适当地接受一些更差的解，从而最终可能跳出局部最优解，达到全局最优解。更新解的情况有如下两种：一是移动后得到更优解，则总是接受该移动；二是移动后比当前解要差，则以一定概率接受该移动。

遗传算法则是从生物界自然选择的进化论中获得了灵感，遵循"适者生存""优胜劣汰"的原则。遗传算法模拟一个人工种群的进化过程，通过选择（selection）、交叉（crossover）和变异（mutation）等机制，在每次迭代中都保留一组候选个体。重复此过程，种群经过若干代进化后，理想情况下其适应度可以达到"近似最优"的状态。遗传算法避免陷入局部最优的核心是按照一定随机概率的染色体交叉和变异，从而有可能在下一代得到更优质的基因，或是更优的解。全局最优和局部最优，如图 4-1 所示。

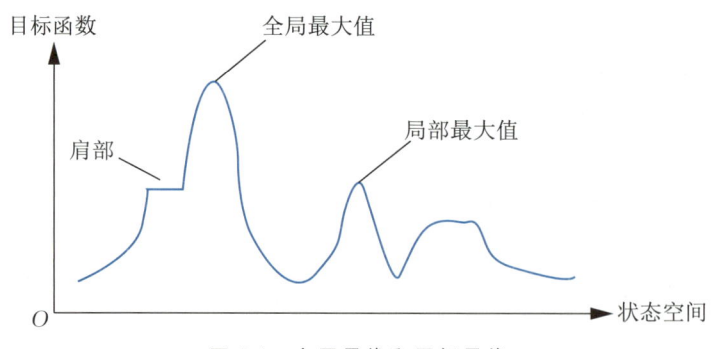

图 4-1　全局最优和局部最优

（二）推理

人类一直强调的智能，并不仅仅是靠条件反射，而是一种通过对知识的理解、表示和应用的过程。这一类型的智能方法又叫作基于知识的智能体。在前文介绍的"问题求解"中，智能体对世界的认知是非常有限的，往往停留在某一类具体的问题。而基于知识的智能体的独特之处在于，它的核心构成是其综合的知识库和推理机制。知识库是一个语句的集合，包含了对知识的表现语言，我们又将其称为公理。智能体具有自主将新的语句添加到自身知识库的能力，这主要依赖现有的公理与逻辑推理。

Wumpus 世界

Wumpus 世界是一个知识智能体领域著名的例子。Wumpus 世界是由多个房间组成的山洞，在洞穴深处的房间有一只怪兽（Wumpus），怪兽会吃掉进入其房间的任何人。智能体只有一支箭，并可以用这支箭射杀怪兽。某些房间是无底洞，会吞噬除怪兽外的任何人。在洞穴的某一房间里藏有金子，而智能体的目标则是活着发现这笔金子并走出洞穴。

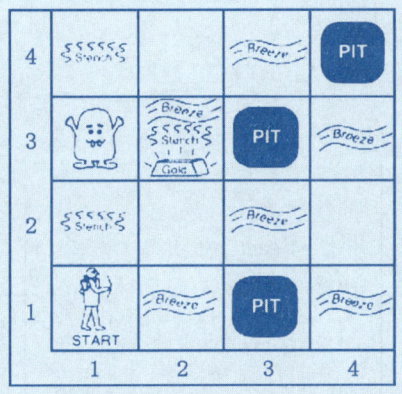

注：START 是指开始；Stench 是指臭气；Breeze 是指微风；Gold 是指金子；PIT 是指陷阱。

图 4-2　Wumpus 世界

图 4-2 是一个简单的 Wumpus 世界实例。智能体在怪兽附近的房间可以感知到臭气（Stench），而在陷阱附近可以感受到微风（Breeze），当怪兽被杀死时，智能体可以听到怪兽的叫声。这是初始知识库。

从今天的视角来看，Wumpus 世界是一个过于简单，甚至有些无聊的游戏，但这确实是一个基于知识智能体的典型例子。智能体需要通过不断地感知外部世界，通过逻辑推理来扩充自己的知识库，最终实现找到金子的目的。

如图 4-3 所示，智能体从（1，1）出发，它知道自己位于（1，1），并且知道（1，1）是安全的，没有感受到微风或臭气等外界因素，用 OK 表示，因而可断定（1，2）与（2，1）

是安全的房间。图 4-3(a)展示了智能体的起始状态。接着,智能体会谨慎地选择移动到安全(OK)的房间。假设智能体选择了(2,1),如图 4-3(b)所示,智能体在此检测到了微风,因此在相邻的房间中至少有一个陷阱,因此(2,2)和(3,1)中存在陷阱。此时,谨慎的智能体会回到另一个安全的房间,即先到(1,1),再到(1,2)。

图 4-3(a):

1,4	2,4	3,4	4,4
1,3	2,3	3,3	4,3
1,2 OK	2,2	3,2	4,2
1,1 A OK	2,1 OK	3,1	4,1

图例:
A = Agent(智能体)
B = Breeze(微风)
G = Glitter, Gold(光亮,金子)
OK = Safe square(安全区)
P = PIT(陷阱)
S = Stench(臭气)
V = Visited(访问)
W = Wumpus(怪兽)

(a)

图 4-3(b):

1,4	2,4	3,4	4,4
1,3	2,3	3,3	4,3
1,2 OK	2,2 P?	3,2	4,2
1,1 V B OK	2,1 A OK	3,1 P?	4,1

(b)

图 4-3　智能体行动逻辑图(一)

图 4-4(a):

1,4	2,4	3,4	4,4
1,3 W!	2,3	3,3	4,3
1,2 A S OK	2,2 OK	3,2	4,2
1,1 V OK	2,1 B V OK	3,1 P!	4,1

图例:
A = Agent(智能体)
B = Breeze(微风)
G = Glitter, Gold(光亮,金子)
OK = Safe square(安全区)
P = PIT(陷阱)
S = Stench(臭气)
V = Visited(访问)
W = Wumpus(怪兽)

(a)

图 4-4(b):

1,4	2,4 P?	3,4	4,4
1,3 W!	2,3 A S　G B	3,3 P?	4,3
1,2 S V OK	2,2 V OK	3,2	4,2
1,1 V OK	2,1 B V OK	3,1 P!	4,1

(b)

图 4-4　智能体行动逻辑图(二)

如图 4-4(a)所示,在房间(1,2),智能体感受到了臭气,所以相邻的房间里必然有一只怪兽(Wumpus),而怪兽不在(1,1),也不可能在(2,2)。因为如果怪兽在(2,2),智能体在(2,1)就应该感受到臭气。所以推理可得,怪兽只能在(1,3)。与此同时,在(1,2)智能体没有感受到微风,这说明(2,2)中不存在陷阱,(2,2)是安全的,陷阱必然在(3,1)。所以智能体可以安全进入(2,2)。如图 4-4(b)所示,智能体如果在(2,2)选择进入(2,3)将直接安全获得金子。如果选择(3,2)智能体在此检测到了微风,将会谨慎地回到(2,2)再尝试进入(2,3)。由此可见,在每种情况下,智能体都可以根据所获取的信息进行逻辑推理。

资料来源:斯图尔特、彼得,《人工智能——一种现代的方法》(第三版),殷建平等译,人民邮电出版社 2010 年版。

思考题:

1. Wumpus 世界中智能体通过逻辑推理扩充知识库以规避风险并达成目标。请结合金融领域中的信用风险评估场景,说明如何构建类似的"知识库+推理机制"系统。

2. 模拟退火算法如何避免陷入局部最优解?

(三)规划

规划(planning)指理性地设计一个最优计划以达到目标,是人工智能领域的重要方法之一。规划定义语言(planning domain definition language,PDDL)是规范化定义人工智能规划的伟大尝试。PDDL 主要使用四要素来定义一个规划问题,分别是初始状态、在一个状态可行的行动、采取行动后的结果,以及目标测试。例如,航空货物的运输是一个经典的规划问题。货物的可能状态有在机场和在飞机上,可以采取的行动有装载、卸货和飞行。

规划问题的描述定义了一个搜索最优方法的问题。求解规划问题的搜索方法主要有前向搜索、后向搜索和启发式搜索。前向搜索是指从初始状态开始不断搜索行动集寻找达到目标状态的最优方式。然而,由于前向搜索会探索到大量与最优状态无关的动作,即便是一些简单的任务也会耗费大量的搜索成本。以机场运货为例,考虑 10 个机场,每个机场有 5 架飞机和 20 件货物,目标是将机场 A 的货物送到机场 B。最简单的解显然是将 20 件货物装运到机场 A 的飞机上运往机场 B。然而前向搜索的搜索空间其实是很大的,50 架飞机可以飞到其他任意 9 个机场,200 件货物也都可以装载或是卸载。

后向搜索是指从目标开始进行向后倒退行为,直到达到初始状态的序列。后向搜索又叫相关状态搜索,因为在搜索过程中需要考虑与目标相关的一系列行为,而非前向搜索中只需要考虑单个行为和状态。对于多数问题,后向搜索的优势在于其搜索空间比前向搜索更小。但是,由于后向搜索使用状态集而非单个状态,使得难以对后向搜索应用启发性算法。

没有启发式函数的帮助,前向与后向搜索的效率都是偏低的。大部分规划问题的启发式函数需要通过定义松弛问题来导出。松弛方法的主要思想是对原问题进行修改,得到更容易求解的问题。松弛方法主要包括忽略前提启发式和忽略删除列表启发式等。

（四） 概率推理

前文讨论的一些基本人工智能方法都是在确定范畴中定义的，但现实世界中往往充满了未知和不确定性。贝叶斯网络（Bayesian network）是结合概率和统计理论，用于概率推理的一种有效方法。

贝叶斯网络是一个有向图（directed graph），其中每个节点对应一个随机变量，每一条有向边连接两个节点。如果有边 E 从节点 A 指向节点 B，则称 A 是 B 的一个父节点。每个节点随机变量的概率分布由其父节点决定，即每个节点 X 有一个条件概率分布 $P[X|\text{Parents}(X)]$。

图 4-5 是一个贝叶斯网络的例子。窃贼或者是地震可能触发警报，警报触发后约翰或是玛丽可能会拨打报警电话。其中，窃贼与地震，约翰和玛丽打电话分别都是独立的事件。

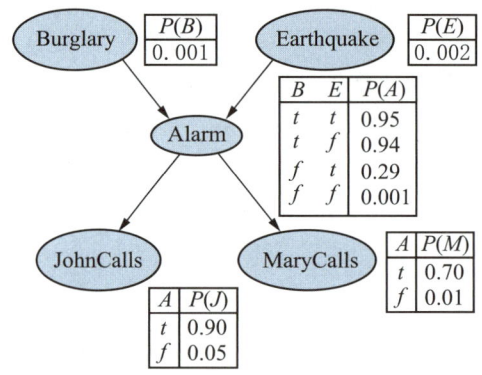

Burglary：窃贼   JohnCalls：约翰打电话   Earthquake：地震   MaryCalls：玛丽打电话   Alarm：警报

图 4-5 贝叶斯网络

概率推理的基本任务是在观察到某些事件[或者叫作证据变量（evidence variable）]的取值之后，推测查询变量（query variable）的概率分布。既非证据变量也非查询变量的其他节点称作隐藏变量（hidden variable）。以图 4-5 为例，我们可以查询约翰打电话为真且玛丽打电话为真的情况下窃贼的概率分布。这一条件概率可以利用完全联合概率分布中的某些项相加计算得到。

（五） 决策

决策理论的基础是概率理论与效用理论。通过给人工智能添加效用函数，我们可以使一个智能体具备理性决策的能力。基于某一目标的智能体在成功与失败进行二元离散选择，而效用理论使得智能体能够对结果质量进行连续的度量。

决策理论的基本原理就是最大期望效用（maximum expected utility）——理性智能体应该选择期望效用最大的行为：

$$\text{Action} = \text{argmax } E[U(a|e)]$$

最大期望效用理论似乎定义了人工智能的全部：量化各阶段的决策行为，采取最大化目标效用的行为。事实上，在付诸实施的过程中，估计世界的状态需要用到感知、概率推理和学习等方法，而估计行为带来的效用改变经常需要搜索与规划求解，因为一个人工智能并不知道哪一个状态最优。决策理论虽然不是人工智能研究的终点，但为人工智能提供了一个有效的理论框架。

（六）学习

学习是目前人工智能领域最热门的技术。从机器学习、深度学习到强化学习，人工智能的学习能力在不断地增强。通过样例学习，人类可以教给机器知识。我们难以让人工智能使用逻辑或概率判断一张图片是否含有猫或狗，即使预先对其罗列大量的属性特征，也依然无法让其准确判断所有情况。但通过学习，我们可以使人工智能具备预测的能力，甚至准确识别一张人工智能从来没有见过的图片。更进一步地，人工智能学习的过程中甚至可以掌握经验最丰富的专家都难以充分理解的知识。例如，在信用评估中，一个优秀的人工智能可以做到比专业银行贷款审核专员更高的准确率。用专业术语来说，机器用来学习并反复观看的图片称作训练数据集；一类数据区别于另一类数据的不同属性或特质称作特征；机器总结规律的过程称作建模；系统性地反复看图，总结规律，最后识别图片内容的过程称作机器学习。机器学习是对通过经验自动改进的计算机算法的研究。

根据预测内容，可以将机器学习分为二元分类、多元分类、回归和结构化学习四种。根据样本，可以将机器学习分为监督学习、非监督学习、半监督学习和强化学习。监督学习是指每一个样本都有对应的指示标签，如每一张图片对应图片中是否含有猫，每一个贷款申请人对应是否违约。非监督学习则意味着样本没标签。半监督学习是指样本中仅有一部分具备标签。强化学习是指虽然样本没有标签，但对机器给出的预测结果给予奖励或者惩罚，从而优化模型的学习结果。强化学习对于训练游戏、棋牌等人工智能有非常出色的效果。

第二节　人工智能促进金融发展的商业逻辑

人工智能正在迅速被金融服务行业所采用，包括以客户为中心的"前台"业务，如信用评分、保险营销和保费设置、聊天机器人等，以及以运营为重点的"后台"用途，如决策科学、高效定制支付处理、交易和投资组合管理等。由于这项技术在金融领域的应用尚处于初期和快速发展的阶段，而且使用数据基本上无法获得，因此任何分析都是初步的。

一、信用评分

贷款人长期依赖信用评分为公司和零售客户做出贷款决策。历史上，金融机构的交易和支付数据是大多数信用评分模型的基础。这些模型使用回归、决策树和统计分析等工具,使用有限数量的结构化数据生成信用评分。潜在借款人必须拥有足够数量的历史信用信息才能获得信用评分。在缺少足够信息的情况下,潜在信誉良好的借款人通常无法获得借款并建立信用记录。现在,银行和其他贷款方越来越多地转向额外的、非结构化或半结构化的数据源,具体包括社交媒体活动、移动电话和短信活动,以捕捉更精确的信用情况,并提高贷款的评级准确性。将机器学习算法应用于这一新数据集合,可以评估借款人的消费行为和支付意愿等因素。这类方法效率更高,可以低成本地对众多借款人进行信用评分,支持信贷决策。然而,基于机器学习的信用评分模型在评估信用方面优于传统评分模型这一命题尚未得到证明。

在信用评分模型中使用人工智能有许多优点和缺点。人工智能允许快速地分析大量数据,可以处理更广泛的信贷数据,降低评估信用风险的成本,增加公司客户数量。但是,使用复杂的算法来分配信用评分、做出信用决策时,难以向客户、审计和监管部门提供信用评分的详细解释。此外,使用在线行为或非传统的财务信息可能会做出具有歧视性的信用决策。比如,机器学习会自动将种族或性别特征作为违约预测指标。

二、保险营销和保费设置

人工智能和机器学习可以显著提高保险业务效率,尤其是在保险营销和保费设置方面。在承保中,面对产品同质问题突出的困局,互联网保险开始逐渐流行。众安保险等保险科技公司能够通过机器学习结合过去传统渠道积累的业务数据,根据新客户提供的信息设计个性化、定制化的保险产品。互联网的渠道不仅能够吸引大量年轻群体,而且规模化效应显著,高效的人工智能算法可以取代传统的人工接待窗口,节省大量人力成本。

保险公司的盈利能力离不开保费的合理定价,而无论是人身险还是财产险,保费的合理设置都需要对客户的出险概率进行准确预测。在过去几十年,这些预测主要通过人工的谈话和信息收集完成,更准确的方式是通过线性模型和客户的工资、年龄、地区、性别等信息进行回归和预测。随着大数据和机器学习的广泛应用,出险概率的预测方式也迎来新一轮的变革。第一是数据层面,一些以往难以收集的数据,如银行卡转账记录、会员情况、支付宝芝麻信用分、夜间通话、异地手机号与流量费用等,都可以纳入出险概率的预测模型。以汽车保险为例,随着网约车的兴起,车主可以使用未在出租车公司登记的车辆从事打车业务。这些车辆显然比普通家用车有更高的出险概率,但使用传统方法却无法将其与普通家用车进行有效区分。通过利用手机运营商(如移动、电信)的基站检测数据,可以得知手机用户每天的途经地点与路线,从而有效地对运营车辆进行识别。第二是算法层面,通过新兴的机器学习算法,保险科技公司可以对出险概率进行非线性的、更准确的预测。

三、聊天机器人

聊天机器人(chatbots)是帮助客户处理或解决问题的虚拟助手。人工智能在这一块的发展相对成熟。这些自动程序以自然语言（通过文本或语音）与客户交互，并使用机器学习算法来改进。一些金融服务公司正在其移动应用程序或社交媒体中推出聊天机器人。聊天机器人越来越多地在年轻一代中使用，未来仍然具有巨大的增长空间。

起初，金融服务公司使用的聊天机器人功能主要包括提供余额信息，提醒客户或回答简单的问题。近来，聊天机器人越来越倾向于提供建议并促使客户采取行动。同时，随着语义识别和深度学习的发展，聊天机器人与对话者的互动呈现出了更有意思的形态：除了具备基础的功能，还能够满足对话者的情感诉求。比如，聊天机器人能够辨别对话者的方言，并用方言与之交流；也可以变换语气，通过声调、音色、语速来呈现不同的语义，表达不同的情绪；还可以在多人沟通的情境中分饰不同角色，如模拟上司与下属的对话，提升对话者的沟通体验。

四、决策科学

人工智能与运筹学模型相结合，衍生出定价优化、资本优化、供应链优化、资源分配等一系列应用。

定价优化，是指通过全渠道、内外部数据的深度挖掘，人工智能重新定义企业收益管理的决策模式。以某大型电商产品定价为例，上百万种标准产品会有很强的关联性、互补性、替代性，并且其价格受到季节、产品生命周期等因素影响。同时，消费者的行为，对促销的反应，也作为输入因子放入模型。根据每一种商品的特性，进行组合优化后，可以实现组合的整体提升。选择合适的产品、合适的时间、合适的渠道，制订合适的价格策略，实现企业收益的最大化。人工智能能够解决销售费用分配、渠道价格管理、商品动态定价、促销定价、清仓定价、捆绑定价等覆盖产品全生命周期的价格问题。

资本优化，即在资本稀缺前提下实现利润最大化，是运营一家银行的关键。人工智能建立在计算能力、大数据和优化数学概念的基础之上，可以提高资本优化的效率、准确性和速度。资本优化也在衍生品保证金领域进行应用，如保证金估值调整（MVA）：机器学习尝试找到某个时点最佳的交易组合，执行两项互相抵消的衍生品交易，来最大限度地减少保证金。

供应链优化，旨在通过对供应链各环节的数据分析，提升整体效率和效益。其核心应用包括需求预测、物流优化、库存管理等。需求预测通过人工智能分析历史销售数据、市场趋势、天气事件（如农产品供应链）及社交媒体舆情（如快消品需求波动），动态调整生产计划。物流优化基于强化学习的路径优化算法，在交通拥堵、突发订单等动态场景中实时规划配送路线，降低物流成本，提升配送效率。库存管理则通过实时监控库存水平，人工智能优化补货决策，减少库存积压或短缺的风险。

资源分配，涉及在有限资源下，如何有效配置以实现最佳绩效。人工智能通过分析实时数据和历史模式，辅助决策者在多个备选方案中选择最优方案，确保资源得到高效利用。比如，银行可通过强化学习模型预测客户咨询高峰时段，动态调配在线客服与人工智能机器人服务比例，使人力资源得到更有效的利用。

五、高效定制支付处理

支付行业正处于改革的尖端，人工智能能够实现高效的支付处理，提高直通处理率（STP），推动用户体验的增强。从整体的角度来看，人工智能可以应用于两个级别的支付处理。

（一）模块化

针对个人应用程序提供模块化服务，如欺诈分析、付款验证、付款修复。目前这些应用都是基于规则的算法。人工智能通过深入分析支付趋势、支付行为和支付历史数据来支持无缝决策，可以大大减少支付处理中的人工干预。

（二）系统化

利用人工智能系统可以实时监测银行系统处理付款的流程：从进入银行的支付交易，直到离开支付网关。人工智能可以从金融市场获取支付有关的最新趋势和其他银行的流程改进，根据银行的业务活动模式、处理时间、支付费用和支付使用情况为客户推荐合适的支付产品。

六、交易和投资组合管理

人工智能在交易和投资组合管理方面的应用主要体现在三个方面。首先，使用人工智能和机器学习技术，可以分析社交媒体数据，为众多金融机构，如银行、对冲基金、高频交易商，以及投资平台提供"情绪指标"。其次，机器学习可用于创建"交易机器人"，来降低交易成本。众所周知，买方自己的交易对市场价格的影响很难建模，特别是对于流动性较低的证券而言，因为过去可比较的交易数据很少。人工智能工具可以通过引入机器学习方法来减少交易对价格和流动性的影响。此外，人工智能可用于帮助确定交易时点，来最小化市场影响。最后，在投资组合管理方面，人工智能和机器学习工具被用于识别价格变动的新信号，相比现有模型，可以更有效地利用数据。机器学习工具的工作原理与传统投资使用的分析技术相同。关键任务是识别来自数据的信号，基于数据可以在不同的时间范围内进行与价格水平或波动性相关的预测，以产生更高的回报。

本章小结

1. 人工智能（artificial intelligence），是指通过计算机程序实现与人相似的理性行为的智能技术。

2. 智能体具有自主将新的语句添加到自身知识库的能力，这主要依赖于现有的公理与逻辑推理。贝叶斯网络（Bayesian network）是结合概率和统计理论，用于概率推理的一种有效方法。

3. 规划（planning）指理性地设计一个最优计划以达到目标。求解规划问题的搜索方法主要有前向搜索、后向搜索和启发式搜索。

4.决策理论的基础是概率理论与效用理论。通过给人工智能添加效用函数，我们可以使一个智能体具备理性决策的能力。

5.机器学习是对能通过经验自动改进的计算机算法的研究。机器学习的主要类别有监督学习、半监督学习、无监督学习和强化学习。

6.人工智能正在迅速被金融服务行业所采用。由于这项技术在金融领域的应用尚处于初期和快速发展的阶段，而且使用数据基本上无法获得，因此任何分析都是初步的。

复习思考题

1.什么是人工智能？人工智能与机器学习有什么区别？

2.人工智能的主要方法有哪些？

3.贝叶斯网络的主要构成是什么？贝叶斯网络如何推断一个事件发生的概率？

4.什么是启发式搜索？启发式搜索的主要类型有哪些？

5.什么是局部最优，什么是全局最优？如何避免陷入局部最优？

6.机器学习的主要类型有哪些？

7.什么是最大期望效用理论？

8.什么是专家系统？它具有哪些特点和优点？

第五章

大语言模型基础

📍 学习目标

1. 掌握自然语言处理、大语言模型的基本概念。
2. 了解大语言模型发展中的关键技术。
3. 了解大语言模型的架构和训练流程。
4. 了解大语言模型在全球各地区的发展状况。
5. 了解大语言模型在金融领域中的应用情况。

📖 引导案例

DeepSeek 的"智能财报解读"功能只需 2 分钟就能生成关键指标雷达图（如现金流健康度、存货周转异常）。当用户输入"如何配置科创板与美股的科技股组合"，系统不仅可以实时解析全球股票市场的动态数据，还可以更精准捕捉用户隐含的风险偏好，最终生成的报告既包含量化模型测算，又以自然语言阐释关键决策逻辑。这种近乎人类专业分析师的交互体验，正源自其底层的大语言模型技术。作为驱动金融智能化的新质生产力，大语言模型通过千亿级参数的神经网络架构，实现了对金融文本的深度语义理解、多模态数据处理和复杂逻辑推理，也正在重新定义金融服务边界。在现在这个阶段，尽管因为准确度问题我们还不能完全依赖大语言模型生成的内容或预测，但毫无疑问的是它为我们提供了一个强大工具，大大提高了我们的工作效率。从大语言模型展现的"金融大脑"雏形出发，我们将开启对这项革命性技术的系统认知之旅。

思考题：

1. 通过一些案例展示大语言模型在金融领域的广泛潜力。
2. 尝试用 DeepSeek 分析一下自己感兴趣的上市企业的财报。

第一节 大语言模型的概念、运作原理与发展应用

一、大语言模型的概念

近年流行的 ChatGPT、DeepSeek、豆包等都离不开大语言模型。大语言模型（large language model，LLM）的设计目标是能够理解并回应自然语言文本输入，实现人与机器的对话交流。ChatGPT、DeepSeek 等经过大量数据的训练，能够生成连贯、符合上下文的回复，甚至可以执行语言翻译、文本摘要和问题解答等任务。这些神奇的功能，归结于自然语言处理（natural language processing，NLP）这一领域的技术发展。

二、大语言模型的运作原理

（一）整体运作逻辑

大语言模型只是在不停地询问：目前文本的下一个字眼应该是什么？它会从自己以往的学习经验（浩如烟海的文本训练集）中，根据前文内容，生成一个"接龙"概率表，然后选取概率最高的那一个。

如果总是只选取概率最高的那一个作为后缀词，逐渐容易出现文本混乱、无意义的情况，而且人们也希望模型能给出多样化的回答。这时开发者们引入温度参数（temperature parameter）调整概率分布形态，可以让大语言模型不总是选取概率最高的那个词作为下一个词，而是选取概率次好的那些选项，从而使得回答具有更多的可能性。

也就是说，大语言模型并不真正理解我们输入与它自己输出的文本的真正含义——它本质上是做神经网络算法的工作。

（二）技术实现过程

1. Transformer 架构

Transformer 架构采取自注意力（self-attention）机制。注意力可以理解为描述词与词的关联度的一个向量，也就是 Transformer 将文段拼成一个矩阵进行匹配时，可以计算出哪些词之间具有更深的联系。

我们以输入两个词为例。两个词会在底层（即第一个接触的）编码器中被转换成两个向量 X1、X2，然后进入这个编码器的自注意力层。在自注意力层，两个向量上下拼接成一个矩阵 X，分别与模型此前已经训练好的三个权重矩阵，各自做矩阵乘法计算，得到 Q（query）、K（key）和 V（value）这三个矩阵。接着，再进行一次如图 5-1 所示公式的矩阵运算，转换成新矩阵 Z（由 2 个新向量 Z1、Z2 组成）。

这个公式中，"Q 乘以 K 的转置"即两个输入词注意力分配的权重矩阵。譬如这两个词是分别是"你""好"，如图 5-2 所示。

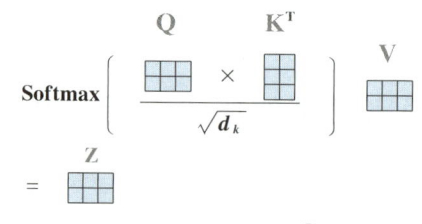

图 5-1　矩阵运算①

| 表示"你"的嵌入 | 0.7 | 0.3 |
| 表示"好"的嵌入 | 0.2 | 0.8 |

图 5-2　权重矩阵示例

这表示在编码"你"时,应该放 0.7 的"注意力"比重在"你"上、0.3 的比重在"好"上。这就是注意力权重分配的过程,不依赖文本顺序而进行关联计算。

这两个新向量 Z1、Z2 随后进入"矩阵相加(X 与 Z)与标准化"的运算,再进入下一个解码器进行相同的操作。我们会从顶端(最后一个)编码器得到一组注意力向量的输出,它会抵达每个解码器的"编码器—解码器(encoder-decoder)注意力"层②,持续向下一步运算和传递。

需要注意的是,最终输出是一个字词、一个字词产生的,而不是像输入时那样一个句子或段落一起进去的。最终,linear 与 Softmax 层会把向量重新变成文字,并输出第一个词,例如说"你"。这就是完整的第一次流程。

第二次流程将直接从解码器开始,因为编码器在完成注意力向量的输出后就结束了。而第一次流程的产物"你"这个字,会移到解码器最下方的"output"的位置,在第二次流程里的开头进入解码器,随后与之前的编码器输出向量一起运算,最终在流程末尾生成下一个词"好"。

传统的编码器—解码器 Transformer 架构,十分适合用语言翻译类任务,譬如编码器将英文进行编码,解码器则负责转换为对应中文。然而,现在 LLM 大多数采用纯解码器(decoder-only)的 Transformer 架构。在这种架构中,输入数据直接进入解码器,而无须由编码器转换为更高、更抽象的表示。这种方法不仅简化了构架、能更快地生成输出,而且还允许模型在大量未标记数据上进行训练。同时,由于技术的进一步改进,纯解码器架构也可以应用于翻译等任务。

总结而言,Transformer 架构可以充分地从全段落获取有关需要预测字词的上下文信息(没有内存、单向问题),又可以自动理解字词之间的联系,因此表现出更好的语义理

---

① 分母上的 d_k 为 K 的维度(dimension),是一个已知常数。

② 屏蔽(masked)自注意力:在传统的 Transformer 中,注意力机制允许模型在生成输出的每个部分时关注输入的所有部分。然而,在像 GPT 这样的纯解码器 Transformer 架构中,注意力机制被"屏蔽",以防止它在生成输出的每个部分时查看输入的未来部分。这是必要的,因为 GPT 模型经过训练来预测句子中的下一个单词,因此它们不应该访问未来的单词。

解与预测能力。另外,它也可以应用多种并行(Parallelism)技术,使得运算效率大幅提升。因此,Transformer 架构代替了原来的纯神经网络,成为现在大多数 LLM 的架构主流选择。

2. 预训练

预训练(Pre-Training)是指语料在清洗与编码后,进行大规模无监督学习(指在无数据标签的情况下训练)的过程。通过预训练,LLM 可以获得基本的语言理解和文字生成能力。这一方法使得过往语言模型的训练从完全的监督学习中解放出来,不再完全依赖人工贴数据标签的数据集,大大节省了人力成本和获取数据集的时间。

操作上,预训练包含这样一套流程:获取原文本—质量过滤—内容去重—去除隐私信息—文本代币化(Tokenization,指进入编码器、变成数字)—训练。

要做好预训练,最为重要的是语料库的规模和质量(对应缩放法则),以及模型的预训练架构和相关的加速、优化技术。目前的大语言模型主要利用各类公共文本数据集进行预训练。

3. 调整

经过预训练后,LLM 已经具备了一定的通用能力,但根据特定目标进一步调整 LLM 的能力是可行且必要的。从目的上来区分,主要包含两种方式:指令调优(instruction tuning),旨在进一步提升 LLM 的表现性能;对齐调优(alignment tuning),旨在确保 LLM 与人类的价值观保持一致,避免隐藏在训练集中的恶性内容污染输出。这里我们从设计思路的角度,简单地介绍几项主流的关键技术方法。

(1) 监督微调(supervised fine-tuning,SFT)通常要求一个监督数据集,其中包含输入提示词(prompt,你希望 AI 完成的任务)和你期望 AI 能给出的输出。这些提示词和输出可以由人类标注者为特定任务编写,包括开放式问答、头脑风暴、聊天和改写等各种形式的任务。这一方法也具有缺陷:SFT 会对之前预训练好的 LLM 所有参数进行再训练,十分消耗算力;模型的参数增长迅速,而训练数据集的规模和多样性跟不上,导致模型出现了学习到虚假表征的情况;SFT 需要有标签数据,而有些简单任务不容易做标签等。

(2) 少样本学习(few shot learning,FSL)是接替 SFT 出现的方法,属于语境学习(in-context learning)中的一种。同类方法还包括 0 样本学习(zero-shot)、1 样本学习(one-shot)。它使预训练模型能够在数据类别仅使用少量标记样本的情况下,泛化地识别新类别,就像人类举一反三。并且,其扩展性使得即使先前模型已经使用不同的数据集进行了预训练,也不用重新训练一遍所有参数,从而节省了大量算力。

(3) 奖励模型(reward model,RM)会让 LLM 对同一个任务指令,输出多个回答,而人类标注者们会对这些答案标注偏好,类似于打分。然而如果是打分制,不同打分员很可能对具体分数具有不同的主观标准,所以现在一般会以排名的形式标注。这样,奖励模型就让 LLM 了解对于特定任务指令,它更应该产生哪种回答,从而让 LLM 表现得更"人性化"。RM 存在的问题主要有：❶过度的 RM 训练可能导致过拟合（overfitting），以至于训练精度反而下降；❷被选来排名的人类标注员的判断，也无法代表社会上所有人的判断。

（4）从人类反馈中强化学习（reinforcement learning from human feedback，RLHF）通过引入奖惩信号，让模型自行学习最好的策略。它的优点在于依赖反馈信号和不断试错来学习，而不需要人工标注的训练数据。然而，这种方法有概率犯事实性错误，乃至于编造事实，这在业界被称为 AI 幻想（hallucination）。

4. 评估

目前业界并没有一个完全统一的评估 LLM 的框架，但一般认为 LLM 有三大类基本评估任务与三大类高级评估任务。三种基本评估任务包括语言生成能力、知识运用能力、复杂推理能力，三种高级评估任务包括人类对齐性、与外部环境互动性、工具可操作性。值得注意的是，哪怕是同一个 LLM 和同一类任务，测试数据集不同，评分差异性也较大。

三、大语言模型的全球发展与金融应用

（一）大语言模型在全球的发展

1. 美国

2017 年，谷歌内一团队发表的 Transformer 架构，正式拉开了 LLM 训练的帷幕。尽管如此，LLM 训练仍需要极大的算力支持。四家美国互联网大厂供给了全球约 72% 的公有云的基础设施层算力资源①。这使得 LLM 企业能快速、便宜地向云计算服务商租赁算力，而不必自己从头建设机房设施。

然而，也并非所有算力资源都适合训练大模型，但 GPU 是适配神经网络模型训练的核心硬件。美国在 LLM 上的领先，除了因为 NLP 领域技术的持续迭代，也来源于上游云计算产业、芯片产业的深厚积累。

2. 中国

中国的互联网大厂们于 2019 年开始竞相推出各自的大模型系列（其中包含了 LLM），主要面向商业落地：

（1）2019 年，百度发布了文心大模型，包括 NLP、CV（机器学习）、跨模态和生命计算，一共四个类别的大模型。

（2）2021 年，由科技部支持的智源研究院发布了名为"悟道 1.0"的四个大规模模型，也开放了大型中文语料数据库 WuDaoCorpora，为后来者提供了重要的训练数据。同年，华为发布的"盘古"NLP 大模型，是首个千亿级参数的中文 LLM。

（3）2022 年，阿里巴巴发布了"通义"大模型系列，包含 NLP 大模型 AlicMind；腾讯

---

① 根据 IDC 数据，2022 年全球公有云 IaaS（infrastructure as a service）市场份额的 Top5 为亚马逊（48.9%）、微软（14.4%）、阿里云（6.2%）、谷歌（5.6%）、IBM（2.9%）。

发布"混元"AI 大模型,包含万亿级参数的中文 NLP 模型 HunYuan-NLP-1,在其内部广告等产品上落地。

(4) 2023 年 3 月,百度发布"文心一言",成为首个国产的类 ChatGPT 产品。随着这股热潮,其他许多互联网厂商也宣布了在类 ChatGPT 产品上的计划与布局。

(5) 2023 年 7 月,由幻方量化创立的 DeepSeek 诞生。同年 11 月 29 日,DeepSeek 发布了参数规模达 670 亿个的通用语言模型,涵盖 7B 及 67B 两种规格,并提供基础模型与对话模型版本。2024 年 12 月 26 日,DeepSeek-V3 上线并开源,进一步践行其开放战略。

(6) 字节跳动的豆包大模型原名"云雀",是国内首批通过算法备案的大模型之一。2024 年 5 月,在火山引擎原动力大会上正式发布。2025 年 4 月,火山引擎面向企业市场发布豆包 1.5·深度思考模型,同步升级文生图模型 3.0、视觉理解模型等。

(7) 2023 年 10 月,北京月之暗面科技有限公司推出智能助手 kimi,主要应用于专业学术论文翻译理解、法律问题辅助分析、api 开发文档快速理解等场景。2025 年 1 月 15 日,kimi 开放平台发布全新多模态图片理解模型 moonshot-v1-vision-preview,完善了多模态能力。

同时,也出现了一段大模型创业与创投的热潮期,但 LLM 对于前期资本、技术的巨大投入,和尚不确定的商业模式和盈利能力仍然是创业企业的巨大门槛。因此,中文 LLM 仍然是由互联网大厂开发与运作,而创业企业有许多是在已有 LLM 上,搭建具体商业场景的应用,再接入给下游客户。

此外,"缺芯"问题也一定程度上限制了我国大模型的发展。从供应链安全的角度,我国政府鼓励适配大模型的国产芯片发展,目前已出现几家表示有生产能力的芯片企业,但还需时间的检验。

3. 韩国

韩国在大模型上紧随美国步伐,发展程度较高,并且由本土的互联网、移动运营商和通信巨头,以及已被其收购的初创 AI 企业主导。比如韩国最大的搜索公司 Naver 于 2021 年就推出的大模型 HyperCLOVA,它具有 2 040 亿个参数,97% 的语料使用的是韩文语料,并且还计划未来推出 Search GPT。

此外,韩国在芯片半导体领域的积累,也增强了其在 AI 大模型方面的优势。比如 2022 年年底,Naver 就开始和三星合作开发下一代人工智能芯片解决方案,针对性地优化 HyperCLOVA。LLM 的发展障碍主要来自韩文自身的语言复杂性,以及韩国严格的数据隐私法规所带来数据收集的困难。

4. 欧洲

欧洲在大模型领域相对不活跃,可能的原因主要是欧洲缺乏统一的市场、缺乏大型互联网企业,以及欧洲的小语种为数众多,使得汇集训练语料库方面存在难度。

德国是欧洲少数十分积极参与大模型发展的国家。位于柏林的初创 AI 公司 Aleph

Alpha 发布了 700 亿个参数的 Luminous，提供英、法、德、意、西 5 种语言。2023 年 4 月，Luminous 引入"解释"功能，能显示信息源中的哪些文本段落与系统生成的答案相矛盾。Aleph Alpha 还计划对标 GPT-4 开发 Luminous-World，预计将达到 3 000 亿个参数。此外，德国也着力改善欧洲的 AI 基础设施，启动了大型欧洲人工智能模型（LEAM）计划，得到德国行业巨头和其他欧洲国家支持。

相比而言，欧洲在大模型的关注点，更在于保护隐私和数据安全。欧盟计划通过《人工智能法案》进行 AI 监管，但这也可能会进一步阻碍 AI 的发展速度。以 Luminous 为例，Aleph Alpha 表示模型不会记录用户数据，而且"解释"功能有助于提升模型生成内容的透明度、可追溯性，这是向符合欧盟预期监管迈出的重要一步。

欧洲也很重视 AI 的普惠性。由于 LLM 只在资本密集的组织中被训练出来，大多数 LLM 都没有公开发布、无法被公众研究和使用，而且主要是在英语语料上训练。

5. 日本

日本在大模型领域是相对落后的，原因大致为本土互联网巨头的缺失、云计算市场较小且主要由美国巨头把握、半导体产业的衰落、日语语料库的缺乏等。

尽管如此，它仍有一些代表性模型：2021 年，具有 820 亿个参数的 HyperCLOVA 日语版由韩国 Naver 公司与附属于日本经营的 Line 公司推出；2022 年，微软日本的聊天机器人 Rinna 发布了 13 亿个参数的日语语料训练的 GPT-2；同年，东京大学松尾研究所成立的 AI 初创公司推出 ELYZA Pencil，可根据关键词生成句子，并且语言精度较高，可书写用语较繁冗、敏感的日语商务邮件场合。所以严格意义上，只有最后的一个才能算真正的本土 LLM。

在学术方面，日本研究人员参与前沿研究，比如 2022 年 5 月，东京大学和谷歌团队发布的论文解决了大模型 0 样本学习的部分问题。

（二）大语言模型在金融领域的应用

LLM 已经在许多领域获得应用，金融领域因其复杂性和特殊术语库，需要一个更行业化的模型。

目前，关注、尝试或开发金融 LLM 的公司有三类：一是金融资讯终端公司，它们具有金融领域文字数据库的积累，因而在训练 LLM 上具有先天优势，也本就有 NLP 方面的业务需求，以彭博社为代表；二是进行独立研发的创新团队，以 FinGPT、BondGPT、KAI-GPT（银行业专用模型）为代表产品；三是传统金融集团，它们通常直接利用 ChatGPT，或与 AI 厂商进行合作，对 GPT 进行微调，主要用于提效内部流程（如信息查询）与服务外部客户（如智能投研），以摩根士丹利为代表，如表 5-1 所示。

除去直接利用现成通用大模型的，有两种技术流派来开发"金融 LLM"：一是直接预训练金融大模型，二是对通用大模型进行金融领域数据的微调。前者训练成本较高，但文本精度更好，后者则相反。目前，只有彭博社的 BloombergGPT 走第一条路线，其他海内外公司以第二条路线为主。

表 5-1　传统金融集团对 LLM 的应用

公　司	应　用
摩根士丹利	摩根士丹利维护着一个分布在许多内部网站的、总计数十万页的内容库,通过引入 GPT-4 技术,财富管理部门创建面向内部顾问的聊天机器人,帮助顾问们高效搜索公司内容库中的金融信息
摩根大通	使用 BERT 和 GPT,从美联储官员的公开讲话中揣摩情绪变化,汇总编成一套货币政策的"鹰鸽指数",并同样用于欧洲央行和英国央行身上,未来预计会把适用范围扩大到全球 30 多家央行
TwoSigma	使用 ChatGPT 生成美国股市的投资报告; 从社交媒体、新闻网站、论坛等来源收集和分析了关于 ChatGPT 本身的市场情报和投资动向,发现了一些与 ChatGPT 相关的概念股和 ETF; 尝试性利用 ChatGPT 与其客户进行交互式的投资咨询,根据客户的风险偏好、收益目标和时间视窗,为客户提供了合适的投资选项
苏黎世保险	使用 ChatGPT 分析最近六年的理赔数据,试图找出整个理赔部分的具体损失原因,从而改善承保
大和证券	使用 ChatGPT 缩减信息收集、材料制作的时间和费用成本
三菱 UFJ	使用 ChatGPT 完成撰写批准请求和回答内部查询等任务
三井住友	与微软日本合作开发的人工智能聊天机器人

 专栏 5-1

金融 GPT

一、彭博社发布 BloombergGPT

2023 年 3 月 30 日,彭博社发布了一份研究论文,详细介绍了 BloombergGPT 的开发。这个 LLM 专门在广泛的金融数据上进行了训练,以支持金融行业内多样化的 NLP 任务。

该模型将帮助彭博社改进现有的金融 NLP 任务,如情感分析、命名实体识别、新闻分类和问题回答。同时,BloombergGPT 也在探索如何将彭博终端上可用的大量数据利用起来,以更智能地服务客户。

彭博社的研究人员将金融数据与通用数据集相结合,训练出在金融基准测试中取得最佳成绩、同时在通用 LLM 基准测试中保持较好性能的模型。

作为一家金融数据公司,彭博社的数据分析师在四十年的时间里收集和维护了金融语言文档。团队从这个广泛的金融数据存档中提取数据,创建了包含 3 630 亿个标记的英文金融文档的综合性数据集。这些数据与一个含有 3 450 亿个标记的公共数据集相结合,形成了一个包含超过 7 000 亿个标记的大型训练语料库。基于此语料库的一部分,团队训练了一个包含 500 亿个参数的因果语言模型。

所得模型在现有的金融特定 NLP 基准测试、一系列彭博社内部基准测试和来自流行基准测试(例如,BIG-bench Hard、知识评估、阅读理解和语言任务)的广泛通用 NLP 任务中得到验证。值得注意的是,BloombergGPT 模型在金融任务上的表现大大超过了类似规模的现有的开放模型,在通用 NLP 基准测试上表现仍然达到或超越同等水平。

二、AI4Finance 开发 FinGPT

AI4Finance 是一个共享金融 AI 工具的开源社区,它设立在美国纽约,主要由哥伦比亚大学、纽约大学、普林斯顿大学、普渡大学、西北大学等成员共同运营。

FinGPT 是由其成员联合开发的开源金融大语言模型,团队预期 FinGPT 将能实现智能投顾、量化交易、金融情绪分析等一系列功能。2023 年 6 月,该团队在 GitHub 发布了此模型的 Demo。

技术路线上,FinGPT 基于开源 LLM 进行微调。具体地说,团队采用了 LoRA——一项微软开发的大模型轻量级微调技术,这种技术通过往模型中加入额外的网络层,来降低微调成本。这使得每次训练参数量从 61.7 亿个减少到 367 万个,预计每次训练成本不到 300 美元。

团队认为该模型与 BloombergGPT 相比具有三项优势:

(1) BloombergGPT 使用混合金融和通用数据源重新训练 LLM,成本高昂(130 万 GPU 小时,约 500 万美元)。因此在金融领域中,轻量级的自适应型模型更具优势:与从头开始费时昂贵的模型重新训练相比,FinGPT 可以快速进行微调以适应新数据(适应成本大幅降低,预计每次训练成本不到 416 美元)。

(2) BloombergGPT 设置了会员才能访问数据,而 FinGPT 提供了开源的方案,并且能做到每周/每月进行数据更新。

(3) 关键技术 RLHF(reinforcement learning from human feedback,从人类反馈中进行强化学习)在 BloombergGPT 中是缺失的。RLHF 使 FinGPT 能够学习个体偏好(风险规避水平、投资习惯、个性化机器投顾等)。

思考题:

1. BloombergGPT 与 FinGPT 在金融领域的应用方向上有何异同?请简要比较这两个模型的设计理念与技术路线。

2. 大语言模型如何通过缩放定律和涌现能力提升在金融领域的应用性能?

3. ChatGPT 在训练过程中使用的"预训练—微调"流程是什么?这一流程如何帮助 LLM 模型应用到金融领域中?

4. FinGPT 强调 RLHF 技术可学习个体投资偏好,但有人认为,该技术也可能引发算法偏见风险。对此,请谈谈你的看法。

(三) 对大语言模型与其金融应用的展望

就 LLM 与金融的结合来看,全球的各种应用既有直接结合的市场信息收集与分析、量化交易、智能投资顾问，也有间接结合的金融行业公司内部的流程简化、信息检索等。未来，LLM或许还会在反洗钱、风险管理、客户分析等场景发挥更大的作用。不过，由于金融行业具有更高的合规性要求，模型训练和使用必然需要更加严谨，深度应用还需要磨合的过程。

第二节　大语言模型促进金融发展的商业逻辑

以大语言模型为代表的人工智能技术，在推动金融业务数字化转型方面具有广泛的应用前景。其中，对自然语言的准确理解、自动处理与分析能力是其关键优势。相比传统的基于规则的方法，大语言模型能更有效地处理复杂数据，尤其适用于数据规模庞大、难以通过人工总结规律的情景。当金融场景的输入信息存在较大不确定性、难以明确界定时，决策树、随机森林等传统机器学习模型往往表现不佳，而大语言模型则能较好地应对这类未知或模糊的情境。此外，大语言模型还能快速从海量金融数据中提取有效信息，生成专业的金融文本并辅助金融决策，在资产定价与投资决策、公司金融和风险管理等领域均展现出巨大的应用潜力。

一、资产定价与投资

大语言模型在资产定价与投资领域的应用主要体现在信息提取与分析、情感判断、智能辅助决策和智能交易对话四个方面。

（一）信息提取与分析

金融市场中存在大量非结构化信息，如财务报告、新闻事件、公司公告，这些信息对资产定价有重要影响。然而，传统人工方法对这类文本信息处理效率低且易遗漏关键信息。大语言模型能够高效地从这些非结构化数据中自动提取关键信息，实现信息的结构化处理。例如，利用大语言模型处理公司年报或市场新闻，自动识别并抽取财务指标和投资要素，提高资产定价模型的信息处理效率。彭博社开发的BloombergGPT就是此类应用的典型代表。

（二）情感判断

大语言模型可以对市场文本信息进行逻辑分析和情感倾向判断。传统的文本分析方法（如词频统计或文本关联算法）在金融短文本或含义模糊的情境下往往难以取得理想效果。相较而言，大语言模型能精准识别复杂语义和逻辑关系，从而更有效地捕捉市场情绪变化，辅助投资决策。使用此功能的摩根大通，通过分析美联储官员的公开讲话，揣摩情绪变化，预测利率政策变化的可能时间点，形成了一套货币政策的"鹰鸽指数"，取得了显著的使用效果。

（三）智能辅助决策

大语言模型也为投资组合优化和投资决策提供智能辅助工具。通过分析投资者的风险偏好和投资需求,大语言模型可自动生成个性化投资组合建议,提高投资决策效率并优化资产配置效果。比如,摩根士丹利已将 GPT 技术整合到其投资顾问平台,为客户提供个性化、实时的投资建议。美国富国银行开发的虚拟助手 Fargo,能够提供个性化的消费分析报告,为客户提供财务建议。新华保险员工可利用 DeepSeek 接口为客户提供初步的保险销售方案。

(四) 智能交易对话

大语言模型还能够应用于智能交易对话中。在通过文字对话达成交易的过程中,询价与报价双方面临回复速度慢、容易出错等问题。大语言模型能够准确理解询价意图和交易要素,自动生成逻辑清晰的对话文本,实现交易对话的自动化应答。这种方式可以模拟人类的自然语言互动,有效提高交易效率,减少人为错误。例如,Tonik 银行(总部位于菲律宾的数字银行)在其移动应用中推出了生成式 AI 聊天机器人,能够以类似人类的准确性和同理心理解和回应查询,为用户提供即时信息访问,减少等待时间。

二、公司金融

在公司金融领域,大语言模型的应用主要体现在文本信息自动化处理、企业价值评估和财务决策支持三个方面。

(一) 文本信息自动化处理

现代公司日常运营涉及大量的文档处理任务,如合同审阅、财务报告分析和规章制度管理等。传统人工方法不仅效率较低,且容易发生信息遗漏或错误。通过运用大语言模型,可实现合同条款的自动识别、财务指标的快速提取和规章制度的结构化表达。这一自动化过程能够显著提升公司内部文档处理效率,减少人工操作成本与失误风险。例如,美国资产规模最大的银行摩根大通与 OpenAI 合作推出的生成式 AI 助手 LLM Suite,就可以帮助员工完成撰写电子邮件和报告等任务。澳大利亚主要商业银行之一的澳新银行也正在将 AI 技术融入日常运营,该银行已将 GitHub Copilot 部署到 3 000 名开发人员,帮助他们将编码任务完成速度提高了 40%。我国多家银行也在加速探索大语言模型应用场景。江苏银行通过应用 DeepSeek-R1 推理模型,实现了邮件分类、产品匹配、交易录入、估值表解析对账全链路自动化处理,识别成功率达 90% 以上,每天可减少 9.68 小时工作量。

(二) 企业价值评估

大语言模型在企业价值评估方面发挥重要作用。企业的财务信息、经营状况及战略方向通常以大量非结构化文本形式出现,如财报管理层分析、投资者会议纪要和新闻公告等。大语言模型能有效处理和分析这些复杂文本,从中识别出反映企业未来投资计划和经营风险的关键信息,为公司估值提供更丰富且精准的依据。美国的分析公司 FactSet 推出的 Transcript Assistant 就可利用大语言模型对企业公告和电话会议内容进行分析,为金融分析师提供深入的企业评估报告。

（三）财务决策支持

大语言模型能够支持企业财务决策的智能化。在资本结构决策、并购交易及公司治理等复杂财务问题中，大语言模型可迅速整合和分析市场信息、法律文档及交易历史数据，提供实时建议和风险提示。这种智能辅助工具能帮助管理层和财务部门提高决策效率和质量，降低了潜在交易风险。比如，澜码科技基于大语言模型构建的尽调报告Agent平台，就可实现自动给出分析结论、生成报告，辅助一线银行客户经理放贷审核。

三、风险管理

有效的风险管理是金融机构稳健运营的基石。大语言模型可以通过提升风险识别效率、优化风险评估方法、强化风险监测与预警能力来辅助金融机构进行风险管控。

（一）提升风险识别效率

大语言模型能显著提升风险信息识别的效率。金融机构需要及时监控大量市场新闻、经济报告、企业公告和社交媒体文本，以捕捉可能影响市场稳定性的关键信息。传统人工方法难以迅速全面地处理这些海量数据，而大语言模型能自动高效地从非结构化文本中识别出与风险相关的信息。例如，Visa基于生成式AI技术推出的账户攻击情报（VAAI）评分工具，可以识别和防范金融交易中的枚举攻击（enumeration attacks）。该工具能够实时检测可疑活动，并为金融机构提供风险评分，帮助客户精准判断何时需要阻止交易，从而防止潜在的欺诈行为。该AI工具通过学习持卡人的交易习惯，能在四毫秒内自动评估交易风险，区分正常消费与异常行为，快速识别可能的攻击性交易。其经过超过150亿笔交易数据的训练，通过比对历史枚举攻击模式生成风险评分，预测交易是否属于枚举攻击。与现有的风险评估模型相比，VAAI工具在减少误报方面显著进步，误报率降低了85％。

（二）优化风险评估方法

大语言模型可优化风险评估方法，提高其准确性。传统的风险评估方法通常基于历史数据和简单规则，难以有效应对复杂且快速变化的金融环境和新兴欺诈手段。大语言模型能够通过创建合成的"异常"模式，从更丰富的文本信息中捕捉潜在风险因素，建立更加全面、准确的风险评估模型，也使其在防范欺诈者方面保持领先。例如，通过分析历史违约案例及相关文本数据，大语言模型可自动评估交易对手的信用风险，帮助金融机构更准确地判断违约概率并采取相应措施。

（三）强化风险监测与预警能力

大语言模型能够强化金融机构的风险监测和实时预警能力。通过持续学习和分析市场行情、客户行为及交易记录等数据，大语言模型可以及时发现市场异常波动或客户行为异常模式，自动发出风险预警。在实际交易场景中，卢森堡国际银行（BIL）已开始将大语言模型应用到核心银行业务和反金融犯罪系统中。卢森堡国际银行采用了Temenos的GenAI解决方案，通过替换过时的遗留系统实现了核心银行业务的现代化。GenAI可从数据中提取可操作的情报，显著提高直通式处理（STP）的效率。

本章小结

1. 大语言模型的运作逻辑并不神秘，可简要理解为"预测下一个词"；落实到技术实现上，大语言模型如今多基于 Transformer 架构进行预训练、调整和评估。

2. 尽管大语言模型形成了全球潮流，各国家或地区的发展情况不尽相同，主要源自 AI 与上游算力相关产业的积累、互联网巨头是否存在与入局、文化与法律关注点、语料库易得性等因素不同。其中，美国是这一领域的领头羊，中国、韩国积极跟进，日本、欧洲相对不活跃。

3. 大语言模型在与金融领域的结合上，已经出现了三类参与主体，包括金融资讯终端公司、独立研发的创新团队和传统金融集团；除了直接应用现成模型，这些主体有两种技术路径，分别是直接预训练金融大模型、对通用大模型进行金融领域的微调。

4. 对自然语言的准确理解、自动处理与分析能力是大语言模型推动金融业务数字化转型的关键优势。

5. 大语言模型在资产定价和投资领域的应用主要体现在信息提取与分析、情感判断、智能辅助决策和智能交易对话四个方面；在公司金融领域的应用主要体现在文本信息自动化处理、企业价值评估和财务决策支持三个方面；在风险管控领域，大语言模型则可以通过提升风险识别效率、优化风险评估方法、强化风险监测与预警能力来辅助金融机构。

复习思考题

1. 请简单阐述大语言模型的关键性技术。

2. 请给出大语言模型在金融领域的两个应用典例。

3. 请谈谈你对我国金融结合 AI 的未来发展方向的看法。

第六章

区块链基础

学习目标

1. 掌握区块链的概念。
2. 掌握区块链的特点。
3. 掌握区块链的分类。
4. 理解区块链在金融领域的代表性应用及其背后的商业逻辑。

引导案例

为积极响应中央金融"五篇大文章"中关于数字金融、科技金融和普惠金融的重要部署，中国建设银行上海市分行携手上海数据交易所，对"数易贷"进行了全面升级。此次升级的核心在于运用区块链技术，将数据流通交易的全流程实现上链操作，包括数据的传输、查询与管控等环节，从而实现了数据全链条的创新。

双方合作成功落地了全国首笔基于上海数据交易所场内交易信息的"区块链＋数字人民币"贷款，贷款对象为上海看看智能科技有限公司。该公司作为一家高新技术、专精特新中小企业，在上海数据交易所完成了数据产品的挂牌及场内交易。中国建设银行上海市分行依据企业的数据业务状况与场内交易信息，为其发放了贷款，有力地支持了企业的数据产品开发应用。

在这笔创新业务中，区块链发挥了关键作用。它实现了中国建设银行上海市分行与上海数据交易所的数据对接，并将相关数据共同上链，确保了数据产品交易等关键信息能够实时、安全地传输。同时，采用数字人民币作为贷款发放和支付的方式，使得贷款流向可有效跟踪，实现了"上游交易链、下游资金流"全链条的可溯源强化。这不仅是双方合作的一次重大突破，还开创了基于区块链技术实现数据资产融资业务安全可控、可计量、可追溯的先河。

思考题：

1. 案例中，区块链技术是如何具体实现数据全链条创新的？这种创新模式对金融机构和企业的合作带来了哪些新的机遇和挑战？

2. 从商业逻辑角度分析，区块链技术在"数易贷"中的应用，是怎样助力金融机构提升服务质量，同时推动企业数字化转型升级的？

第一节　区块链的概念、分类与应用

一、区块链的概念

区块链是基于区块链技术形成的公共数据库（或称公共账本）。其中区块链技术是指多个参与方基于现代密码学、分布式一致性协议、点对点网络通信技术和智能合约编程语言等形成的数据交换、处理和存储的技术组合。这些技术以新的方式组合在一起，可以实现数据的防篡改、链式结构的可追溯、可信任的点对点传输等功能。区块链系统一般由数据层、网络层、共识层、激励层、合约层和应用层组成。区块链系统架构，如图6-1所示。

应用层	各种应用场景和案例
合约层	脚本、算法、智能合约
激励层	发行机制、分配机制
共识层	共识算法
网络层	同步机制、链间通信、传播机制、验证机制等
数据层	底层数据区块、基础数据、基本算法

图 6-1　区块链系统架构

二、区块链的相关概念

（一）区块链的共识机制

共识机制是通过特殊节点的投票快速完成对交易的验证和确认。区块链技术的主要共识机制包括工作量证明机制、权益证明机制、股份授权证明机制等。

1. 工作量证明机制（PoW）

工作量证明机制可以简单理解为一份证明，用来确认你做了一定量的工作。工作量证明机制是比特币、莱特币等所采用的共识机制，"矿工"通过付出算力来"挖矿"进而获得相应的区块奖励。这具有"按劳分配"的性质，谁工作量多，谁拿的就多。在数字货币系统中，工作量证明主要通过计算来猜测一个随机数（nonce），使它拼凑交易数据后的内容的哈希值满足一个规定的上限。由于哈希值在数学上主要采用群举法碰撞所得，因此需要进行大量的计算。提出满足要求的随机数的"矿工"被认为付出了一定的工作量,可以获得这个区块的奖励。

工作量证明机制的优点是完全去中心化,节点之间为公平竞争可以自由出入,但缺点在于花费了计算机大量的算力,从而造成了大量的资源浪费。

2. 权益证明机制(PoS)

权益证明机制是以加密货币的所有权作为分配权益的基准,按照持有此币的数量以及持有的时间,来发放利息,与将钱存银行然后得到利息的行为类似。权益证明机制是通过将预先设定比例的币发送给创造新区块的矿工,从而加快寻找随机数的速度。权益证明机制的优点是耗能少,可以缩短达成共识所需的时间;缺点是竞争不充分,容易导致中心化。

3. 股份授权证明机制(DPoS)

股份授权证明机制是在 PoS 的基础上进行优化的一种保障网络安全的共识机制,由全体节点投票选举出一定数量的节点代表,由他们来代理全体节点确认区块、维持系统有序运行。持有币的人可以进行投票选举,选举出一些节点作为代表来记账。DPoS可以减少参与验证和记账节点的数量,效率高,但是削弱了去中心化的程度。

(二)分布式账本

分布式账本是一种可以在多个网络节点、多个成员间进行数据共享、同步和复制的数据库。其记账由多个节点共同完成,没有中心管理员或集中数据存储。账本的更新是根据网络中达成共识的规则来进行,往往由多个记账人共同进行更新,从而避免了单一记账人记假账的可能,同时也保障了数据的可靠性与安全性。区块链分布式记账使被认可的信息很快地被记录在区块中,可以有效地提升效率。区块链的分布式储存保证了每个节点都按照块链式结构获得全部交易数据,且各节点互相联通,当任何节点出现故障时其他节点仍然能够继续工作,因此保证了数据的一致性、不可篡改性与安全性。

(三)非对称加密技术

不同于加密和解密是同一个密钥的对称加密算法,非对称加密算法分别使用公开密钥和私有密钥进行加密和解密。例如,数据拥有者可以用公开密钥对数据进行加密,数据使用者需要使用对应的私有密钥才能解密,但是无法根据公开密钥推算出私有密钥。区块链节点上的交易信息都是公开可验证的,但是账户对应私有密钥是不能被破解的,从而保证了交易的安全和信息的透明。

 **专栏 6-1**

非对称加密与交易记录

对称加密所用的加密和解密方式相同。简单举例,如果想用数字 5201314 表白又觉得太过直白,可以在每位数字上加 1 就变成了 6312425,此时对方如果经过思索,便可通过减 1 解密得到 5201314。对称加密举例,如图 6-2 所示。

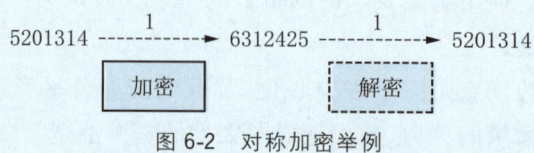

图 6-2　对称加密举例

非对称加密的公钥和私钥是成对的密钥。公钥是私钥的函数,换句话说通过私钥可以算出公钥,但是无法通过公钥推出私钥。继续上面的例子,每个人手上都有一对密钥,通过其中的私钥对信息进行加密,生成一串看似随机的数字,他人通过公钥可以验证这串随机的数字是否可以返回初始信息 5201314。非对称加密举例,如图 6-3 所示。

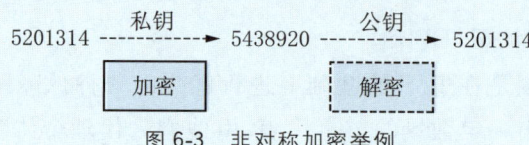

图 6-3　非对称加密举例

当新交易发生后,比如 A 需要付 1 元给 B,区块链上的记账规则如下:原始记录"A 需要付 1 元给 B"通过哈希算法 SHA-256 转换成特定哈希值,即 0aa2679929abf336f12fc324f6c3f5bd522d47fbc72c3b2ea1855f2d326a028f,在这个哈希值基础上,A 使用自己的私钥加密,生成加密后的哈希值,这个步骤可以理解为 A 为这笔交易"A 需要付 1 元给 B"进行签名。A 将加密后的哈希值及其公钥公布出来,供数据使用者查证。其他数据使用者可以用 A 的公钥对 A 发送回来的数据进行解密,解密后得到哈希值 1。接着运用哈希算法计算 SHA-256(A 需要付 1 元给 B)得到哈希值 2。如果哈希值 1 等于哈希值 2,即前文所列明的字符串,则说明这个签名是针对这条记录的,这个签名是 A 的,以及接收的记录与原始记录相同,未被篡改。非对称加密法记录逻辑如图 6-4 所示。

用非对称加密法加密
SHA-256(原始记录:A 需要付 1 元给 B) = 哈希值

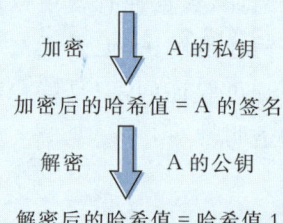

加密　　　A 的私钥

加密后的哈希值 = A 的签名

解密　　　A 的公钥

解密后的哈希值 = 哈希值 1
SHA-256(接收到的记录) = 哈希值 2

图 6-4　非对称加密法记录逻辑

思考题:

1. 请简述对称加密和非对称加密的主要区别。

2. 区块链为何普遍采用非对称加密而非对称加密技术?请结合比特币交易验证流程说明其必要性。

（四）智能合约

智能合约是一种以信息化方式传播、验证或执行合同的计算机协议，允许在没有第三方的情况下进行可信交易，这些交易可追踪且不可逆转。区块链储存信息的不可篡改性与可靠性使智能合约更加完善，从而减少与合约相关的其他交易成本。

三、区块链的特点

（一）去中心化

区块链的分布式系统保证了每个节点是独立的、地位等同的，且节点可以互联互通，任何节点都可能成为阶段性的中心，但不具备强制性的中心控制功能。因此区块链构建了一个开放式、扁平化、平等性的结构，即去中心化。换句话说，在区块链的去中心化结构中，不存在中心设备和管理机构，因此任意节点出现问题都不会影响整体区块链系统的运行。相比于传统有中心化储存的数据库，区块链由多个记账人共同记账管理，每个记账节点都储存所有经认证的信息，从而实现了分布式的多方信息共享。

（二）防伪造和防篡改

区块链是一种按照时间顺序将数据区块以顺序相连接，并以密码学方式保证的不可篡改和不可伪造的分布式账本。在区块链中，每个新区块都包含上一个区块的哈希值，从而形成了有严格顺序的链条式结构。一旦某个区块的数据变化，就会引起该区块顺序之后的区块哈希值变动，从而发现数据被篡改，因此区块链中的数据具有不可篡改性并且可追溯。区块链的分布式账本保证了所有记账节点数据的一致性，当新信息产生时，会发送到各个节点进行验证，经验证有效后才会产生新区块。除非掌握51％以上的节点，否则单个或多个节点对数据库的修改无法影响其他节点的备份数据。

（三）由集体维护的开放性数据库

区块链通过多种共识机制产生记账权，由具有权限的节点共同管理，系统中各节点共同参与验证等工作。区块链上的公开信息均可通过公开的接口查询并利用其开发相关应用，加密的账户信息可通过授权进行访问。因为区块链中所有的数据都是真实可靠的，所以整个系统中的参与方无须借助第三方权威机构背书，只需要查看数据块上的信息即可进行各种交易。

专栏 6-2

区块链的结构

区块链由按时间顺序依次排列的区块组成，每个区块包含当前区块的哈希值、上一个区块的哈希值和数据。哈希值是通过哈希函数，对区块体中的实际数据进行处理后，映射出的一个 256 位的二进制字符串，不同的交易信息映射出的哈希值是不同的，当数据被篡改时，哈希值将会变动。每一个区块生成后不可被篡改，新的信息通过共识验证后将计入新区块，从而形成链式数据结构，如图 6-5 所示。

新交易产生后,通过共识验证记录在公共账本,每条记录由哈希算法生成特定的哈希值,即交易的数字签名,如表6-1所示。

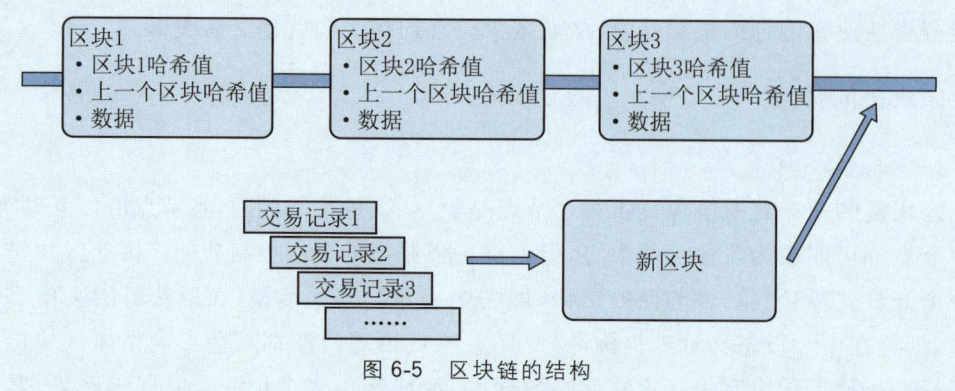

图6-5　区块链的结构

表6-1　交易的数字签名

记　　录	数字签名
A需要付1元给B	数字签名1
B需要付1元给C	数字签名2
C需要付1元给A	数字签名3

注:数字签名由哈希算法生成,即SHA-256(secure hash algorithm)。

账本上的公开信息可以通过任意节点进行访问,私密信息可以使用非对称加密法进行加密。A可以使用自己的私钥对原始记录(A需要付1元给B)进行签名,然后再发送给数据使用者,数据使用者再用A的公钥对A发送回来的数据进行解密,解密后得到哈希值1,再用哈希算法计算SHA-256(接收到的记录)为哈希值2。如果哈希值1等于哈希值2,则说明这个签名是针对这条记录的,这个签名是A的,以及接收的记录与原始记录相同,未被篡改。

资料来源:邹均等,《区块链技术指南》,机械工业出版社2016年版。

思考题:

请从"区块链的结构"角度解释区块链如何通过哈希值连续性实现数据不可篡改。

四、区块链的分类

根据读写权限和去中心化的程度,区块链分为公有区块链、联盟区块链和私有区块链三种。

(一)公有区块链

公有区块链是指全世界任何个体或者团体都可读取,发送交易且交易能获得有效确认的,也可以参与其中共识过程的区块链。公有链中,任何节点无须任何许可便可随时加入或脱离区块链。其代表性区块链包括比特币、以太坊等。公有链稳定运行的基础是共识机制,比如比特币依赖工作量证明,参与者通过贡献算力获得激励,共同维护链上数据安全。因此,公有链的运行一般离不开通证(token)。公有链去中心化程度最高,但缺点是交易速度缓慢,吞吐量(TPS)低。

(二) 联盟区块链

联盟区块链允许预先授权的节点参与共识过程,其他接入节点可以参与交易,其他个体或团体可以根据权限查看信息。其代表性区块链如超级账本(Hyperledger),联盟成员包括英特尔、埃森哲等。其通过创建分布式账本的公开标准,实现数据交换,这适用于金融、能源、贸易等行业。

(三) 私有区块链

私有区块链中所有网络中的节点由同一团体掌握,与其他分布式存储方案没有太大区别。这适用于企业内部的数据管理和审计。其优点是交易速度快、交易成本低、隐私保护性好,缺点是该类区块链无法体现"去中心化"的核心价值。

五、区块链隐私技术

公有区块链的透明性可能导致用户隐私泄露。为保护用户隐私并验证交易合法性,近年来新兴技术如零知识证明(zero-knowledge proof)和环签名(ring signature)逐渐被引入。

(一) 零知识证明

零知识证明是一种交互式的验证协议,其可以做到成功验证交易的合法性,而不泄露任何隐私信息。零知识证明有三个重要特性:完备性(completeness),正确性(soundness)和零知识性(zero-knowledge)。完备性是指如果陈述是真实的,并且证明者遵循了零知识证明协议,那么验证者一定会接受这个证明。正确性是指如果陈述是虚假的,那么证明者将无法使验证者相信这是真实的,即验证者会拒绝虚假的证明。零知识性是指证明者能够向验证者证明陈述的真实性,而不需要泄露任何隐私信息。

具体的零知识证明流程如图 6-6 所示。

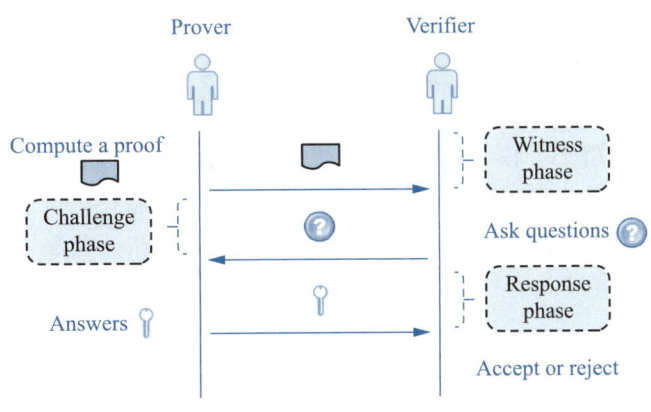

图 6-6 零知识证明流程

在零知识证明中通常有两个参与方：证明者（prover）和验证者（verifier）。一场零知识证明往往涉及三个阶段：见证阶段（witness phase）、挑战阶段（challenge phase）和响应阶段（response phase）。

首先，在见证阶段，证明者将会为自己的交易计算出一个证明，并且发送给验证者；然后，验证者将在挑战阶段询问证明者几个问题，用以验证证明的正确性；最后，证明者在响应阶段将答案告诉验证者，验证者验证后做出是否接受这个证明的决定。

（二）环签名

环签名是一种保护隐私的密码学技术，其实现了在某个签名者集合（此即"环"）中的一个成员能以自己的私钥对一条消息进行签名，而不会透露究竟是集合中的哪个成员进行了签名。其在保护签名者账户地址的同时确保签名是有效的。

环签名的主要特点在于签名者可以通过在一个环状结构中选择其他公钥（包括自己的公钥）来创建签名，而外部观察者无法区分出实际的签名者是谁。这就为签名者提供了匿名性，同时确保签名的有效性和可验证性。

具体来说，环签名的创建过程如下：

（1）签名者选择一个环，环中包括了多个公钥，其中包括签名者自己的公钥。

（2）签名者使用自己的私钥及环中其他某个公钥的私钥来生成一个签名。由于其他公钥的私钥不可知，因此外部观察者无法确定真正的签名者是谁。

（3）生成的环签名被添加到消息中，形成一个签名消息。

（4）验证者可以使用签名消息、原始消息和公钥环来验证签名的合法性，但无法得知真正的签名者的公钥是哪个。

六、区块链的应用

（一）金融服务

传统的金融交易往往通过金融中介促成，交易双方存在信息不对称等风险，还面临成本高、交易风险高等问题。利用区块链技术，可实现信息溯源，通过共识机制保证数据的真实性，从而减少交易的风险。用户可通过节点直接获取公共账本上的信息，减少第三方信息传输，降低交易成本。区块链技术还可以节约对账的成本，简化交易过程，可以近乎实时地变更证券的所有权。目前区块链已经逐渐进入供应链金融、征信、资产证券化，以及电子支付等领域。

（二）权属管理

区块链技术可以用于产权、版权等所有权的管理和追踪。利用区块链技术，可以将所有权信息记入公共账本，单一节点无法进行篡改，同时通过共识机制可以将历史的交易记录记入数据块中，形成链式结构，而所有的使用者可以在公共账本上获取公开信息追溯资产的来源和历史交易，从而降低交易成本。

（三）商品溯源、防伪

溯源是指对农产品、工业品等商品的生产、加工、运输、流通、零售等环节的追踪记录。其价值在于，若某地爆发流行性疾病，通过溯源体系可以快速锁定传染源或污染源，从而控制传播源。传统信息模式下,溯源链条上下游的参与者各自维护数据,存在参与者篡改信息的风险。区块链的不可篡改、分布式存储等技术特征,为溯源行业的信用提供了保证,为物流、信息流和资金流建立了公开透明的机制。

 专栏 6-3

比特币与以太坊

与传统分布式系统的 C/S、B/S 或三层架构不同,比特币系统基于 P2P 网络,所有节点对等,且都运行同样的节点程序。

比特币的架构总体上分为两部分:一部分是前台程序,包括钱包或图形化界面;另一部分是后台程序,包括挖矿、区块链管理、脚本引擎及网络管理等功能。钱包保存用户的私钥数据库,并管理用户的余额,提供比特币交易(支付、转账)功能。比特币的区块链管理涉及初始区块链下载、连接区块、断开区块、校验区块和保存区块,以及发现最长链条的顶区块。节点将通过验证的交易放在一个交易池中,并准备好将其放入下一步挖到的区块中。当一个新比特币节点初始启动时,它需要发现网络中的其他节点,并与至少一个节点连接。比特币中的共识管理包括挖矿、区块验证和交易验证规则。目前比特币采用 PoW 共识机制,依赖机器进行哈希运算来获取记账权,同时每次达成共识需要全网共同参与运算,允许全网 50% 节点出错。比特币采用 RIMEMD 和 SHA-256 算法及 Base-58 编码生成比特币地址,采用椭圆曲线数字签名算法 ECDSA 来实现数字签名并生成公钥。比特币的脚本语言是一种基于堆栈的编程脚本,是非图灵完备的运算平台。

以太坊是一个开源的有智能合约功能的公共区块链平台,通过其专用加密货币以太币提供去中心化的以太虚拟机来处理点对点合约。以太坊的目的是对脚本、竞争币和链上元协议(on-chain metaprotocol)等概念进行整合和完善,使得开发者能够创建任意的基于共识的、可扩展的、标准化的、图灵完备的、易于开发和协同的应用。

比特币没有账户概念,用户余额是从各自在区块链上所有未花费的交易输出计算得来。以太坊则设计了两种账户,一种是外部账户,另一种是合约账户。根据状态机模型,以太坊可视为一个通用的管理对象状态转移的去中心化平台,账户就是有状态的对象。外部账户的状态就是余额,合约账户的状态包括余额、代码执行情况、合约的存储等。与比特币相比,以太坊的区块链不仅保存交易清单,还保存最新状态,单纯的 Merkle 树已无法满足这些要求,因此以太坊采用 Merkle Patricia 树实现对交易和状态的校验和查询。目前,以太坊正逐步从 PoW 共识机制过渡到 PoS 共识机制。

资料来源:邹均等,《区块链技术指南》,机械工业出版社 2016 年版。

思考题:

1. 对比传统中心化数据库,区块链的"去中心化"和"集体维护"特性在数据存储效率与验证成本上有何优劣?

2. 比特币与以太坊在账户管理方面有哪些主要区别？请结合它们的技术架构进行说明。

3. 若某批次农产品在区块链溯源链上被发现污染，如何通过区块链的链式结构快速定位污染源？

第二节　区块链促进金融发展的商业逻辑

区块链适用于交易主体多、交易过程复杂、信任需求度高的业务。其公开透明性、即时性、不可篡改性等特征能够显著提高这类业务的效率。区块链在金融行业的应用主要包括供应链金融、电子支付和跨境汇款、资产证券化、征信数据库等业务。

一、供应链金融

供应链金融是有别于传统信贷的融资模式。传统信贷的融资模式下，金融机构主要是根据融资企业的历史财务信息和抵押物来提供授信。而供应链金融模式下，资金提供方可以免去审查融资企业的财务信息，转为对产业链上企业的交易状态进行综合评价，针对单笔或者多笔交易提供融资服务。

大企业往往有长期固定的银企合作。而中小企业由于没有长期固定的银企合作，加上信息不对称等问题，通常面临着较高的融资成本与融资壁垒。供应链金融可对具有供应关系的整个供应链条进行信用评估，利用企业间的交互合作等关系传递信用，使大企业为中小企业信用背书，提高中小企业的信任水平，解决信息不对称等问题，提升中小企业的融资效率。

但是目前供应链金融业务仍然存在信息化程度低、信息管理水平滞后、企业间连接程度不足等问题。因为供应链涉及不同的主体，需要各主体之间进行信息互通，但是许多重要信息都是由各主体分别储存，所以缺乏一个可信的平台对信息进行集中管理。

利用区块链技术，可以使供应链中各方共同搭建联盟区块链。在该区块链上，各参与方可以通过节点上传资金、交易、融资等基础交易数据，以此构建多方共享的公共账本，区块链的共识机制保证信息经过多方验证，避免了金融业务中的作假风险，使其真实反映企业的信用和还款能力，从而解决了信息背书、信息不对称等问题，提升了供应链金融的服务效率。

票据融资、应收账款融资和授信融资是供应链金融的几种业务形式。

（1）传统票据融资业务中经常存在票据复制、银行违规操作等问题，票据融资监管也存在漏洞。利用区块链技术，可以将线下的票据业务信息化，将企业的交易兑付等信息输入线上数据块。利用区块链的不可篡改性、防伪性保证企业信息的真实有效，可以为金融机构及监管机构提供更多的有效信息,同时可追溯可查询也避免了票据复制等问题。

(2) 在企业应收账款融资中,区块链的共识机制可以保证账本上企业交易、资金、融资等信息的真实性。因此,银行可以更好地对企业的应收账款的质量进行合理评估,避免了信息作假和信息不对称等问题。

(3) 传统的授信融资往往需要企业与银行有长期的银企合作,要求比较高。通过区块链技术,银行可以直接获取账本上真实有效的相关企业信息与融资情况,从而确定合适的授信额度,提升授信融资的贷款速度,降低传统授信融资中的信息不对称等风险。区块链技术可以显著提高企业融资效率,提升社会效益与经济效益。

 **专栏 6-4**

浙商银行企业应收款链平台

目前,浙商银行推出了业内首个基于区块链技术的企业应收款链平台。银行利用区块链将传统的只注重对资产负债表、现金流量表、利润表的审查,变成了对"四流",即商流、资金流、物流、信息流的控制,在贸易真实背景下完成过去实现不了的多级信用穿透。在应收款链平台上,付款人签发、承兑、支付应收款,收款人可以随时使用应收款进行采购支付或转让融资,解决企业痛点问题;围绕核心企业,银行机构为应收账款流通提供信用支持;上游企业收到应收账款后,可在平台上直接支付用于商品采购,也可以转让或质押应收账款盘活资金,方便对外支付和融资。

思考题:

1. 请结合区块链的不可篡改性和防伪性,说明其如何保障票据信息的真实性,并为金融机构及监管机构提供有效支持。

2. 浙商银行企业应收款链平台如何解决传统供应链金融中存在的应收账款确权困难和融资工具流转难问题?

二、电子支付和跨境汇款

电子支付是以电子计算机及其网络为手段,将负载有特定信息的电子数据用于资金流程,并具有实时支付效力的一种支付方式。目前的电子支付主要为第三方支付。第三方平台作为交易中介存储着大量交易信息,存在着第三方支付平台泄露信息等安全隐患。业务流转中需要多方建立代理关系,在不同系统进行记录、对账与清算等操作,造成了支付成本偏高等问题。

基于区块链的电子支付系统结合区块链去中心化的特点,绕过第三方中介机构,直接让客户、商家、银行三方成为区块链上的节点,从而形成三方的电子支付系统闭环。基于区块链的共识机制,每一个节点都可以验证公共账本是否完整和真实可靠,从而对账本信息形成共识,并通过节点对交易记录进行记账,形成交易信息数据块。因此,基于区块链电子支付的交易、转账记录在形成共识之后就成为不可更改、可追溯的信息,从而确保了公共账本中记录的真实性与安全性。交易中的违规行为也会被永久记录,监管机构也可以全方位地对交易进行监管,压缩了交易双方违规操作的空间,营造了公开透明的电子支付交易环境。

传统的跨境汇款流程复杂、到账时间不确定、退款时间长、转账有时间地点限制等问题。但区块链通过分布式共享账本与智能合约将其升级为并行,实现了交易信息的实时共享,节省了大量的传递时间和对账结算成本,使实时到账、低成本、汇率优成为可能。银行通过接入区块链跨境支付系统,在区块链平台上可快速完成参与方之间支付交易信息的可信共享,并在数秒之内完成客户账款的解付,实时查询交易处理状态,实时追踪资金动态。同时,银行可以实时销账、实时获知账户头寸信息,提高流动性管理效率。除了Alipay HK 和菲律宾持牌电子钱包 GCash 推出的基于区块链的跨境汇款服务,传统银行也积极推动区块链技术在汇款清算上的应用。比如,招商银行将区块链应用于全球现金管理领域的跨境直联清算、全球账户统一视图及跨境资金归集三大场景;中国银行通过区块链跨境支付系统,成功完成河北雄安与韩国首尔两地客户的美元国际汇款,这是国内商业银行首笔运用自主研发区块链支付系统完成的国际汇款业务。

 专栏 6-5

稳定币:连接传统金融与区块链的桥梁

稳定币是一种与特定资产(如法定货币)挂钩,维持价格稳定的加密货币,解决了传统加密货币价格高度波动的问题,是现实世界资产代币化的典型体现。

区块链技术是稳定币运行的底层基础。去中心化的区块链网络为稳定币提供了分布式账本环境,确保交易记录不可篡改、公开透明。智能合约会自动监控抵押资产的价值,当抵押资产价值下降到一定阈值时,触发清算机制,保障稳定币的价值稳定。同时,预言机技术负责将链下的资产价格等数据引入区块链,为稳定币的锚定机制提供准确的外部信息。比如,法币抵押型稳定币需要通过预言机获取法币实时汇率,来维持与法币的锚定关系。

目前稳定币主要分为三类。法币抵押型稳定币由中心化机构发行,以国债、现金等足额储备资产为支撑,与法币 1:1 锚定。加密资产抵押型稳定币,通过超额抵押比特币等加密货币维持币值,但抵押资产存在价格波动风险。算法稳定币无实际资产抵押,依赖供需算法调节币值,规模较小且风险较高。

全球各国对稳定币监管态度各异。美国推进的《GENIUS 法案》要求稳定币以美元和短期国债等流动资产为储备资产;中国香港颁布的《稳定币条例》,明确其"支付工具"定位,并预留人民币稳定币监管接口。认可度较高的稳定币有 USDT、USDC,前者使用广泛,后者由 Circle 和 Coinbase 联合推出,市场影响力大。

稳定币在金融领域意义重大。在加密货币市场，它是投资者规避价格波动的"避风港"，也是交易所主流计价单位，提升交易效率。在跨境支付方面，稳定币能绕过传统银行系统，实现实时清算，降低成本，在新兴市场优势显著。

思考题：

1. 在全球监管标准差异较大的情况下，稳定币发行机构应如何制定全球性的合规策略？

2. 随着区块链技术不断发展，稳定币如何进一步优化自身技术架构，提升安全性与运行效率？

三、资产证券化

资产证券化过程会涉及发起人、受托人和投资人等各类金融机构。资产证券化的基本流程：发起人将证券化资产出售给 SPV（信托机构），然后信托机构将这些资产汇集成资产池，再以该资产池里基础资产未来所产生的现金流为偿付支持在金融市场上发行有价证券融资，最后用资产池里基础资产产生的现金流来偿还所发行的证券。

资产证券化的基础资产往往数量繁多、真实性水平较低，其核对调查需要消耗大量时间成本，也容易出现信息遗漏等错误。数量众多的数据点由于缺乏标准的数据转换过程，使业务的进行存在一定的难度，可能导致发起人对基础资产放宽审查标准，对基础资产的风险水平和质量情况没有合理评估。此外，发起人可能将垃圾资产混入资产组合出售给投资者，放大了信息不对称的风险，显著提高了资产证券化产品的风险水平。信托机构在对资产支持证券进行托管时，需要定期对资产池里的资产进行数据更新。由于资产池的底层资产结构复杂，信托机构往往无法高效及时地更新数据，导致信息时效性较低，投资者无法全面地了解资产的回收、早偿、逾期等情况，也在一定程度上限制了资产支持证券在二级市场上的流动性。

在区块链技术下，可以构建一个贯穿证券化全程的不可篡改、可追溯、信息完善的公共账本。传统的交易依靠信用中介收集基础信息，大量数据被浪费和隐藏。在区块链技术下，每一个市场参与者可以通过节点将资产信息、交易信息上传至账本，通过共识机制将经过认证的新信息在各个节点进行更新，使所有节点均存储经过认证、不可篡改、可追溯的基础资产数据，从而提高基础资产信息的真实性与时效性。区块链的链式结构可以将资产与证券直接连接，避免了业务系统对接的问题，从而提高了数据流转效率，降低了信息损失程度。分布式账本可以实时进行数据更新，让资产证券化流程中的各参与方实时了解资产现金流回收情况，使存续期管理变得更加透明。同时，二级市场的投资者可以通过公共账本获取最新的基础资产质量情况、基础资产的质量变化与证券的流动性、信用价差的变化等信息，有利于投资者准确评估证券价值，降低投资者所面临的信息不对称与信用风险，从而活跃二级市场。

区块链技术下的 ABS

2017 年 5 月,佰仟携手百度、华能信托等联合发行国内首单由区块链技术支持的资产证券化(asset-backed security,ABS)项目,发行规模为 4.24 亿元,为个人消费汽车租赁债权私募 ABS。在本单 ABS 中,区块链实现了对基础资产形成、交易、存续期管理、现金归集等全流程的实时监督,为其资产运作透明化提供了有力保障,大幅度提升了项目的效率、安全性和可追溯性。2017 年 9 月,百度—长安新生—天风 2017 年第一期资产支持专项计划发行,发行规模为 4 亿元,底层资产为汽车贷款,该产品是国内首单基于区块链技术的交易所 ABS。在本单 ABS 中,区块链作为底层数据存储和引证技术引入,使项目中联盟链上的各机构(百度金融、资产生成方、信托、券商、评级、律所等)在交易过程中共同维护一套交易账本数据,实时掌握、验证账本内容。百度金融依托自身极强的数据积累与分析的能力,通过大数据风控和黑名单筛选,进而识别出一些常规风控手段难以发现的"问题"资产,并通过百度在大数据、人工智能、深度学习等技术的研发,加强对资产的筛选、评级、定价能力,利用区块链技术革命性地实现底层资产质量透明度和可追责性。

2018 年 9 月,交通银行发起的"交盈 2018 年第一期个人住房抵押贷款资产支持证券"成功发行,项目规模为 93.14 亿元,该产品是市场首单基于区块链技术的信贷资产证券化项目。在本单 ABS 中,资产证券化项目信息与资产信息实现双上链,各参与方在链上完成资产筛选、尽职调查、现金流测算等业务操作,有利于降低操作风险,缩短发行周期,提高发行效率,提高了基础资产的真实性与披露的有效性。

思考题:

1. 区块链技术如何解决传统资产证券化过程中信息不对称的问题?

2. 结合专栏,分析区块链技术从哪些环节(如资产形成、存续期管理)提升了底层资产的透明性与可信度。

四、征信数据库

近年来,大数据技术的运用使信用分析摆脱了传统信用信息列示与定性评价的阶段,使定量分析的深度、广度和可靠性都有明显提升。目前互联网金融平台主要采取线上大数据征信、线下自征信与购买第三方征信平台服务这三种模式。但是各征信体系之间仍然难以对接,平台之间征信信息不互通,有重复建设的现象,社会整体征信成本高。

在区块链技术下,可以建立一个不可逆、无法篡改、匿名、去中心化、可追踪、共同维护的征信数据库。区块链的共识机制保证了上链数据的真实性,且数据一旦生成不可更改,保证了征信机构对数据可靠性的要求。区块链中各节点有一致的信息,基于共识机制对系统进行维护,从根本上改变了中心化的信用创造方式。各征信机构可以在公共账户上实现信息互通,缓解重复建设的现象,通过区块链使数据产生规模经济,发挥最大效用。传统处理繁杂的征信数据往往耗费大量运营成本,利用区块链技术可实现数据快速上链,减少不必要的信息损失,剔除中介环节,从而提升行业运行效率。

本章小结

1. 区块链是基于区块链技术形成的公共数据库(或称公共账本)。其中区块链技术是指多个参与方基于现代密码学、分布式一致性协议、点对点网络通信技术和智能合约编程语言等形成的数据交换、处理和存储的技术组合。这些技术以新的方式组合在一起,可以实现数据的防篡改、链式结构的可追溯、可信任的点对点传输等功能。

2. 区块链系统一般由数据层、网络层、共识层、激励层、合约层和应用层组成。

3. 区块链的基础概念包括共识机制、分布式账本、非对称加密技术及智能合约;区块链的特点是去中心化、防伪造和防篡改,以及由集体维护的开放性数据库。

4. 区块链分为公有区块链、联盟区块链及私有区块链。

5. 区块链可以应用于供应链金融、电子支付和跨境汇款、资产证券化及征信业务等领域。

复习思考题

1. 区块链的特点有哪些?

2. 什么是共识机制与分布式账本?

3. 区块链是如何具体应用到金融行业的?

4. 区块链技术如何保证防伪、防篡改特性? 这些特征是如何促进金融行业发展的?

第七章

云计算基础

学习目标

1. 掌握云计算的概念。
2. 掌握云计算的特征和特点。
3. 掌握云计算的分类与服务模式。
4. 理解云计算在金融领域的代表性应用及其背后的商业逻辑。

引导案例

在金融数字化转型浪潮中,中信银行与华为云合作打造的"海王星项目"脱颖而出,荣获"金融新基建—金融核心重构"优秀案例。该项目采用全分布式架构的华为云数据仓库 GaussDB(DWS),替代传统一体机解决方案,承载中信银行数据分析核心系统的云化建设重任。

项目推进过程中,华为云与中信银行大数据中心组建联合项目组,自研自动化工具箱使开发效率提升3倍。双方对系统性能进行深度优化,新平台上线后,集市供数时间平均提前4小时,极大提升了数据服务的时效性与质量。同时,双方建立技术方案落地闭环机制,输出数十个技术方案和上百个技术点,为后续项目积累经验。

"海王星项目"实现了数据架构统一化、数据治理规范化、数据应用智能化,形成从业务到数据、再到业务价值的数据闭环。这不仅助力中信银行开启金融智能化治理新时代,也为同业数据仓库建设提供范本。华为云 GaussDB(DWS)凭借 PB 级数据分析、多模分析等能力,已获11家国有大行与股份制银行选用,广泛应用于多行业数据场景。

思考题:

1. 华为云为中信银行"海王星项目"提供的数据仓库 GaussDB(DWS)属于云计算服务模式中的哪一类?

2. 华为云 GaussDB(DWS)具备 PB 级数据分析能力、多模分析和实时处理能力,这些能力体现了云计算的哪些技术特性?

第一节　云计算的概念、分类与服务模式

近年来,社会对信息通信技术的需求逐渐增加,云计算成为传统行业迈向"互联网＋"的核心技术支撑各种创新业务促使企业选择业务上云,提升数据资产价值。云计算各项底层支撑体系不断完善,未来发展空间十分广阔。

一、云计算的概念和特点

云计算是分布式计算的一种,为用户提供可商用、便捷、按需的网络访问。云计算将分散的计算资源集中起来形成共享的资源池,通过网络和软件进行组织调配,从而实现大规模的信息处理,并优化信息处理效率,采用按使用量收费的模式。计算资源包括网络、服务器、存储、应用软件、服务。云计算用户只需投入很少的管理工作,与服务供应商进行很少的交互就能快速获取计算资源。在传统的部署框架里,企业的系统架构部署和运营维护会消耗大量的成本与时间。通过云计算技术,可以将计算、存储、网络等资源虚拟化,形成数据库,从而可以快速实现产品的部署,减少管理和建设环节,提升企业运营效率。

云计算具有以下几个特点。

(1) 计算能力强。"云"具有相当大的规模,拥有众多服务器,从而赋予了用户超强的计算能力。

(2) 高可靠性。"云"使用了数据多副本容错,计算节点同构,可互换等措施来保障服务的高可靠性,使用云计算比使用本地计算机可靠。

(3) 按需计费。云计算通过虚拟化技术构建了一个庞大的资源池,云计算系统可以进行计量服务,能够检测、计量甚至控制资源的使用情况,同时用户可以按照自己的需求使用相关的资源,从而实现按需计费。

(4) 资源共享。云计算的虚拟化技术将计算机物理资源如服务器、网络、内存及存储等,映射为虚拟资源,并可安装和部署多个虚拟机,实现多用户共享物理资源的目的。

(5) 成本低。由于"云"的特殊容错措施可以采用极其廉价的节点来构成"云","云"的自动化集中式管理使大量企业无须负担日益高昂的数据中心管理成本,"云"的通用性使资源的利用率较传统系统大幅提升,因此用户可以充分享受"云"的低成本优势。

IT 系统的逻辑层次结构与云计算基础架构

IT 系统的逻辑层次结构可以分为 9 层，第 1—4 层合并为基础设施层，分为机房基础设施、计算机网络、磁盘柜、服务机/虚拟器；第 5—7 层合并为平台软件层，分为操作系统、数据库，以及中间件与运行库；第 8 层为应用软件层；第 9 层为数据信息层。IT 系统与云计算架构如图 7-1 所示。

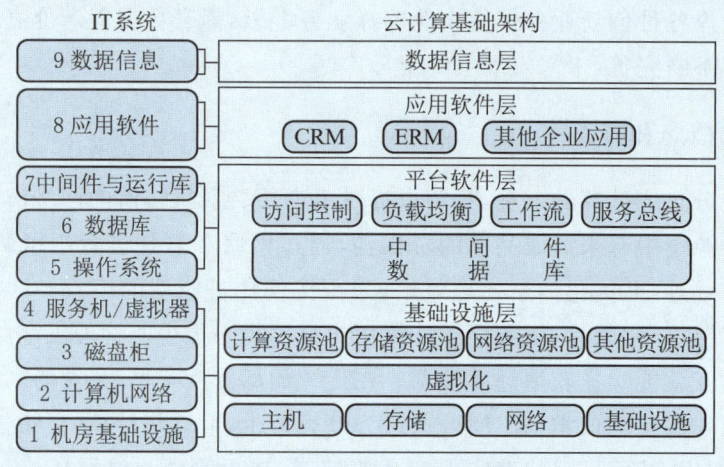

图 7-1　IT 系统与云计算架构

云服务提供商可以在基础设施层为中间层或者用户提供所需的计算和存储等资源，并通过虚拟化资源管理等技术将资源池化，以实现资源的按需分配和快速部署。

平台软件层指应用软件运行时所依赖的环境，平台软件层是承上启下的一层。云服务提供商可以在基础设施层所提供的资源基础上为用户提供服务，包括访问控制、资源管理、数据库和中间件等集群，同时可通过集成应用程序编程接口（API）为客户提供定制开发接口。

应用软件层是以友好的用户界面为用户提供所需的各项应用软件和服务。在应用软件层，云服务提供商可以根据客户的需求提供客户管理系统（CRM）、企业资源计划管理系统（ERM）、移动办公平台（OA）等企业应用软件。

资料来源：王良明，《云计算通俗讲义》（第三版），电子工业出版社 2019 年版。

思考题：

1. 根据云计算的特点，结合专栏中 IT 系统的逻辑层次结构，分析云计算如何解决传统 IT 架构在资源利用率和运维成本两方面的痛点。

2. IT 系统分为基础设施层、平台软件层、应用软件层和数据信息层。请结合云计算的服务模式（IaaS、PaaS、SaaS），说明不同服务模式如何对应这四层结构。

3. 在云计算的逻辑层次结构中，平台软件层位于基础设施层之上。请解释平台软件层在云计算架构中的作用，以及它如何影响应用软件层的开发和部署。

二、云计算的核心技术体系

（一）分布式技术

分布式技术是一种基于网络的计算机处理技术，与集中式技术相对应。分布式网络可以适应用户的各种需要，同时允许他们共享网络的数据、资源和服务。在分布式网络中使用的计算机既能够作为独立的系统使用，也可以把它们连接在一起得到更强的网络功能。

通过分布式技术，每台计算机都能够存储和处理数据，将负载由单个节点转移到多个节点，从而提高效率。同时，系统里的每台计算机可以共享网络中的数据、资源和服务，实现系统内不同计算机之间的通信，为各地区的用户提供更快速的访问和信息处理方式。此外，分布式技术使数据存储于多个存储单元中，可以避免由于单个节点失效而使整个系统崩溃的危险。

（二）虚拟化资源管理技术

虚拟化资源管理技术是将计算机物力资源如服务器、网络、内存等予以抽象、转换后呈现出来，映射为虚拟资源，打破实体结构间不可切割的障碍，用户可以从各种终端获取应用服务，从而实现多用户共享资源。这些资源的新虚拟部分是不受现有资源的架设方式、地域或物理组态限制。虚拟化技术包括服务器虚拟化、存储虚拟化、网络虚拟化和桌面虚拟化等。

（三）并行编程技术

并行编程通常是指促进在同一时间执行多个计算任务性能的软件代码，在云计算项目中并行编程模式被广泛采用。在并行编程技术下，后台复杂的任务处理和资源调度对于用户来说是透明的，用户能够更高效地利用软硬件资源，更快速、更简单地使用应用或服务，从而提升用户体验。

三、云计算的分类

（一）公有云

公有云通常指第三方提供商为用户提供的云，公有云的核心属性是共享资源服务，特点是成本较低，私密性相对较低。

（二）私有云

私有云是为用户单独使用而构建的云，从而实现对数据的安全性和服务质量的最有效控制。在私有云模式下，用户拥有基础设施，可以控制在此基础设施上部署应用程序的方式。私有云的核心属性是专有资源，特点是成本高、私密性高。

（三）混合云

混合云融合了公有云和私有云，是近年来云计算的主要模式和发展方向。私有云主要是面向企业用户。出于安全考虑，企业更愿意将数据存放在私有云中。但是，企业又希望可以获得公有云的计算资源，在这种情况下混合云被越来越多地采用。将公有云和私有云进行混合和匹配,以获得最佳的效果,实现统一部署管理。

四、云计算的服务模式

(一) 基础设施即服务(IaaS)

IaaS 主要提供计算基础设施服务,由云服务提供商把 IT 系统的基础设施层建设好,并对计算设备进行池化,然后直接对外出租硬件服务器、虚拟主机、存储或网络设施(负载均衡器、防火墙、公网 IP 地址及诸如 DNS 等基础服务)等,企业自主安装和管理操作系统、运营环境、数据库、组件和应用等。IaaS 的实际应用包括备份和恢复服务、计算服务、内容分发网络、服务管理和存储服务等。 云计算的服务模式如图 7-2 所示。

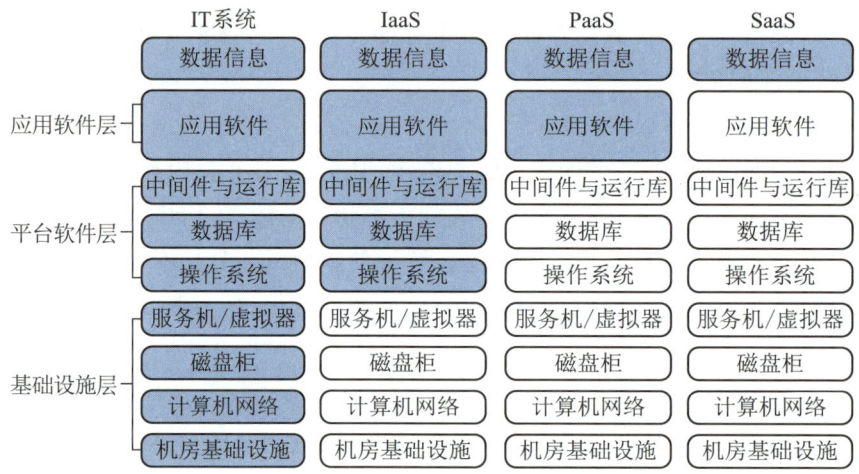

注:无底纹部分为该服务模式下,服务提供商搭建好的部分。

图 7-2　云计算的服务模式

(二) 平台即服务(PaaS)

PaaS 主要提供软件研发平台服务,即云服务提供商把基础设施层和平台软件层都搭建好,然后将平台软件层作为服务出租出去。 客户可自主选择半平台 PaaS(只安装操作系统,其余由用户自己选择)或全平台 PaaS(安装操作系统、数据库、中间件与运行库等全部平台软件),然后在 PaaS 平台上进行软件开发、测试、在线部署等工作。 另外,为了让消费者能直接在云端开发调试程序,PaaS 云服务提供商还需要安装各种开发调试工具。 租户只要开发和调试软件或者安装、配置和使用应用软件即可。 PaaS 云服务提供商可以自己部署基础设施层,也可以向 IaaS 云服务提供商租赁计算资源,自己只部署平台软件层。 PaaS 的实际应用包括商业智能(BI)、数据库、开发和测试平台、软件集成平台和应用软件部署等。

(三) 软件即服务(SaaS)

SaaS 服务商主要提供互联网软件服务,即将软件部署在云端,用户只需使用云端设备接入计算机网络,然后通过浏览器或接口使用应用程序。 让用户摆脱购买软件,再自行安装、维护、升级的困扰。SaaS 提供商为企业搭建信息化所需要的所有网络基础设施及软件、硬件运作平台，并负责所有前期的实施、后期的维护等一系列服务，客户除了个人电脑和互联网连接，不需要其他 IT 投资就可以通过互联网获得所需软件和服务。SaaS 云服务商可以选择租用其他厂商的 IaaS 服务与 PaaS 服务，也可以选择自主搭建和管理基础设施层、平台软件层及应用软件层。SaaS 的实际应用包括财务软件、人力资源管理系统、企业资源计划（ERP）及内容管理系统（CMS）等。

专栏 7-2

OneNET 物联网 PaaS 云服务

中国移动物联网开放平台是中移物联网有限公司基于物联网技术和产业特点打造的开放平台和生态环境。其适配各种网络环境和协议类型，支持各类传感器和智能硬件的快速接入和大数据服务，提供丰富的 API 和应用模板以支持各类行业应用和智能硬件的开发，能够有效降低物联网应用开发和部署成本，满足物联网领域设备连接、协议适配、数据存储、数据安全、大数据分析等平台级服务需求。中国移动物联网开放平台为智能硬件创客和创业企业提供硬件社区服务，为中小企业客户物联网应用需求提供数据展现、数据分析和应用生成服务，为重点行业领域大客户提供行业 PaaS 服务和定制化开发服务。

思考题：

OneNET 物联网 PaaS 云服务支持各种网络环境和协议类型，提供丰富的 API 和应用模板。请举例说明这些特性如何降低物联网应用开发和部署成本。

第二节　云计算促进金融发展的商业逻辑

金融行业一直属于数据密集型行业。随着互联网金融的高速发展，金融机构面临着产品迭代越来越快、业务数据量越来越大的挑战。云计算技术作为基础设施为金融企业提供了低成本、高效的服务模式，提升金融行业的信息化水平。金融企业通过云计算技术，可以将管理组织内所有的信息数据通过云平台集中在一起，实现企业内部服务器、储存和设备等的集中管理，从而提升管理效率。与此同时，云计算具有可靠性和拓展性，金融企业通过云计算开展业务可以节省基础设施的建设时间，满足金融业务快速扩张的需求。图 7-3 展示了云计算在金融行业提供的各种产品。

一、保险机构的业务上云

保险机构有天然的大数据属性，其本质是通过数据分析来管理风险构建业务，拥有

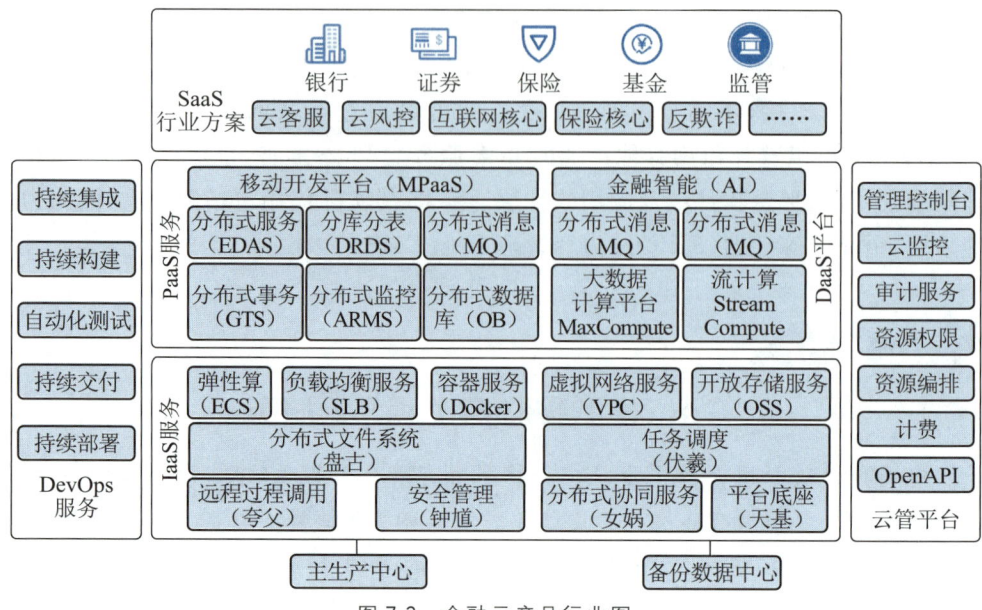

图 7-3 金融云产品行业图

比较完善的数据中心和数据管理系统。目前,互联网金融保险产品对保险机构的数据计算能力、业务部署速度、产品研发速度提出了更高的要求。随着业务种类和业务规模的逐渐扩大,保险机构同时也将面对更为复杂的支付场景和应用场景。保险公司可以利用云计算技术,实现业务上云,在云端开发保险核心业务模块、财务模块、流程管理模块等,有效促进金融产品和服务创新。另外,保险公司可以通过云计算深入采集、存储、分析海量的数据和信息,并从中挖掘出有价值的信息。云计算充足的存储空间和计算能力也进一步提升了保险公司的大数据分析能力。此外,通过云计算技术还可以打造保险"行业云",有利于促进整个保险行业加强信息共享,将行业里的信息进行整合,实现数据共享,加强规模效益,提高保险行业整体效率。

 **专栏 7-3**

阿里金融云保险上云解决方案

金融行业在积极推进互联网转型的进程中,出现了直销保险、直销银行等新的业务形态,新的业务模式需要新的 IT 架构支撑。金融行业面向互联网的业务场景具有以下特点:产品频繁发布和迭代;7×24 小时业务不停机;需要支持海量用户;业务量爆炸性增长。总之,对系统的延展性和稳定性要求很高。阿里云利用互联网化架构,以服务化的思维构建互联网金融的核心系统,提升运营能力,为互联网海量消费者提供安全、稳定的服务。

总体架构

支撑保险系统全系统上云需要云平台、数据库、大数据平台、人工智能、安全产品等完整技术栈和对应的服务能力。

方案解决的问题

◆ 提供 IT 规划建议、企业架构咨询和软硬件基础设施。

◆ 轻资产投入，建设成本从数千万元降低到数百万元。

◆ IT 人员在基础设施的维护上规模锐减。

◆ 从业务、技术和大数据等多个方面驱动金融科技创新。

架构优势

◆ 高弹性、高稳定性、高安全性的成熟基础设施。

◆ 轻资产投入，建设成本从数千万元降到数百万元的成熟软件架构。

◆ 金融级分布式中间件，完整大数据产品，多维人工智能方案。

案例

中国人民健康保险（人保健康）用 3 个月时间，把原单体系统改造成为新一代电商核心系统，实现了高性能、高可用、高安全的设计目标，支撑业务快速创收。实现从 5 秒处理 1 单到每秒处理 1 000 单，人保健康正式进入互联网保险业务新时代。

思考题：

1. 云计算技术如何帮助保险机构提升竞争力？请从商业逻辑角度进行分析。

2. 在中国人民健康保险（人保健康）的案例中，公司从"5 秒处理 1 单"到"每秒处理 1 000 单"。这一性能提升背后依赖云计算的哪些核心特性？

二、银行的云计算模式

自 20 世纪 80 年代中期，我国银行开始进行信息系统建设。利用信息化技术，银行可以建立以客户为中心，将客户信息与其账户数据、账务交易数据等金融行为信息关联在一起的信息系统，然后通过已有的数据信息对客户进行精准定位与需求分析等，为客户提供更精确的金融管理服务。银行业务自始便有大量的数据应用需求，且对数据的加工、处理、应用等有较高的要求。银行的信息化水平直接影响银行的经营和管理。银行信息系统发展历程如图 7-4 所示。

图 7-4 银行信息系统发展历程

在互联网时代，伴随网络环境与客户行为的改变，银行的业务特征和业务量已经出现了颠覆性变化，这给银行传统的技术架构和服务保障体系带来了强烈的冲击。以往商业银行主要采用集中式 IT 架构，在基础设施方面投入高，业务流程相对复杂，对数据需求的响应速度慢。在传统 IT 架构下，银行需要通过不断扩容、购买软硬件设备，以及扩大运维团队去支撑日益增长的业务需求,庞大复杂的系统不仅限制了银行业务的创新发展,也带来了巨额的费用,银行的数字化转型已经成为必然。

为了满足网络化的动态业务保障需求,银行近年来积极转向云计算模式。云计算技术的应用可满足银行信息化系统的自动扩缩容、底层硬件兼容、业务快速部署等需求。基于云计算的虚拟化技术,银行可将服务器、网络、存储等资源虚拟化,更好地调度和分配资源,提高资源利用效率,避免了重复建设。分布式架构可以实现不同计算机之间的通信,并共享网络中的数据、资源和服务,可有效提高计算机设备资源的利用率和工作效率。另外,数据信息的可靠性和稳定性是银行系统正常运转的前提条件。而云计算技术的技术特征可有效提升客户数据处理的高效性和安全性。与银行传统的 IT 架构相比,云计算具有可扩展、低成本、灵活度高等特点,能够更好地满足银行数字化转型的需求。

目前,大型商业银行多以"私有云"为主,采用云计算技术构建基础设施,打造共享资源池,在此基础上启动云平台建设和应用升级,优先针对互联网金融、第三方支付等进行服务创新。中小银行大多启动了"行业云"建设,积极推动银行云平台和普惠金融云的建设,产生行业协同效应。部分有一定技术基础的银行开始布局金融科技服务云平台,将自身的数据资源、流程管理、计算能力、服务等以云服务的方式提供给其他同业机构使用,在实现自身发展的同时,也帮助同业以较低的成本,更快速地推进金融服务的互联网化转型。

专栏 7-4

WeBank 微众银行

微众银行是中国首家互联网银行。其主要经营模式是针对目标客户群的需求,通过充分发挥股东优势,提供差异化、有特色、优质便捷的存款、理财投资、贷款、支付结算等服务,全力打造"个存小贷"特色品牌。其银行服务部署于腾讯云,采用分布式架构提高扩容能力,成为全球首家全云上银行。微众银行通过人脸识别、互联网征信等产品的应用,大大降低每户头成本,可以专注于金融业务的互联网创新。

微众银行筹备时间短,业务上线快,需快速搭建优秀可靠的 IT 架构平台。传统银行的一贯做法是不断加大在设备上的投入,采用越来越高端的设备保证万无一失,希望故障出现时,高可靠性的底层系统能够发挥作用。而微众银行作为中国首家互联网银行带来了全新的业务模式和流程。靠传统的高成本架构换取高可靠性的做法已无法适应互联网的业务需求。在银行账户方面,亦需一套完备的用户身份识别技术以解决依托互联网的远程服务模式所面临的问题。

微众银行完全部署在腾讯云提供的金融合规云机房里,可以按需使用,按量付费,避免了传统银行开业时需要投入巨量资金用于建设数据中心的问题;数据库则采用了腾讯云金融级数据库 TDSQL,仅该项支出,相比传统数据库就节约了 50% 以上的成本。TDSQL 一直成熟应用于腾讯内部的交易和支付体系中,成功支持十亿笔的日交易量,支撑了数亿名用户多年来零故障运营。而 TDSQL 自动支持强同步多地容灾,多份备份等能力,也让银行在享受金融级安全保障的同时,有效减少了维护成本。腾讯云金融解决方案提供了一种完全基于互联网技术、开源、可伸缩、可扩展、安全、成本低的金融云平台,使银行单位账户管理成本降低了80%。

思考题:

1. 银行传统的 IT 架构与云计算模式的区别在哪里?

2. 结合微众银行的案例,说明云计算技术如何帮助互联网银行实现低成本、高效率运营。

三、公司的财务信息化

在中小企业传统的信息系统建设中,企业需要自行购买软硬件设备,成本高。在具体应用中,内外部信息交流少,往往存在"信息孤岛"问题,容易使企业的经营与决策出现失误。此外,由于当前既懂财务又掌握信息技术的人才少,中小企业经常面临缺乏专业人才的问题。

从国内会计信息系统建设来看,云计算技术已经成为发展的主流趋势,能够满足中小企业的发展需求,有效改变企业的财务战略,为企业发展提供更加行之有效的发展支撑。在云计算技术下,企业不需要自己购买软硬件设施,只需要向云服务提供商按需租用,有效地降低了企业财务信息化的成本。分布式技术使用户可以通过移动终端不受地域限制地进行办公,随时提取数据掌控信息,进行多端信息交流,从根本上转变传统的办公方式,有效解决"信息孤岛"问题。云服务以云端作为软件运行环境,服务商负责管理维护,企业不需要提供人力资源,避免了由于人才荒造成企业经营效率下降的问题。另外,会计信息化与企业具体业务有效融合,使企业资源得以高效利用,有利于持续提升企业的竞争实力。

企业在建设会计云系统过程中可以选择多种模式。中小企业在建设会计信息化之初可以采用 SaaS 模式,这一模式投入成本低,不需要进行额外的信息系统构建就可以满足企业的需求,还可以实现财务数据共享。具有一定研发技术的中小企业可以采用 PaaS 模式,向云服务提供商租用研发平台,自行搭建应用软件层。PaaS 模式不但节省了开发维护的费用,还能优化中小企业组织结构,为中小企业发展注入活力,提高企业竞争力。IaaS 模式处于云计算构架的最底层,把硬件资源虚拟为能够量化的计算机技术资源池,根据用户需要进行出租。中小企业不用一次性花费大量资金购买计算机、服务器及数据信息,只需要按照需求进行租赁。IaaS 模式在前期投资时具有经济实用性,使用中具有较高的扩展弹性,后期维护具有专业性。

本章小结

1. 云计算是分布式计算的一种,为用户提供可商用、便捷、按需的网络访问。云计算将分散的计算资源集中起来形成共享的资源池,通过网络及软件进行组织调配,从而实现大规模的信息处理,并优化信息处理效率,采用按使用量收费的模式。计算资源包括网络、服务器、存储、应用软件、服务。云计算用户只需投入很少的管理工作,与服务供应商进行很少的交互就能快速获取计算资源。

2.云计算的核心技术体系包括分布式技术、虚拟化资源管理技术与并行编程技术;云计算的特点是计算能力强、高可靠性、按需计费、资源共享及成本低。

3.云计算分为公有云、私有云及混合云;服务模式包括基础设施即服务(IaaS)、平台即服务(PaaS)及软件即服务(SaaS)。

复习思考题

1.云计算的核心技术体系包括什么?

2.云计算是如何实际运用到金融行业的?

3.请简述云计算几种服务模式的区别与联系。

第八章

大数据基础

学习目标

1. 掌握大数据的概念。
2. 掌握大数据的处理流程和架构。
3. 理解大数据在金融领域的代表性应用及其背后的商业逻辑。

引导案例

随着信息技术和移动互联网的迅速发展,全球数据出现爆发式增长,人们也正式从"小数据时代"大踏步迈向"大数据时代"。大数据分析技术应运而生,并开始对经济社会的方方面面产生重大而深远的影响。

"十亿价格项目"(billion prices project,BPP)是大数据分析技术应用的一个很好的例子。这是麻省理工学院(MIT)的两位经济学家提出的一个通货膨胀预测方案。在BPP 诞生之前,各国政府需要向全国多家零售商店咨询物价水平,花费大量资金和时间,得出的结果也有几周的滞后。BPP 则顺应时代潮流,创造性地采用了大数据分析技术,每天从电商网站获取 50 万种商品的价格,并使用适当的分析方法,计算出的价格指数几乎能够反映实时的价格变化。因此,BPP 提早 2 个月发现雷曼兄弟破产后的通货紧缩趋势,也及时发现了阿根廷、委内瑞拉等国家的通货膨胀问题,为经济决策者提供有利信息。此外,阿里曾利用大数据分析技术,计算类似的 aSPI(阿里巴巴网购价格系列指数)来反映中国网络购物市场的整体消费状况。

思考题:

1. 在 BPP 和 aSPI 中发挥重要作用的"大数据分析技术",究竟代表了什么概念呢?

2. 大数据分析技术有着什么样的处理流程和技术架构? 又是从哪些方面促进了金融科技的发展?

3. 大数据技术的金融应用在将来还会面临怎样的机遇与挑战?

第一节　大数据的概念与处理流程

一、大数据的概念

在人工智能、区块链、云计算、大数据等技术中，大数据技术发展最为成熟、应用最为广泛，甚至成为全民讨论的对象。在移动互联网迅猛发展、信息爆炸的背景下，移动硬盘容量从 GB 级别逐渐过渡到 TB 级别，互联网公司所要处理的数据级别从 PB 跃升到 EB，乃至 ZB①，如百度 2013 年的时候每天处理的数据量就将近 100 PB，相当于 5 000 个国家图书馆信息量的总和。

数据量的飞速增长并不能完全代表大数据时代的到来。这是因为作为一个新鲜名词，大数据的概念也远不止一种。

根据维基百科的概念，如果一个数据集本身大而复杂，以至于传统数据应用软件不足以进行处理，那么可称其为大数据。这个概念是在数据科学家们实际操作的过程中归纳总结来的，颇具实用主义色彩，但精准性不足。

英国数据科学家维克托·舍恩伯格在《大数据时代》一书中，从观念和思想上对大数据的概念进行归纳：大数据时代利用所有的数据，改变了小数据时代采用的统计学中的随机采样，大数据不用随机分析法这样的"捷径"，而采用"样本 ＝ 总体"全数据模式。这种概念对数据集本身的大小没有过多要求，即使只有 GB 甚至 MB 级别的数据，只要是全部数据集都已纳入分析过程，就是采用了大数据的分析方法。

国际商业机器公司(IBM)从 5V 出发，对大数据做了相对完整的阐释，成为目前业界的普遍共识。大数据的 5V 特征，如图 8-1 所示。

(1) Volume：数据量大。数据的获取、存储和分析计算的量都非常大，动辄以 PB 及以上单位计量。这样的数据通常以分布式架构存储和计算，并使用全新的数据处理软件分析。

(2) Velocity：速度快。速度包括增长速度和处理速度。当前，人们的社交网络信息、交易记录、浏览记录等都在飞快地增长，而且人们对大数据算法的要求基本上是实时的。比如，在事件发生后能第一时间获取该事件相关的所有信息，或者在一首歌曲结束之后即刻完成个性化推荐。

(3) Variety：多样化。大数据在表现形式上既有传统的结构化数据，也有半结构化和非结构化数据。数据类型不再仅仅是文本，更多的是图片、视频、音频、地理位置信息等，因此，数据具有多层结构和不规则的特性，增加了数据存储和分析的复杂度。

---

① GB、TB、PB、EB 等都是数据存储单位，从小到大转换公式为：1 024 KB ＝ 1 MB；1 024 MB ＝ 1 GB；1 024 GB ＝ 1 TB；1 024 TB ＝ 1 PB；1 024 PB ＝ 1 EB；1 024 EB ＝ 1 ZB。

（4）Veracity：**容错率高**。小数据随机采样的最基本要求是数据的真实性和可信度，即数据要精准。对精确度的要求始于 13 世纪中期的欧洲，天文学家在确定天体位置对空间的研究中开始采用精确的量化方式。在大数据时代，我们所要处理的数据总量大、增长速度快，因此不可能有 100％的准确度。但数据量的增加降低了对算法复杂度的要求，大的数据量带来的商业利益远远超过精准性，所以大数据分析对数据质量的容错率高①。

（5）Value：**价值密度低**。由于这一特性，从大数据中挖掘信息的过程如沙里淘金，挖掘出的信息极其珍贵。因此，人们开始研发机器学习等数据挖掘算法，从价值密度低的数据中挖掘有用信息。

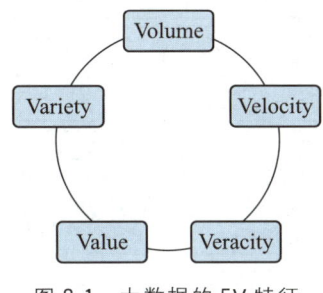

图 8-1　大数据的 5V 特征

二、大数据的处理流程

从小数据时代迈入大数据时代后，很多传统的工具和方法已经不适合数据分析的工作要求和流程。因此，数据科学家们发明和创造了一套新的技术和工作流程。

在大数据时代之前，传统的商业数据，包括互联网数据，主要以结构化方式存储。因此，存储数据主要使用关系型数据库技术。例如，结构化查询语言有 SQL，代表企业有 Oracle。然而，从"大数据"概念诞生到现在，数据通常是半结构化的，甚至非结构化的。如果采用传统技术管理，所需成本之高难以想象。换言之，传统的数据库及其计算分析方法逐渐不再适合新型数据库。因此，在探索的过程中，整个行业逐渐形成了一套与以前不同的、较为系统科学的大数据处理流程。一个完整的大数据处理流程主要包括数据采集、数据存储与管理、数据计算、数据分析与可视化、数据展示五步。在背后强大的技术支持下，每一步形成一个完整的工作流程。大数据的处理流程和架构如图 8-2 所示。

（一）数据采集

俗话说"巧妇难为无米之炊"，大数据处理流程的第一步是数据采集。这是整个大数据处理流程的基础。

---

① 部分文献中，Veracity 被替换为 Variability(可变性)，意指获取数据的方式可能随时间或地点而变化，需要联系上下文才能有意义地解释数据的含义。由于这类文献相对较少，在正文中我们依然采用传统意义上的"5V"作为大数据的基本特征。

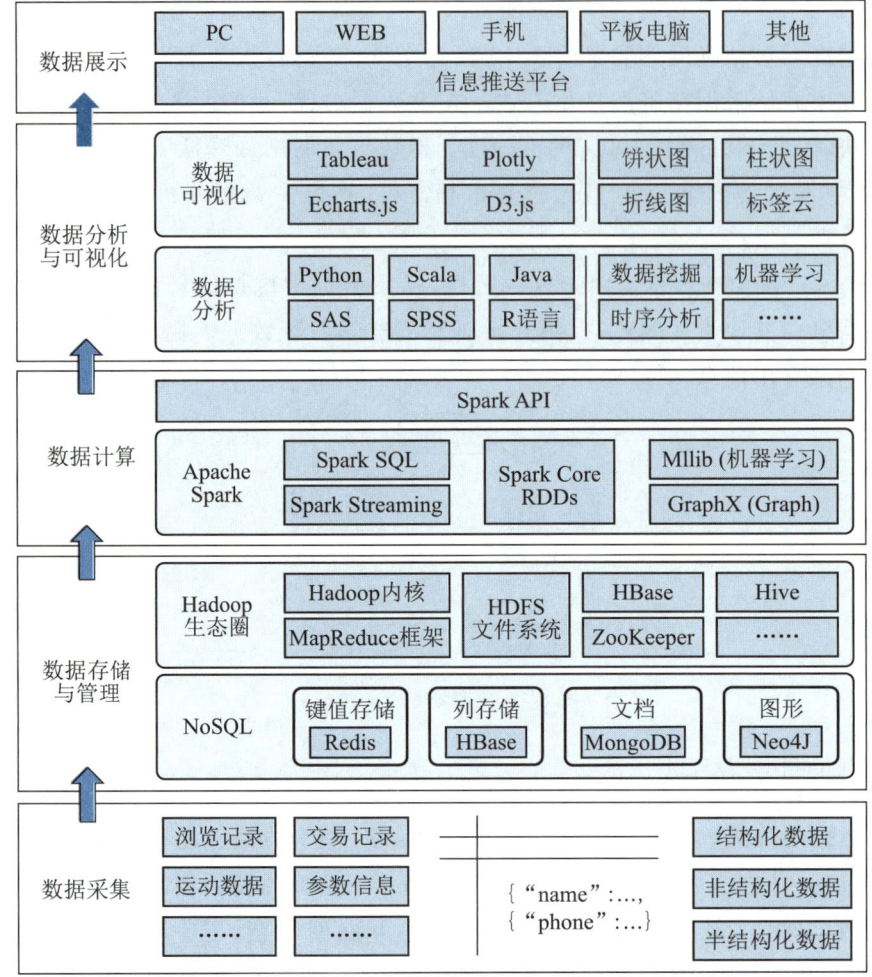

图 8-2 大数据的处理流程和架构

当前数据采集的来源有很多,包括管理信息系统、互联网信息系统、物理信息系统、科学信息系统等。也就是说,人们在金融支付平台之间转账的交易记录、在互联网上留下的浏览记录、车辆的行驶记录、科学实验中的参数信息等,都可以被采集,成为大数据处理分析流程的一部分。

随着数据采集来源的增多,不同来源的数据的格式也变得不尽相同,这称作数据集的异构性。收集到的数据可以分为以下三种。

1. 结构化数据

这是大数据时代来临之前,传统企业一直在使用的数据库,由二维表结构来逻辑表达和实现,严格地遵循数据格式与长度规范,主要通过关系型数据库进行存储和管理。传统意义上的"数据表"就是存放结构化数据的场所。结构化数据格式如表 8-1 所示。

表 8-1 结构化数据格式

Size	Floor	...	Price
82	2	...	80
140	3	...	150
...	...	...	...
200	1	...	230

2. 非结构化数据

非结构化数据与结构化数据相反,它没有完整的数据结构和规则,数据模型也不是预定义的,不方便用数据库二维逻辑表来实现。文本、图片、HTML、音频、视频信息等都是非结构化数据。

3. 半结构化数据

半结构化数据位于结构化与非结构化之间,具有一定的结构性,但是结构变化很大,有很大的信息扩展性。半结构化数据格式如表 8-2 所示。

表 8-2 半结构化数据格式

ID	Phone	UserInfo
1	153 **** 0114	{"age": 32, "gender": "male", ...}
2	182 **** 0568	{"age": 48, "gender": "female", ...}
...	...	...
100	177 **** 8310	{"age": 18, "gender": "male", ...}

为了解决异构性,在完成原始数据采集之后,我们需要引入数据集成系统,对数据进行集成和整合。需要面对的异构性问题有语法异构和语义异构。语法异构指不同数据库的命名规则和选用类型不同,需要选择统一的数据处理形式(全部放入结构化框架或者储存为可扩展的半结构化和非结构化数据),然后对字段和记录进行相应映射;语义异构则需要直接处理数据内容,进行字段拆分、合并、格式转换、记录间转移等,更加复杂,也要耗费更多时间。这两个难点解决之后,我们就形成了统一形式的新数据集,可以准备进行下一步的存储和管理了。

(二) 数据存储与管理

新数据集生成之后,首要任务是储存。对于传统的结构化数据,我们通常采用关系型数据库管理系统(relational database management system,RDBMS)来进行存储和管理。然而,这一系统难以存放新型的半结构化和非结构化数据。

对于存储海量数据集,NoSQL(Not Only SQL,泛指非关系型数据库)和分布式文件系统更为有效。NoSQL 是与 RDBMS 不同的一类数据管理系统,不使用 SQL 作为查询语言,数据存储也不需要固定的表格模式,可以高性能地灵活处理大规模的数据集。

NoSQL 的数据集天然有非结构化的特征,因不再对数据有高度一致性的要求,数据处理的速度和性能得以大幅提升。NoSQL 建立在分布式数据库的概念之上,非结构化数据可以在多个节点甚至多台服务器上存储。这就使 NoSQL 数据库具有了较高的水平扩展性。也就是说,在数据量级逐渐膨胀的时候,只需要增加分布式存储硬件即可,整体的运行性能不会受到影响。NoSQL 已经在很多互联网公司中得到长足应用,如阿里云、谷歌、亚马逊等。

此外,NoSQL 不追求应用场景的统一化,而是针对不同的应用场景定制不同的数据库形式,具体包括四大分类:❶键值(Key-Value)存储数据库便于执行内容缓存,主要用于处理大量数据的高访问负荷,包括 Redis、Voldemort 等;❷列存储数据库以列簇式存储,将同一列数据放在一起,能够实时响应,主要用于分布式的文件系统,包括 HBase、Cassandra 等;❸文档型数据库主要用于 Web 应用开发,包括 MongoDB、CouchDB 等;❹图形(Graph)数据库利用图结构相关算法,主要用于存储社交网络数据,构建关系图谱,包括 Neo4J、InfoGrid 等。这种定制型的应用方案更加贴合应用场合,也让 NoSQL 成为大数据分析的主要数据库。

分布式文件系统目前使用最多的是 Hadoop 系统。Hadoop 是一款以 Apache 2.0 许可协议发布的开源软件框架,可以在特定类型的 NoSQL 数据库组成的大型集群上运行。Hadoop 由 Google 发表的 MapReduce 和 Google 文件系统的论文自行实现而成,显著提高了大型数据集的处理效率。在原中心化关系型数据库中需要处理 20 小时的数据,使用 Hadoop 并行处理,只需要 3 分钟的时间。

 专栏 8-1

Hadoop 的应用

为适应大数据处理需求,Hadoop 在设计之初就考虑了一些假设。比如,Hadoop 假设巨大的数据量使数据完全无法移动,用户必须在本地进行数据分析,从而构建了分布式文件系统;它还假定进行数据处理的硬件可能会瘫痪,从而在内部建立数据副本,避免硬件故障产生的影响。这些处理方式维持了 Hadoop 分布式系统的正常运转,而分布式系统使数据处理速度显著加快。信用卡公司 VISA 曾经使用 Hadoop 将以前花费 1 个月时间分析的交易记录缩短至 13 分钟处理完成。

速度的提升以牺牲一定的精确度为代价。Hadoop 不能执行银行账户明细结算等精确度高的任务,但如果不苛求分析结果的精确度,Hadoop 能让处理时间较传统关系型数据库缩短多个数量级。

思考题:

1. 传统的关系型数据库与 NoSQL 在大数据存储场景下的核心差异是什么?

2. 为什么说传统的关系型数据库在处理海量数据时存在局限性?Hadoop 如何突破这些局限?

目前公认的 Hadoop 平台包括:负责数据可用性和扩展性的 Hadoop 内核,负责数据框架处理计算的批处理框架 MapReduce,负责数据存储的 HDFS 文件系统,以及 HBase、Hive 和 ZooKeeper 等相关项目。这些项目一并组成了 Hadoop 生态圈,涵盖了数据存储、集成、处理和分析等各个流程,具有低成本、高可靠性、高扩展性、高有效性、高容错性等特点。

在选择适当工具存储海量数据之后,下一步是对数据进行计算。

(三) 数据计算

Hadoop 的批处理框架 MapReduce 尽管可以满足部分计算需求,也有很多缺点。比如,MapReduce 只适用于离线数据处理,将中介数据存放到磁盘中,硬盘读写较多,任务效率低下,实时性差。因此,新一代数据实时计算框架,MapReduce 的继承者 Spark 出现了。Spark 是一个开源集群计算框架,使用了存储器内运算技术,存储器内运行程序的运算速度比 Hadoop MapReduce 快 100 倍。Spark 适用于批处理、迭代算法、交互式查询、流处理等多种应用场景,而这样的整合显著降低了管理成本。同时,Spark 的接口非常丰富,提供了基于 Python、Scala、Java 和 SQL 的简单易用的 API,也能与其他大数据工具密切配合,如直接运行到 Hadoop 集群上。

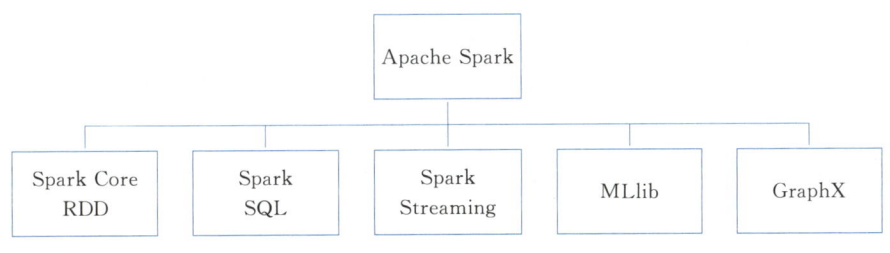

图 8-3　Spark 项目构成

Spark 项目构成如图 8-3 所示,主要包括以下几项。

1. Spark Core 及弹性分布式数据集

Spark Core 是 Spark 项目的重要基础,包含任务调度、内存管理、错误恢复、I/O 交互等多个功能。弹性分布式数据集(resilient distributed dataset,RDD)则是 Spark 主要的编程抽象,是分布在多个计算节点上,可以并行操作,且有容错机制的数据集合。RDD 可由外部数据源或现有 RDD 的转换而创建。由于 Spark 提供了基于多种编程语言的 API,这一抽象过程非常易于实现。

2. Spark SQL

Spark SQL 是一个操作结构化和半结构化数据的程序包。除提供 SQL 接口外,Spark SQL 还允许将 SQL 与 RDDs 的操作方式相结合进行数据分析,进一步增强了其分析能力。

3. Spark Streaming

Spark Streaming 是进行流式计算的组件。数据流是指一组有顺序的、有起点和终点的字节集合,服务器日志、用户提交的状态、实时评论等都可以称作数据流。Spark Streaming 截取小批量的数据并对其进行 RDD 转换,操作使用的 API 也与 Spark Core 的 RDD API 高度对应,与 Spark Core 有同级别的容错性。

4. MLlib

MLlib 是 Spark 的分布式机器学习框架,可以实现很多常见的机器学习算法和统计计算,包括分类、聚类、回归、降维、协同过滤等,并大大降低了大规模学习时间。

5. GraphX

GraphX 是 Spark 的分布式图计算框架。GraphX 扩展了 Spark 的 RDD API,能创建一个顶点和边都包含任意属性的有向图,也支持一些图的常用操作和常用的图算法。

总体来说,Spark 是新一代数据计算框架的代表,为快速分析大规模数据集创造了条件。

（四）数据分析与可视化

数据分析与可视化是得出最终结果的关键一步。正如本节前面所介绍,大数据的价值密度很低,从海量原始数据中挖掘有用信息如同"沙里淘金",较为艰难。因此,我们需要使用数据挖掘、机器学习、时间序列分析等复杂技术手段,将有用信息提取出来。

进行这些数据分析的工具和方法有很多,如 Python、Scala、Java 等编程语言,或 SPSS、SAS 和 R 等统计语言。结合 Spark 强大的 API 扩展,实现分布式实时数据分析已不再困难。

数据可视化则是一种将数据以形象的形式呈现给用户的方法。互联网上现有的数据可视化项目有很多,如 Tableau、Plotly、ECharts.js、D3.js。图 8-4 是 ECharts 官方文档中的一个应用例子,其能清楚直观地展示访问的来源和分类。

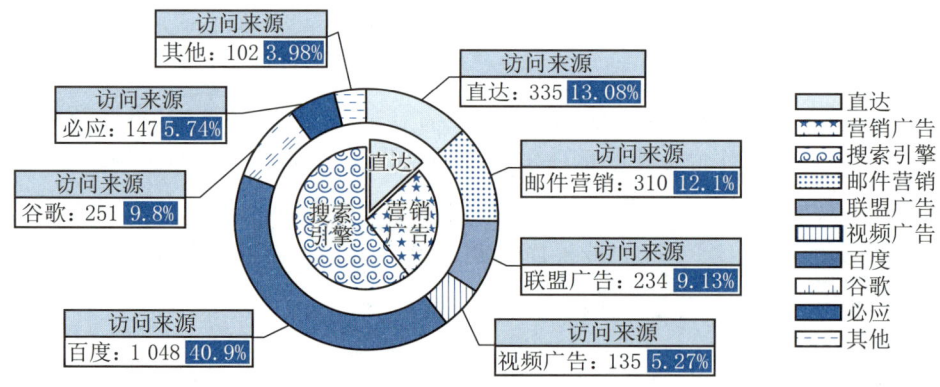

图 8-4　ECharts 官方文档中的一个应用例子

（五）数据展示

进行完以上四步工作后,数据分析结果就可以从后端摆到前端,呈现在用户面前了。随着移动互联网的蓬勃发展,用户获取数据的途径也越来越多,除了传统的 PC 端和

Web端,还有手机、平板设备等移动端,且移动端访问量占比越来越高。因此,做好移动端适配也是不可或缺的事项。

值得注意的是,这五个步骤不是割裂的,而是相互联系的一个整体。因此,有一些技术可能同时应用于多个步骤,从而垂直打通多层。比如,编程和管理工具几乎在每一层中都存在,它们帮助人们实现自动配置和自动最优化,从而大大降低数据存储、计算和分析的配置成本;另外,每一步都需要注意数据安全,因为数据正在成为一种新型的无形资产,数据丢失和失窃将对企业产生非常严重的负面影响;还有一些其他的技术方向也可垂直打通多层,如Spark所使用的"内存计算"技术。

这套大数据处理流程的工作结束之后,大数据分析的结果就已经确定——你的信用分计算完成,新一期的贷款额度得到批准,手机屏幕上出现了你最感兴趣的下一首歌或者下一个视频……这给生活带来了更大的便利,也给商业和金融留下了更大的发展空间。

第二节　大数据促进金融发展的商业逻辑

在上一节中,我们阐释了大数据的概念,也对现今大数据的处理流程作了总结说明。这一节,我们将回归金融科技的正题,先以大数据风控剖析大数据促进金融行业向前发展的商业逻辑,再介绍大数据如何以资产质量判断和业务推荐为核心,展开横跨银行业、证券业、保险业的广阔应用图景。

一、大数据风控

风险控制和精准营销共同构成了一个完整的风控系统,这对传统的风控系统是一个巨大的改进。风控系统之所以如此重要,是因为它贴合了金融机构普遍的需求。一方面,我国正处在深化金融结构性改革的攻坚期,必须防止出现金融系统性风险,因此监管层面对金融机构的风险控制能力提出了很高的要求;另一方面,风险控制的程度和效果将直接影响金融机构的利润水平。

传统的风控系统以金融理论和金融机构自行取得的历史数据作为依托。而近年来,随着大数据分析技术的发展,海量数据分析在生成用户画像、反欺诈、信用评级等方面大大提高了金融机构的效率和风控能力,对风控环节进行了一次革新。

（一）大数据风控系统的覆盖流程

风控系统的应用范围比较广泛,在银行信贷、票据贴现、小额贷款和商业保险等方面都有应用。接下来我们以信贷业务为例,介绍大数据风控系统的覆盖流程,如图8-5所示。

（1）客户获取。在这个环节,信贷机构使用用户信息、交易记录、用户关系等数据,

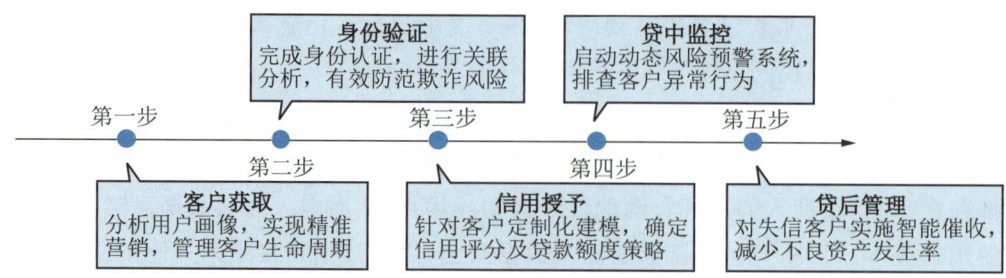

图 8-5　大数据风控系统的覆盖流程

分析确定基本的用户画像,并结合适当的大数据模型完成精准定位基础上的营销。比如,银行在向客户推荐金融产品时,先要通过搜索数据确定客户的收入水平、兴趣、爱好、购买能力等,然后通过存储在分布式文件系统中的数据确定其与其他客户的关系,接下来使用相应算法完成金融产品推荐,完成一次精准营销。其中,针对客户提出的标准化问题,可以通过自然语言理解技术制作对话机器人,以降低人工服务成本。此外,大数据风控系统会在整个生命周期内监测客户的活动记录和频率。如果某个客户的活动频率逐渐降低,则会被系统标记为"睡眠客户"。这种情况下,由于维护一名老客户的成本要显著低于获得一个新客户,风控系统会使用相应技术,深入挖掘其潜在需求,试图重新提高其活动频率,将其从睡眠状态中唤醒。

(2) **身份验证**。当信贷申请完成平台注册后,我们需要对其进行身份验证,为下一步的放贷工作做准备。首先,结合外部认证信息(如公安信息、司法信息、央行征信报告)与客户提供信息(如身份证、指纹)完成个人身份验证,解决确认申请人是否本人的问题。接下来,触发反欺诈系统,在贷款之前排除最高危风险人群。该系统一般通过建立反欺诈规则评定"欺诈分",从而进行高危客户识别与防范。银行和贷款平台可以通过用户的网络身份和设备信息进行设备反欺诈,比如,通过了解用户设备是否注册其他贷款或信用卡平台来防范"一机多申",通过比对用户地理位置信息与常用物流地址判断地理欺诈等。此外,还可以通过图关联技术进行关联分析,定位背后的欺诈团伙,避免团伙欺诈行为。对于反欺诈系统没有通过的客户,系统可以根据情况自动拒绝或者申请人工复核。

(3) **信用授予**。通过身份验证的客户进入授信过程。这个过程需要汇集多方数据,完成客户定制化建模及风险定价。一般说来,需要将收集到的大量数据完成标准化、清洗、脱敏等数据处理环节,并通过降维算法剔除无用变量,然后运用机器学习等技术完成数据建模,并最终获得信用评分。授信过程可以通过银行等金融机构自身实现,也可以交给专业的金融科技服务商执行。授信过程完成后,金融机构由此确定客户贷款的额度、期数、利率等参数,完成相应的放贷业务。

(4) **贷中监控**。在贷款生命周期过程中,金融机构将对贷款者进行交易反欺诈监控和动态风险预警的贷中监控。

(5) **贷后管理**。如果排查到异常客户或失联客户,将会视情节轻重采取积极联系或者报警等措施。对于拒不履行归还义务的客户,可以依据标的资产类型、客户画像等确定催收计划和催收策略，实施智能催收服务，最大限度减少不良资产的发生率。至此，大数据风控模型覆盖了从客户获取到贷后管理整个贷款生命周期的所有情形。

（二）大数据风控业务的重要价值点

与传统风控模型不同的是，大数据风控模型建立在大量的数据、技术和特定场景的基础之上，而这三者也是大数据风控业务的重要价值点。

（1）**数据是风控模型中的核心组件**。理想的数据具有以下特征：数据量大、数据维度多，覆盖足够多用户的足够多个方面；数据的价值密度高，噪声少，易于清洗；能够提炼出有价值的数据，并形成丰富的用户画像。为了获取较高质量的数据，一般需要对多方数据进行深度整合，常用数据来源有央行征信报告①、公安司法信息、信用卡信息、社交信息、电商消费记录、网贷黑名单等。

（2）**技术是在大数据时代逐渐发展起来的，是得到最终征信结果的利器**。其实，按照传统的技术，用"一刀切"的方法将风险较高的客户直接排除并不难。然而，金融是风险和收益并存的，而过于严格的风险控制将与正常业务发生冲突。因此，金融机构往往倾向于降低一部分准入门槛来获取更多的业务收益。利用大数据风控技术进行反欺诈建模为较为准确地解决问题提供了可能，这就是金融机构选择转向大数据分析技术的重要原因。当然，技术的应用也对企业的底层技术架构能力和大数据清洗建模能力提出了较高的要求。

（3）**特定场景是确定建模要求的关键**。如前所言，定制化的建模离不开对场景的把控。这就要求金融行业深度了解客户的业务场景和定制需求，培养一支经验丰富的建模团队，对保险、贷款、理财等不同应用场景开展特质化建模，切实提高大数据应用的准确度。

二、其他应用

在银行行业，除了信贷风险评估，大数据也显著改进了供应链金融的业务效率。银行通过企业之间的投资、控股、借贷、担保，以及股东和法人的关系，生成企业间关系图谱，并通过分析关联企业的征信情况来对信贷风险进行有效的控制。

在证券行业，大数据技术可用于量化投资和智能投顾。量化投资方面，所获得的数据的维度得到拓宽，证券企业对市场行情的了解更为精准，从而可以构建和提取出更多的量化因子，结合股票市场投资反应和市场情绪，预测市场行情。智能投顾方面，通过大数据分析和模型量化，可以个性化判定风险偏好和交易预期，从而实施线上的投资顾问服务；同时，通过自然语言处理技术，可以制作智能金融客服机器人，对标准化的问题进行回答，降低金融客服的工作成本。

在保险行业，大数据技术可用于骗保识别和风险定价。骗保识别方面，同样通过内外部数据的有机整合，可以建立相应的保险欺诈识别模型，对异常数据进行有效监测，从

---

① 一般持牌金融机构有央行征信介入权限。

而挑出疑似诈骗的索赔,即"骗保"情况。风险定价方面,以车险为例,保险公司可以通过安装在汽车上的智能监控装置,收集车辆的行车数据、行为数据、健康数据等,以此确定当期保费。当真正需要出险时,也可以通过机器学习技术实现图片定损,大大提升索赔效率,降低操作成本。蚂蚁集团"定损宝"展示如图8-6所示。

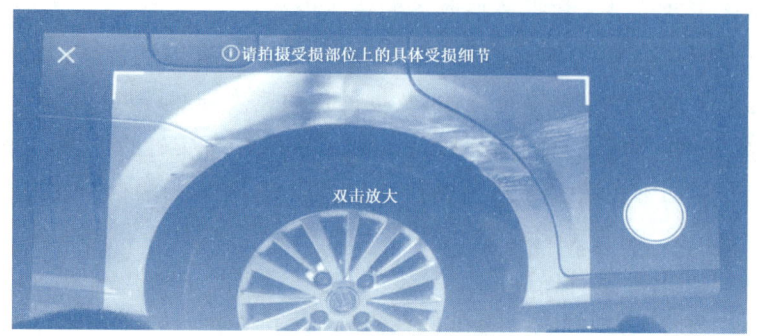

图 8-6 蚂蚁集团"定损宝"展示

值得注意的是,一些应用在金融行业多个细分领域中均有涉及。比如,银行业与保险业都需要确定资产质量、反欺诈并进行风险控制;另外,大数据模型可以用于精准营销,即针对用户画像推荐适合的金融服务产品。这两者是大数据风控系统的重点,我们将在下一部分详细阐述。

 专栏 8-2

大数据重塑小微金融风控的两个案例

在传统金融模式下,小微企业因财务数据缺失、抵押物不足等问题长期面临融资难题。网商银行依托阿里巴巴生态的电商交易数据,创新推出"网商贷",通过整合商户的实时交易流水、店铺评分、物流信息及社交行为数据,构建动态信用评估模型。例如,某淘宝商家凭借近 6 个月稳定的销售额和良好的客户评价,无须抵押即获得 50 万元授信,系统实时监测其经营波动,若销售额连续下滑,则自动触发风险预警并调整授信策略。这一模式将坏账率控制在 0.4% 以下,远低于传统小微贷款平均水平。

微众银行的"微业贷"则聚焦供应链金融场景,通过接入企业税务、物流、电商平台数据,建立多维风险评估体系。例如,一家食品加工企业凭借与核心企业的长期订单数据及稳定的纳税记录,快速获得融资支持。系统通过分析其物流周转效率与供应链稳定性,动态调整风险定价,实现"数据即信用"的闭环管理。两家银行的实践表明,大数据技术不仅突破了传统风控的"不可能三角"(效率、规模与风险控制),还通过场景化数据整合与实时分析,将金融服务渗透至长尾市场,推动普惠金融落地。

思考题:

1. 大数据如何提升银行信贷业务中的风险评估和风险控制能力?

2. 请举例说明大数据在保险行业中的应用。

三、未来的应用趋势

大数据分析技术正在对金融行业产生重大而深远的影响。但任何新兴技术发展初期都会面临问题和挑战。比如，数据开放与公民隐私有不可避免的矛盾，公民的数据隐私可能泄露；另外，数据来源割裂、不统一，不同公司采用不同数据收集和清洗方式带来的数据污染和不准确性，以及公民数据采集的延迟性等，都是大数据金融应用所要面临的挑战。但这并不会阻碍大数据金融应用行业继续前行。我们可以从五个方面做如下展望。

（1）从技术方面来看，未来的大数据分析技术将与其他技术，包括人工智能、区块链、云计算等共同服务金融行业。各种技术将成为更加紧密联系的一个整体。比如说，云计算帮助大数据在分布式云存储平台上大规模并行处理，区块链技术提供不可篡改的交易记录和交易数据，人工智能则使大数据算法更上一层楼，有助于更加快速地挖掘有用信息。到那时，金融科技将成为金融发展的强力推进器，从而更好地实现金融服务实体经济的宗旨。

（2）从数据方面来看，未来金融行业数据的整合、共享和开放逐渐成为趋势。自从2015 年国务院印发《促进大数据发展行动纲要》之后，国家就一直在推动政府与企业的数据整合。2018 年 3 月 19 日，在中国人民银行的监管指导下，中国互联网金融协会与芝麻信用等八家市场机构共同发起组建了我国第一家持牌市场化个人征信机构——百行征信。在可预见的未来，这一举措将全面整合征信信息，共享征信数据，化解信息孤岛困局，有效防范系统性金融风险。

（3）从应用场景方面看，金融数据与其他跨领域数据的融合应用将不断强化。在未来，金融数据将与特定领域的数据进行深度融合，以帮助挖掘更多有用信息，满足特定应用场景的需求。这些数据来源将视特定应用场景而定，变化范围极其广泛。

（4）从市场方面看，数据流通的市场将更加健全。数据已成为新型生产要素和核心资产形式，其价值不仅体现在可多级利用、多次复制的特性上，更通过市场化和法律化进程得到进一步确权与规范。未来，随着数据要素市场的多层次交易体系逐步健全，数据资产的估值体系、合规流通标准将更加完善。金融机构可通过数据质押融资、资产证券化等模式盘活数据价值，同时借助隐私计算、区块链技术确保流通安全。数据资产的成熟将加速跨行业协同，推动数字经济高质量发展。

（5）从安全方面看，金融数据安全问题将逐渐摆在台前。数据具有无限复制、任意流动的特性，而这给金融数据安全保护工作带来了不小的挑战。在金融行业厂商集中拥有数据的情况下，一旦发生数据窃取和信息泄露事件，造成的损失将是不可估量的。而如果大数据算法被窃取，那么还可能会出现利用算法漏洞进行智能欺诈的情况。未来，数据安全问题将越来越受重视，与之相关的法律法规将会越来越完善，窃取数据资产的违法犯罪行为必将受到法律的严惩。

本章小结

1. 总体来说，大数据指大而复杂、用传统数据应用软件无法处理的数据集，通常使用新兴的"样本＝总体"的方法进行分析，具有"5V"的特征。

2. 一个完整的大数据处理流程主要分为数据采集、数据存储与管理、数据计算、数据分析与可视化、数据展示这五步，每一步背后都有强大的技术支持。

3. 大数据在金融行业应用广泛，以资产质量判断和业务推荐为核心，应用横跨银行业、证券业和保险业等。

4. 风险控制和精准营销共同构成了一个完整的风控系统。以信贷业务为例，其风控系统包含客户获取、身份验证、信用授予、贷中监控、贷后管理共五个环节，并建立在数据、技术和特定场景的基础之上。

复习思考题

1. IBM 为大数据给出的"5V"概念分别是什么？分别反映了大数据哪方面的特征？

2. 大数据的处理流程包括哪几步？

3. Spark 是如何增强大数据业务计算能力的？

4. 大数据在金融行业有哪些方面的应用，在哪些方面促进了金融科技的发展？

第三篇

应用实践

第九章

金融科技与商业银行

学习目标

1. 掌握商业银行的科技发展路径。
2. 理解商业银行面临的竞争。
3. 了解科技对商业银行用户交互领域应用与发展的影响。
4. 了解科技对商业银行业务开发和升级的促进作用。
5. 了解商业银行基础设施的建设和优化。

引导案例

在金融科技蓬勃发展的时代背景下,传统商业银行面临着数字化转型的迫切需求。中国工商银行作为国内银行业的领军者,积极推进金融科技战略,打造"智慧银行",成功实现了科技发展与业务升级。

在用户交互领域,工商银行引入人工智能与生物识别技术,显著提升服务体验。线下网点部署智能柜员机,通过语音识别、图像识别技术,客户无须排队等待,即可自助完成开户、转账、理财购买等90%以上的常见业务,业务办理时间缩短60%。线上App则借助智能客服,运用自然语言处理技术,实时解答客户咨询,日均处理量超百万次,解决率达85%,极大提升了客户服务效率。

在业务开发与改进方面,工商银行依托大数据与云计算技术,创新金融产品与服务。针对小微企业融资难题,推出"经营快贷"系列产品,通过分析企业纳税、流水等多维度数据,实现秒级审批、线上放款,累计为超百万家小微企业提供融资支持。同时,利用区块链技术构建供应链金融平台,保障交易信息不可篡改、实时可追溯,降低企业融资风险,提升供应链金融服务质量。

基础设施建设与优化是工商银行转型的关键支撑。其搭建了自主可控的金融云平台,实现计算、存储资源的弹性调配,满足业务高峰需求,同时降低运营成本。此外,强化网络安全防护体系,运用人工智能技术实时监测网络攻击与异常交易,保障客户资金与信息安全。

通过金融科技的深度应用,工商银行成功提升了服务效率与客户满意度,拓展了业务边界。这一转型实践为商业银行应对科技挑战、实现高质量发展提供了借鉴。

思考题:

1. 工商银行在用户交互技术应用中,如何平衡智能化服务与客户个性化需求?

2. 从商业银行业务开发角度分析,大数据与区块链技术在创新金融产品过程中分别发挥了怎样的作用?

第一节　商业银行的科技发展与挑战

历史上,以商业银行为代表的金融业的重要发展,一直离不开新技术带来的金融创新。随着信息技术的发展,便捷和低廉的金融服务不断涌现,如移动支付、跨境汇款。在新一轮的科技浪潮下,商业银行面临着巨大的转型压力。

一、商业银行的科技发展历程

进入 20 世纪后半期,科技发展迅猛,在诸多领域取得了跨越式发展,而每一次的技术革命都推动了银行的变革和创新。20 世纪 50 年代,随着计算机技术的运用,在磁条和芯片技术的发展下,银行信用卡诞生。20 世纪 60 年代,ATM 机、POS 机等陆续产生并逐渐进入业务领域。20 世纪 90 年代,大规模互联网技术的应用和发展使网上银行服务日渐成熟。随着通信技术的发展和智能手机等移动电子设备的普及,2007 年银行开始在移动支付端快速布局,以满足客户的移动金融需求。2015 年以来,大数据、云计算、区块链、人工智能等新一波科技浪潮席卷金融市场,商业银行面临新的产品创新与业务模式重构的挑战。技术革命推动了银行从电子化、网络化、移动化到数字化的变革与创新。

商业银行的科技发展历程,如图 9-1 所示。

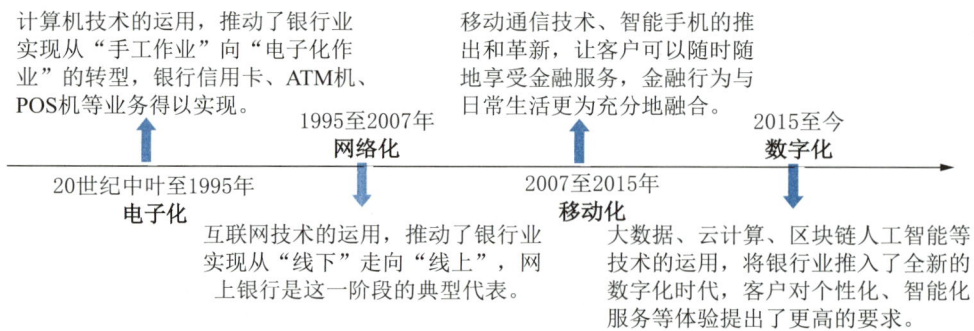

图 9-1　商业银行的科技发展历程

（一）电子化

银行业的金融业务电子化以 IT 硬、软件应用为特征。在改变此前低效的手工操作局面的同时，金融规模扩张的客观限制被解除。20 世纪 50 年代起，金融机构广泛应用计算机系统，国内银行业完成了交易与业务记录电子化的试验、试点和大规模运用。通过 ATM 机、POS 机等硬件设施的投放，与银行内部信息系统开发、银行间系统联网等软件互补，商业银行提供存取款、转账等传统金融服务的渠道明显多元化，效率也大大提高。

在"内部科技化"逐步实现的 7×24 小时服务的帮助下，国内银行机构资产、负债规模的限制被打破，为国内银行的快速扩张奠定了基础。但在这一阶段，由于银行市场职责与行政职责界定模糊，银行间各有经营范围，未建立市场竞争体系，银行和客户双方理念都较单纯。因此，银行进行系统信息化科技改造的主要目的是在原有基础上提高内部工作效率。

（二）网络化

网络化以互联网技术的应用为特征，服务渠道出现变化，金融规模上的粗放扩张逐渐向精细化转变，银行业务由"线下"向"线上"转移。

1995 年，在美国成立了全球第一家无任何分支机构的网上银行，即安全第一网络银行（Security First Network Bank，SFNB）。通过 SFNB，用户可以采用电子方式开出支票和支付账单，可以上网查询当前货币汇率信息。SFNB 开业后迅速获得近千万人次的上网浏览，给金融界带来极大震撼，若干银行立即紧随其后开设网上银行。在我国，继招商银行于 1998 年率先推出网上银行业务之后，中国银行、建设银行、工商银行也先后推出了该业务。

1995 年至 2007 年，随着互联网技术的加速发展，国内商业银行进一步改变了传统经营方式，纷纷将线下业务向线上转移，打破了单纯依靠线下实体网点和自助渠道提供服务的模式，以互联网作为基础的交易平台和服务渠道，在线为客户提供办理结算、信贷服务，但其没有改变传统银行作为信用中介和支付中介的根本性质。

（三）移动化

移动化以向客户提供实时可得、电子互动的全方位管理与服务为特征，是指在现代移动通信技术、移动互联网技术构成的综合通信平台基础上，通过掌上终端、服务器等多平台的信息交互，实现银行业务及服务的移动化过程。2007 年以来，随着通信技术的发展和智能手机的普及，银行在移动电子设备端快速布局，以满足客户的移动金融需求。作为一种结合了货币电子化与移动通信的崭新服务，移动银行业务不仅可以使人们在任何时间、任何地点处理多种金融业务，而且极大地丰富了银行服务的内涵，使银行能以便利、高效而又较为安全的方式为客户提供传统和创新的服务。在移动客户端，金融理念变革和诉求不断提升，促使银行发展由"以产品为主"向"以客户为主"转变，扩充产品和业务范围。这一阶段的中后期，在有利的宏观经济形势下，科技进步、竞争意识帮助银行继续提高效率，推动银行快速发展。

借助网上银行、移动银行的新手段，客户开始与银行实体分离，在"外部"办理业务。同时，银行内部账务和银行间联网系统的运作也越发成熟。银行开始对接非银行机构的系统，清算能力不断增强。在对客户账户及信息资料进行多年积累后，银行从完整性、有效性、应用性入手，全面树立数据意识，将数据和资金放在同等重要的位置。

（四）数字化

数字化以继续提升效率、数据深入运用、解构金融环节等为特征，是目前金融市场正在经历的时代。数字化的技术内容包含核心层（云计算、大数据、区块链、人工智能等）、感知交互层（生物技术、AR/VR 等）、基础辅助层（量子通信、物联网等）。商业银行变革和信息技术创新形成了相互推动、相互促进的良性发展格局。一方面，商业银行提出金融发展需求，促进信息技术不断快速创新；另一方面，信息技术通过与银行业的紧密融合，进一步实现价值。

以大数据、云计算、区块链和人工智能为代表的新一代信息技术，本质上是一场关于金融信息的传输、接收、分析、处理技术的革命。技术的演进创新改变了金融产品和业务模式，将进一步打破金融交易和服务在时间和空间上的限制，带来客户需求偏好、服务便利性和覆盖面的改变，服务水平和客户体验也将大幅提升。

专栏 9-1

商业银行的发展历史

Bank 1.0 时代：离不开的物理网点

人们公认的早期银行的萌芽，起源于文艺复兴时期的意大利。英文中的银行一词 Bank，就源于意大利语中的 Banca，其原意是长凳、椅子，是最早的市场上货币兑换商的营业用具。1472 年，被誉为世界上现代银行体系最古老的银行——意大利的西雅那银行（Banca MPS）创立，标志着 Bank 1.0 时代的开启。

Bank 1.0 时代指的是完全以银行网点为基础的银行业务形态。这一形态自银行诞生之日起到现代，历经了数百年而没有发生质的改变。它虽然有效呈现了现代银行体系的最初形态，但其仍需要大量人工操作，服务手段和理念都不能很好地反映客户的需求，仍关注物理网点中的银行服务，物理网点之外的银行服务或金融需求往往被忽视。

Bank 2.0 时代：电子技术延伸了物理网点的触角

Bank 2.0 时代的肇始，得益于电子计算机技术的商业应用。为了处理大量的支票业务，美国银行在 1960 年开发了电子记录机会计（ERMA）系统，每年可以处理 7.5 亿张支票，并因此成为世界上第一家能够提供与用户银行账号相关联信用卡的银行。到了 1980 年，更高级的电子系统——ATM 逐渐在世界范围内普及，自助服务标志着银行进入 Bank 2.0 时代：用户可以在想要的时间、地点，找到物理网点之外的 ATM，自助完成简单的交易型银行业务。

作为物理网点银行服务的一种延伸手段,虽然 ATM 基于物理网点,但其所代表的是电子技术和远程技术力量,这是 Bank 2.0 时代的第一个迭代阶段。第二个迭代阶段,则来自科技的进一步发展和 IT 技术的广泛应用。标志性事件是 1995 年 10 月,全球第一家网上银行——安全第一网络银行(SFNB)正式宣布成立。它所开发的电子金融服务,不仅提供传统银行的所有业务,还不断推出新形势下方便客户的网络金融产品,以满足客户多样化需求。自此,新兴的网上银行如雨后春笋般崛起,一定程度的便捷和迅速,使得用户依赖银行物理网点的行为被迅速改变。

Bank 3.0 时代:可随时随地获取银行服务

第一代 iPhone 手机在 2007 年发布,一经推出便风靡全球,开启智能手机新时代的同时,亦标志着全球银行踏进了精彩多元的 Bank 3.0 时代。Bank 3.0 时代的特点是:用户处于一个超连通的信息世界,银行无处不在,只要你有一台智能手机,即可以在任何时间、任何地点操作现金以外的银行业务。这极大改变了用户的行为和消费习惯,打破了以物理网点体系为基础的银行服务模式,物理网点不再是用户要去的地方。金融产品的选择权将对调,用户将成为与银行关系中的主导者,银行如果不能在用户的生活中扮演足够重要且亲密的角色,将不会被想起和使用。

在智能手机已覆盖全球 29 亿人口的今天,有逾 10 亿人从智能手机获得非常基础的金融服务,银行的利润来源和商业模式由此发生了极大的变化。

Bank 4.0 时代:嵌入生活的智能银行服务

当 AlphaGo 击败人类最强围棋手;苹果、谷歌、华为等纷纷大举入场人工智能(AI)领域。可以这样说,2017 年是人工智能彻底爆发的元年,也是 Bank 4.0 时代的开端。

与 Bank 1.0、Bank 2.0、Bank 3.0 时代不同的是,Bank 4.0 开启了全新的世界,人工智能(AI)、现实增强(AR)、语音识别设备、无人驾驶、5G 通信、区块链等创新型技术手段的发展和普及,将银行业务的效用和体验完全脱离物理网点和以物理网点为基础的渠道延伸,使银行业务的效用和体验不再依附某个具体金融产品,而是直接嵌入我们的日常生活场景。用户在使用金融服务中的摩擦和不顺畅将被化于无痕,基于物理网点的账户开立模式将被重塑。即时、实时的金融服务将成为流行的现实,智能投顾和场景介入将为用户提供更好的金融解决方案。

如图 9-2 所示,横轴为摩擦,指的是用户在使用金融服务时所产生的时间成本和效用的冲突。摩擦的发展方向由高至低,越靠近高摩擦(high friction),则需要面签大量的文件、需要多轮次的身份信息确认;越靠近低摩擦(low friction),用户越是可以方便快捷地获取实时、即时反馈的金融服务。竖轴代表渠道,指的是如何销售金融产品、如何进入市场进而获客。渠道的发展方向由物理网点服务(physical banking)至数字银行服务(digital banking)转变。由摩擦(横轴)、渠道(竖轴)所构成的坐标,清晰对应上银行进化的路线,从 Bank 1.0 到 Bank 4.0 的进化。

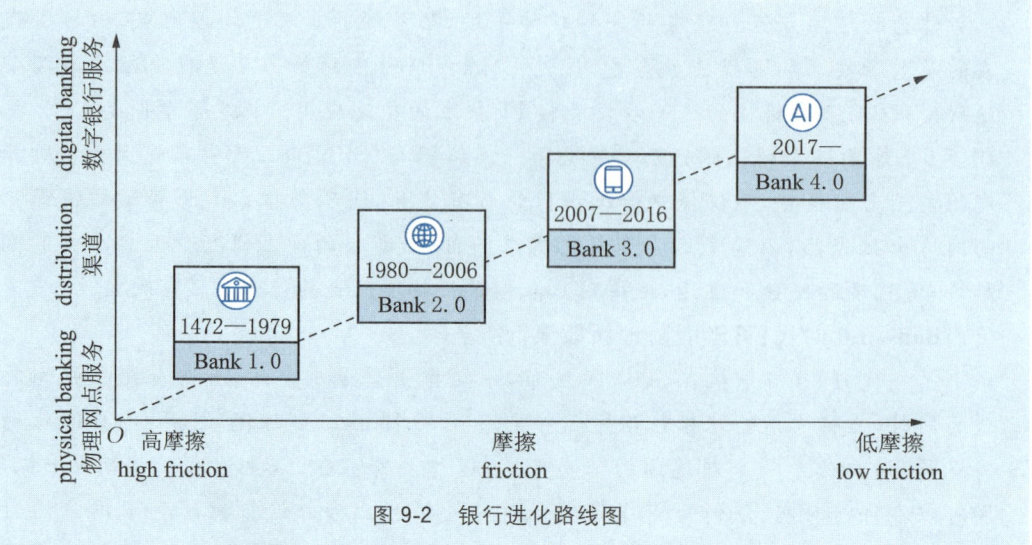

图 9-2 银行进化路线图

思考题:

1. 商业银行未来进一步增强金融科技化能力的方向是什么?

2. Bank 1.0 时代到 Bank 4.0 时代,银行服务模式发生了巨大转变,在商业银行电子化、网络化、移动化、数字化发展历程中,哪个阶段的转变对服务模式影响最为深远?

3. Bank 4.0 时代强调银行业务嵌入日常生活场景,人工智能等技术将重塑账户开立模式。从商业银行数字化发展特征来看,实现这一目标可能面临哪些技术和业务层面的挑战?

4. 参考 Bank 1.0 时代到 Bank 4.0 时代的演进,预测未来可能出现的 Bank 5.0 时代特征,以及这将对商业银行的科技发展方向产生何种影响?

二、商业银行面临的挑战

随着客户金融行为与日常生活场景的联系日益紧密,并由线下快速向线上迁移,传统商业银行的实体优势不再显著。一方面,2008 年金融危机以来国内外金融、银行业监管基调日渐趋严。加之 2012 年后,受经济增速放缓、利率市场化改革加速等因素影响,国内金融市场环境也充满重重挑战。另一方面,新兴金融科技公司快速崛起,以客户体验为导向、数据为核心、互联网高效率扩张为手段的新型商业模式,逐步打破了传统银行的业务垄断格局。在这两方面的影响下,商业银行的传统盈利模式遇阻,银行经营所面临的市场竞争环境也发生巨大转变,传统商业银行增长动能不足。

(一) 竞争环境日渐严峻

1. 国内外监管基调趋紧

随着金融科技的发展,过度的金融创新使得虚拟经济发展与实体经济发展脱钩。过度杠杆、监管缺位、衍生品泛滥为金融敲响了警钟。2008年金融危机的爆发使银行业遭受重创,目前银行仍在消化金融危机带来的损失。在此过程中,为了改进合规实践与商业行为,全球金融监管机构都对银行施加了极大的监管压力。2010年9月,巴塞尔委员会发布最新的银行业监管协议——《巴塞尔协议Ⅲ》,体现了微观审慎监管与宏观审慎监管有机结合的监管新思维。其按照资本监管和流动性监管并重、资本数量和质量同步提高、资本充足率与杠杆率并行、长期影响与短期效应统筹兼顾的总体要求,确立了国际银行业监管的新标杆。2016年,中国央行在夯实微观审慎监管的基础上,通过建立宏观审慎评估体系(MPA),重点考虑资本和杠杆情况、资产负债情况、流动性、定价行为、资产质量、外债风险、信贷政策执行七大方面,对金融机构进行框架性的监管评价。MPA的实施在一定程度上起到了抑制银行部分金融创新业务、压缩银行高息揽存空间、提升资本要求的作用,使得市场竞争格局日益激烈。

2. 国内金融市场环境严峻

一方面,价格市场化持续深化。经过近20年的稳步推进,我国利率市场化改革已基本完成。利率市场化下,商业银行净息差由2011年的2.7%,收窄至2017年上半年的2.05%。存贷利差的不断收窄,意味着银行向企业与居民部门让渡收益,倒逼银行业提高风险定价能力,调整业务结构,刺激其寻求新业务范围,这对银行的风险管理能力和金融创新能力提出了更高的要求。另一方面,金融脱媒不断加速。我国目前仍属于强银行导向型经济体,但随着股票、债券、基金、信托等市场的发展,以资本市场为中心的新金融商品的开发,证券市场的功能日趋凸显,而银行的媒介作用则趋于萎缩。不仅如此,随着信息技术的发展,互联网金融平台日渐壮大,许多互联网金融公司、电商企业借助其广阔的交易平台和庞大的交易数据开始涉足中小企业借贷,加速了金融脱媒,使得银行经营的市场环境日益严峻。

(二) 各业务领域均面临竞争

身处金融科技高速发展的时代,银行所面临的竞争对手已经远远不止其他银行。事实上,银行在支付转账、储蓄、贷款等各项金融业务领域中都面临着来自其他金融机构和非金融机构的竞争。这种竞争将逐步成为常态,并且逐渐改变金融领域的竞争方式和竞争格局。

1. 支付转账:第三方支付机构逐步占领市场

在中国市场上,目前金融科技最活跃、最有成效的领域是网络支付。与传统银行卡支付相比,第三方支付操作快捷、覆盖场景多,能够迅速融入人们的日常生活。第三方支付平台借助移动互联网的迅猛发展,大力开发支付场景。由于其方便快捷,掌握了更多的客户资源,在获取客户、交叉销售、风险管理等方面占有一定渠道和数据优势。其快速发展逐步侵蚀银行卡等中间业务,挤压银行交易费,继而挤压传统银行营业网点的个人和中小企业业务规模,使得银行实体网点的投资回报率逐渐降低,倒逼未来商业银行的经营模式发生改变。银行在各领域面临的新竞争如图9-3所示。2023—2024年电子支付业务主要数据如表9-1所示。

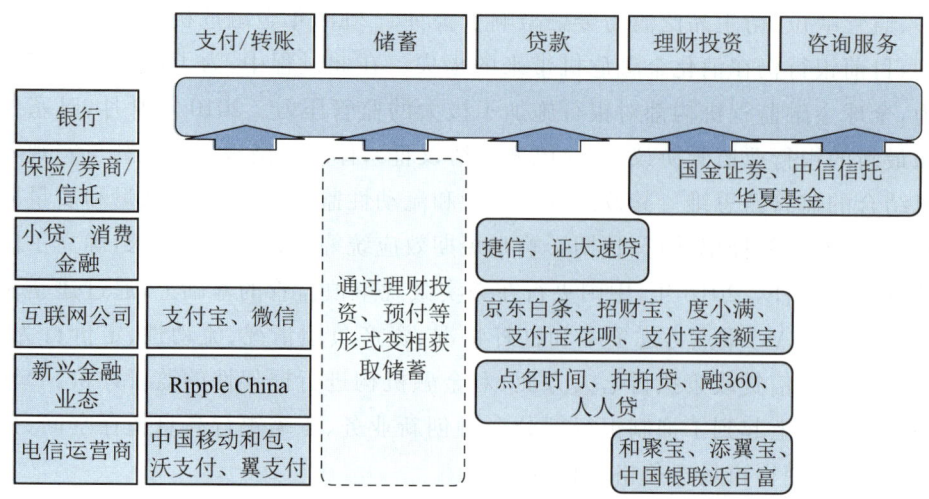

图 9-3　银行在各领域面临的新竞争

资料来源：何大勇、谭彦、陈本强、刘月，《银行转型 2025》，中信出版集团 2017 年版。

表 9-1　2023—2024 年电子支付业务主要数据

电子支付业务主要数据	2023 年	2024 年	增幅
商业银行	2 961.63 亿笔	3 016.68 亿笔	3.66%
	3 395.27 亿元	3 426.99 亿元	2.36%
非银行金融机构	1.23 万亿笔	1.34 万亿笔	16.86%
	340.25 万亿元	331.68 万亿元	−2.52%

2. 储蓄：货币基金的崛起分流商业银行存款

从 2013 年开始，除公募基金的货币基金外，余额宝、理财通等理财产品迅速兴起，逐步侵蚀传统储蓄的份额。货币基金类产品的兴起，一方面使得部分活期存款从银行转移到了余额宝等货币基金，使银行的存款金额下降；另一方面，这些产品操作简单、流动性较好、为客户提供了低风险的增值渠道，在一定程度上也降低了银行短期理财产品的份额。

3. 贷款：去中介化的网络融资被接受

近几年，在贷款市场出现了各种消费信贷、微小信贷、产业链贷款，如腾讯微粒贷、度小满等。通常来说，传统银行发放一笔贷款，需经过严格的信用审查过程，不仅过程烦琐，而且一些中小企业由于信用记录不完备且缺乏合格的抵质押物，无法及时从银行获得借款。相比较而言，金融科技企业有条件通过对大数据的应用，凭借在信息获取和数据挖掘等方面的优势，开发出更加符合用户需求的贷款服务和产品。

三、商业银行和金融科技融合的途径

在金融科技发展背景下，企业和居民的资产配置日趋多元化、金融脱媒趋势加速、银

行业政策监管趋严等内外部因素使得商业银行难以依靠传统经营模式持续增长,需要寻找新的利润增长点。而场景化获客,通过科技手段满足客户需求,提升运营效率和服务质量,正是金融科技能够与商业银行相结合的领域。尽管金融科技所产生的金融服务发展迅猛,但其不可能完全涵盖商业银行的所有业务。商业银行的主体地位在短期内也不会因为金融科技的发展而动摇,更大的可能性是商业银行通过与金融科技的深度融合来加速其转型升级。目前,商业银行主要通过两种途径实现其自身经营与金融科技的融合,一是银行自身成立金融科技子公司,二是寻求与互联网公司、科技公司的外部战略合作。

(一)金融科技子公司

2015 年以来,商业银行为促进自身金融科技转型、满足市场科技服务需求、应对互联网金融科技公司竞争,开始成立自己的金融科技子公司。各子公司纷纷依托母公司建立起各自的产品体系,切入银行运营的前、中、后台,有效提供科技支撑。2015 年,兴业银行成立兴业数字金融服务(上海)股份有限公司,开创了商业银行成立金融科技子公司的先河。随后,平安银行、招商银行、光大银行、建设银行、民生银行也先后成立了金融科技子公司。我国银行系金融科技子公司成立情况(简表)如表 9-2 所示。

表 9-2 我国银行系金融科技子公司成立情况(简表)

金融科技子公司	所属金融机构	成立时间	注册地
招银云创	招商银行	2016/2/23	深圳
光大科技	光大银行	2016/12/20	北京
建信金科	建设银行	2018/4/12	上海
民生科技	民生银行	2018/4/26	北京
工银科技	工商银行	2019/3/25	雄安新城
中银金科	中国银行	2019/6/11	上海
农银金科	农业银行	2020/7/28	北京
交银金科	交通银行	2020/8/25	上海
浦银金科	浦发银行	2021/5/28	上海
人保科技	中国人保	2022/1/21	上海
太保科技	中国太保	2022/3/15	上海
中再数科	中再保险	2023/10/10	北京

与互联网金融科技公司相比,银行系金融科技子公司最大的优势在于其对金融行业运营、业务、监管的理解更为深刻,同时,母公司能给予其更多金融资源。但其在技术、场景和机制灵活性方面仍与互联网金融科技公司存在差距。未来,银行系金融科技子公司

将进一步以"对内创新平衡、对外合作共赢、对上主动合规、对下技术输出"四步走的模式开启金融科技时代颠覆式创新。同时,预计将有更多的商业银行研究并实践金融科技公司运作模式,为银行业在信息经济时代的可持续发展提供坚实的科技基础和支撑。

(二)外部战略合作

2017 年以来,大型商业银行与互联网公司、科技公司频频开展战略合作引发广泛关注。从已有的实践来看,两者的合作是一种互利共赢的选择。一方面,商业银行历史悠久、信誉良好,具有坚实的客户基础和庞大的客户信息及账户数据等优势,但其缺乏充分挖掘数据和发挥数据价值的能力,也不擅长创造电商、社交等丰富的应用场景。另一方面,互联网公司、科技公司积极寻求与传统金融机构的合作,不仅可以获得正规经营金融业务的牌照,还能够利用自身技术优势对传统业务进行技术改造升级。因此,商业银行与互联网公司、科技公司协同合作、融合共赢的发展模式逐渐成为共识。双方在客户资源、科技开发与应用、征信、风险防范、客户服务等各个领域进行合作,共同推进金融科技的应用与提升,形成积极的竞合新模式。商业银行与互联网公司开展战略合作(2017年)如表 9-3 所示。

表 9-3 商业银行与互联网公司开展战略合作

年 份	商业银行	合作机构	合作内容
2017 年	中信银行	百度	联合发起设立百信银行,开创"互联网+金融"新模式。整合百度流量入口、用户数据及中信银行账户体系、产品设计与风控经验,服务实体经济与普惠金融
2019 年	中国工商银行	阿里巴巴	签署全面深化战略合作协议,本着"对等开放、互利共赢"的原则,加快构建数字金融的合作发展新生态;在金融业务领域,围绕客户体验持续优化合作模式,探索电子支付结算、跨境金融合作、场景金融等方面的深化合作
2020 年	北京银行	腾讯云	在智能营销、大数据风控、虚拟营业厅、微信生态场景及云原生金融服务平台技术架构、分布式金融云平台、人工智能等领域开展全面合作
2021 年	富滇银行	蚂蚁集团、阿里云	蚂蚁集团携手阿里云为富滇银行提供全体系金融科技能力,搭建敏态核心化数字平台,在金融云平台、数据中台、智慧信贷与营销、金融生态场景、人才培养等多方面深度合作
2022 年	交通银行	中国电信、华为公司	联合打造 5G 全域智能金融云专网,运用 5G 切片等新型技术,助力交通银行数字化转型,提升业务"灾难逃生"能力,激发业务经营潜能,实现金融服务智慧再造
2024 年	中国银行	腾讯	双方高度评价在科技创新、数字经济等领域的合作成果,并就进一步加强互动对接深入交流,助力加快推进新型工业化、构建促进数字经济发展体制机制的有力举措。

第二节　商业银行用户交互领域的技术应用与发展

一、金融场景化

金融场景化是指将金融服务嵌入在客户日常活动场景中,从而直接触碰客户需求点,为客户带来便捷、友好的使用体验。银行传统的经营思维通常呈现出"基础设施→产品→渠道→场景→客户"的模式。其设计流程更多是从便于银行自身操作的角度出发,客户缺乏参与感,银行的市场需求反馈效率也较低。而数字化时代金融科技企业更多运用的是场景化思维模式,客户与各类应用终端及云平台共同构建起一个动态化、多连接的生态系统。场景化思维模式中,一切产品和服务均发端于某个场景中的客户需求,遵循了"场景需求→产品研发→嵌入场景"的互动模式,真正实现"以客户为中心"和"金融生活化"。

随着大数据技术的发展,利用大数据分析平台,接入客户通过社交网络、电子商务平台等产生的非结构化数据,能够构建全景客户视图。全景客户视图是一个动态的视图,随着时间推移,客户的年龄、身份、受教育程度、职业、家庭状况等都会随之发生变化,由此产生的客户自身价值的提升将为银行带来巨大收益。仅依靠商业银行现有的数据不能完全识别客户的动态变化,而通过大数据技术的植入,银行可以了解客户的实时动态信息,随时对现有的数据信息进行更新,从而制订相应的营销策略,推出对应的产品以满足客户需求。

不仅如此,大数据技术除了可以在时间纬度识别客户的动态变化,还可以进行纵向的客户关系管理。通过内部数据和外部数据结合,更好地识别企业的上下游情况,为供应链金融提供技术层面的支持。进一步地,银行通过分析产业链上下游的数据,可以更好地掌握企业的外部发展环境,从而预测企业未来的经营情况,为关系营销和风险防范提供支持。

二、银行系电商平台

银行系电商平台是指由商业银行建设的一种低成本、高效率,能够为企业或个人提供网上交易洽谈并获取客户数据的电子商务交易平台。银行系电商平台不同于传统的电子银行和积分商城(平台上的商品和服务主要来自独立的企业或商家),其设立的目的是作为第三方电子商务平台,为客户提供全方位的商品和金融服务,同时商业银行也可以通过自建电商平台销售自身的理财和贵金属产品等金融产品,极大地扩大了其获客渠道。主要银行系电商的特点对比,如表9-4所示。

目前国内银行系电商平台的客户主要是针对自身的客户,大体分为三种模式:❶信用卡商城模式。客户以本人名下的该银行信用卡付款购买由供应商提供的商品,并授

表 9-4　主要银行系电商的特点对比

银行名称	电商平台名称	主要特点/服务
农业银行	兴农商城（原 E 农管家）	主打 B2B 模式，对企业免费，构建"三农"互联网金融生态圈
建设银行	善融商务	涵盖 B2B、B2C 和房 e 通，提供信息发布等配套服务，有全方位金融服务，交易行为可关联贷款额度
交通银行	交博汇	主要侧重电子支付交易服务及相关商品购买功能
招商银行	掌上生活	提供各类商品购买服务，注重积分换购和用户权益

权该银行从本人名下的信用卡账户按本人指定的支付方式进行支付。其目的是一方面为客户信用卡积分兑换礼品提供方便，另一方面也可以为客户分期购物提供便利。目前全国性股份制商业银行多采取此类电商平台运作模式，如中信银行、光大银行、平安银行的信用卡商城等。❷综合网上商城模式。网上银行功能与商品、服务销售功能融为一体，客户既可办理黄金、外汇、基金、保险甚至小贷、公共费用缴纳等金融业务，同时也可选购商品，支付方式也不局限于信用卡。目前综合网上商城主要以大型国有商业银行为主，如建设银行的"善融商务"等。❸导购平台模式。出于降低商家成本的目的，对网上商城采用导购型的轻模式来建设运作，将已经成熟的电商平台链接至银行网上商城。如2013 年，兴业银行正式关闭了信用卡网上分期商城，通过与多家电商合作，搭建起了以海淘、黄金、时尚、家电、房产等在内的电商导购平台。

与传统电商平台相比，银行系电商有其独特的特点和优势。❶虽然银行系电商的设立时间比较短，但其并不需要经历互联网电商漫长的客户积累过程。对于大型商业银行而言，其自身已经拥有大量的个人和企业客户，可以实现存量客户快速向电商平台的迁徙，且良好的声誉也为银行系电商提供了强大的信誉支撑。❷与生俱来的金融属性使得银行系电商不仅仅是一个单纯的商品交易平台，同时它还是一个金融投资、融资服务平台。金融产品与服务的嵌入是银行系电商平台的重要特色。各商业银行在建立银行系电商平台时，都将金融产品和服务作为其核心竞争力，均可以实现购买理财产品、基金、外汇、贵金属等产品，同时提供信用卡分期付款等支付方式。

三、智能营销

智能营销是将先进的计算机、移动互联网、物联网等科学技术应用于当代品牌营销领域的创新营销新概念。其主要以客户无时无刻的个性化、碎片化需求为中心，满足客户动态需求。对于商业银行，只有能够迅速有效找到用户、理解用户、服务用户，才能占领市场先机。然而，传统线下网点、客户经理营销等标准化批量营销模式，由于欠缺针对性和精准度，不仅效率低，还容易引起客户反感。而智能营销将银行海量存储数据变现为营销价值，通过收集用户社交、消费、信用、交易等行为数据，分析用户需求与偏好，建立精准营销解决方案，实现银行营销的智能化、场景化、个性化，提升客户体验。

传统商业银行的营销模式一般是基于关系型数据库,提取操作数据,进行加工处理,然后制订相应的营销策略。借助大数据处理技术,对形式多样的用户数据进行挖掘、追踪和分析,不仅可以增加营销方式和手段,而且能增强营销的时效性和提高营销的精准度,实现智能营销。因此,智能营销应包括实时营销和个性化推荐两个方面。实时营销是根据客户的实时状态来进行营销(如客户实时所在定位、客户最近一次消费、最近一次停留的网页等信息),大数据处理技术充分降低数据分析处理的延时问题,从而实现近似实时的商业智能营销。个性化推荐则根据客户的年龄、资产规模、理财偏好等,对客户群进行精准定位,分析其潜在金融服务需求,进而有针对性地营销推广。从国内发展情况看,平安集团依托智能化的"平安脑",全面推动客户全生命周期智能管理,涵盖了新客户精准营销、存量客户交叉营销和个性化服务、流失客户识别与挽留等多个方面,并在实践中取得了良好的效果。

四、智能客服

智能客服是在自然语言处理技术、深度学习、虚拟现实技术(VR)、增强现实技术(AR)和全息投影技术等新兴技术的基础上建立起来的一套面向行业应用,适用于进行大规模知识处理、自然语言理解、知识管理、自动问答和推理等专业技术服务的系统。它不仅可为企业提供专业化的知识管理,还能为企业与海量用户的沟通建立基于自然语言的快捷有效的渠道,为企业提供精细化管理所需的统计分析信息。

智能客服与银行后台知识库对接,构建人机高效自然的交流环境。其通过构建百万级的金融问题库,支持文字、语音、图片等多种模式的机器人交互,极大地提高了服务效率并增强了客户体验,释放了人工资源。如平安"AI客服"以AI技术为内核,通过人脸、声纹等生物认证技术和大数据匹配,可远程核实客户身份信息,实现"在线一次性业务办理"服务。目前已广泛应用于银行、证券、保险等金融服务领域。此外,智能客服还可以提供一对多、高效、便捷和稳定的24小时全天候服务,大幅降低人工投入和培训成本。智能客服目前在银行业的应用模式主要有两类,一是智能语音服务,二是智能柜台机器人。

智能语音服务主要集中在电话端,可实现语音查账单、咨询理财等业务,而人机交互和智能化则是下一步的探索重点。目前很多手机银行系统自带一些语音识别输入功能,但这种语音功能目前可以满足的需求还非常简单有限,进行业务功能搜索或者完整的业务操作还是需要手动输入才能实现。

近两年来智能柜台机器人加速应用,基本上可以自助办理所有柜台业务。其对于客户而言可以提高效率,对于银行而言又可以大量节约人力成本。比如中国银行的智能柜台机器人,柜台畅通办理开卡业务用时是10~15分钟,而智能柜台机器人只需要5~10分钟;常见的流水打印业务传统柜台需10~30分钟,智能柜台则不超过2分钟。目前,中国银行的智能柜台机器人主要对个人非现金业务进行迁移,包括开卡、开通网银、流水打印、本外币汇款、外币兑换、挂失补卡、投资理财等。中国工商银行首创基于深度学习的凭证影像智能识别模型,实现了户名、附言、大小写金额等凭证全部字段要素机器识别能力,攻克了凭证复杂多样、手写信息识别干扰的行业性难题,机器智能录入替代人工率达 62％,网点智能助手累计调用已达 40 万次,用户满意率超 86％。智能客服与传统客服对比,如表 9-5 所示。

表 9-5　智能客服与传统客服对比

客服类型	优　点	缺　点
传统客服	人性化、解决方案针对性强、有温度地互动交流	一线岗位工作强度大、经营成本高、简单重复劳动、易受个人情绪干扰、客服素质参差不齐
智能客服	全天候、服务成本低、便捷高效、响应速度超快、支持海量业务、驱动人工服务向高价值服务转型	程序化服务应急能力弱、受制于智能知识库的维护升级

金融科技浪潮下,银行传统网点面临着越来越大的转型压力。通过客户与银行的深入互动来促使客户与银行进行更多、更高价值的交易,是当下商业银行发展的新思路。商业银行构建金融服务全景客户视图对客户进行精准画像并获取即时数据,建立直销银行和银行系电商平台来拓展经营渠道、提供更全面便捷的服务。商业银行在这过程中不断调整其自身在客户日常生活中扮演的角色,实现了从“交易”到“交互”的定位转变。

第三节　商业银行业务的开发与改进

一、智能投顾

智能投顾又称机器人理财,根据现代资产组合理论,结合投资者的个人财务状况、风险偏好和理财目标,利用云计算、智能算法、机器学习等技术,获得最优的理财配置方案,为投资者提供最佳投资组合,并通过持续跟踪市场动态,对资产配置方案进行调整。其运行模式实质上是通过技术分析为两端数据进行快速精准匹配,一端是从海量的原始金融产品的大量组合中筛选可用的组合与择时策略,另一端则是为客户本身的投资偏好和风险偏好进行精准画像。

智能投顾在不同的国家有不同的概念。在美国,智能投顾包括数字化建议工具(digital advice tools)和机器人顾问(robo-adviser)。前者是一个基于模拟和统计分析,给投资者呈现多种投资策略和投资结果的技术工具,而后者是基于客户输入的个人数据,为客户生成投资组合并管理客户资产的私人理财助手。在澳大利亚,智能投顾称为“数字化建议”(digital advice);而在加拿大,智能投顾称为“在线投资顾问”(online advisers)。

较之传统投资顾问业务,智能投顾的核心特征在于去人工化。智能投顾有着两个明显的优势,一是智能投顾可以做到服务流程的标准化,复制推广成本极低;二是借助客观的投资组合模型,智能投顾可以做到投资决策的纪律性,不受情绪影响,做出正确的逻辑推理。未来智能投顾管理的前景较好。

随着居民财富的增加和投资意愿的增强,银行资产管理业务快速增长,智能投顾也成了新的创新热点。智能投顾的服务模式如图 9-4 所示。

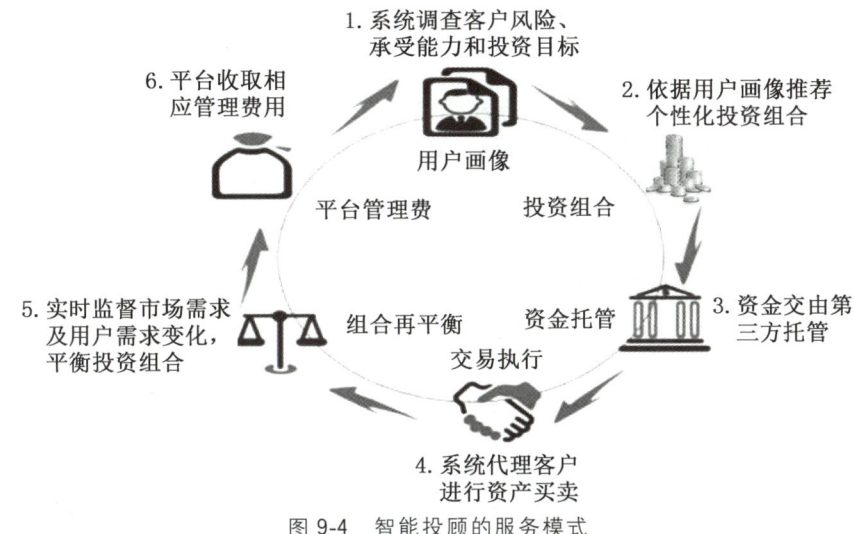

图 9-4 智能投顾的服务模式

从当前发展来看,智能投顾在定制理财服务方面拥有众多优势:一是低成本,智能投顾平台的模型和算法对于每一位用户都适用,具有低边际成本的特征,同时打破了传统投资顾问根据交易佣金获利的规则;二是低门槛,各家智能投顾平台的起投金额在千元至万元人民币不等,远低于商业银行理财产品及私募基金的投资门槛,这使得其覆盖的人群较广;三是理财方案定制化,智能投顾通过问卷形式了解投资者需求,提供以目标为本、具有针对性的投资计划,同时还可提供税收建议及风险承受力评估等增值服务。因此,智能投顾可能以低成本的实时智能服务为长尾海量客户带来超越个人操作的投资业绩。

 专栏 9-2

蚂蚁财富的"帮你投"

"帮你投"是蚂蚁财富推出的一款智能投顾产品。该服务通过分析用户的财务状况、投资目标和风险偏好,自动为客户构建和管理个性化的基金投资组合。自 2020 年 4 月月初在支付宝平台上线以来,"帮你投"便以其低门槛、简单操作以及高度自动化的特点迅速吸引了大量用户。截至 2021 年 3 月,"帮你投"的用户服务量已突破 100 万,管理资产规模超过 69 亿元人民币。

"帮你投"的运作模式如下。

用户首次使用"帮你投"时,需完成一份详细的风险评估问卷。这份问卷有助于平台深入了解用户的投资目标和风险承受能力。基于收集到的信息,"帮你投"利用其算法模型从广泛的基金产品中筛选出一组最符合用户需求的基金,并形成个性化的投资组合。

完成风险评估后,"帮你投"会根据用户的不同风险偏好推荐相应的投顾策略。这些策略是从6 000余只公募基金中精心挑选出来的投资组合。例如,"安睡增值"策略主要针对低风险偏好的投资者,侧重固定收益类基金;而追求高回报的"全面进攻"策略则可能包含高达90%的股票类基金。

一旦投资组合建立,用户可以轻松完成购买流程。"帮你投"将持续监控投资组合的表现,并在必要时做出调整,确保资产配置始终保持在最佳状态。此外,自2024年,"帮你投"推出了信号、发车等投顾特色服务。根据"帮你投"独有的市场模型,投资者可以直观看到股债投资信号的强弱变化,并结合发车机制,引导用户低点分批建仓、逆势投资。自上线以来,通过信号、发车跟投的客户,相对自己择时的客户,持有收益率高18%,持有时间长33%。一定程度说明了投顾创新工具对客户投资产生了积极作用。

思考题:

1. "帮你投"的风险评估问卷及个性化投资组合构建模式,为传统银行智能投顾业务带来哪些创新启示?传统银行在借鉴该模式时,可能面临哪些数据获取、算法优化及客户信任方面的挑战?

2. "帮你投"推出的信号、发车等投顾特色服务,对提升客户黏性、优化银行中间业务收入结构具有怎样的商业逻辑?

二、智能风控

智能风控是利用实时分析、大数据及人工智能技术,整合客户的交易行为、金融资产、身份特征、履约历史、行为偏好、关系网络等内外部多维度数据,开展事前、事中、事后风险预测和管控,构建覆盖实时反欺诈、智能反洗钱、信用风险、市场风险和操作风险等领域的全方位、立体化智能风控体系。其本质是以数据驱动的风险管控与运营优化。

智能风控在以合规为导向的风险管理模式的基础上,更强调依靠金融科技降低风险管理成本、提升客户体验、数据驱动风控能效。大数据技术使得商业银行可突破传统风控模式,创新风险管控手段。第一,可被分析的数据维度和密度将得到极大丰富,风险模型的可信度也将相应提升。第二,流式计算和实时分析等大数据技术的引入,将显著提升风控模型的数据时效性,并较好地支持实时反馈和未来变化趋势的预测。第三,利用大数据和知识图谱对风险管理信息进行知识管理,可将知识转化为业务规则和模型。第四,利用大数据技术可以实现多因素、多维度数据的综合分析,降低全面风险管理的技术门槛。商业银行智能风控的基本流程如图 9-5 所示。

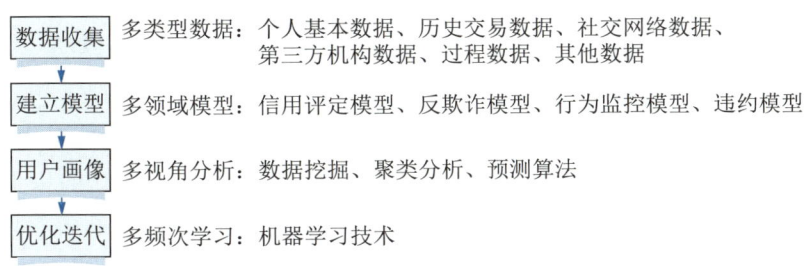

图 9-5 商业银行智能风控的基本流程

商业银行经过长期的持续经营及信息化建设,在风控管理领域具有一定的比较优势。一是在金融领域的专业优势和经验积累;二是具备全渠道、立体化、跨地域协同的服务渠道,覆盖线上线下和境内境外;三是具有长期基于广泛金融场景的技术研发实践经验,并形成了一支专业稳定的技术队伍;四是商业银行长期稳健经营,适应严格金融监管要求,可确保连续经营稳定性和长期信用承诺;五是商业银行具有稳健可靠的品牌信用。上述优势使得商业银行具备利用大数据技术开展风险管控工作的基础,而商业银行依托大数据构建智能风控体系,仍需要进一步着力推进风控能力建设。

三、移动支付

移动支付,也称为手机支付,是指交易双方使用移动终端设备为载体,通过移动通信网络实现的商业交易,具有移动性、及时性、定制化和集成性的特征。移动互联技术的高速发展和智能手机的快速普及,为移动电子商务的兴起提供了必要的基础条件,移动电子商务的兴起又为移动支付提供了广阔的商用平台。近年来,由于科技进步和互联网业务的快速发展,支付领域涌现出众多参与主体,尤其是以支付宝、微信为代表的第三方支付机构迅速占领移动支付市场,银行统领转账结算业务的局面被打破。2024 年中国第三方综合支付市场的交易份额如图 9-6 所示。

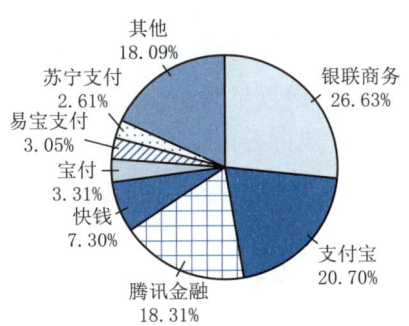

图 9-6 2024 年中国第三方综合支付市场的交易份额

随着信息技术的迅猛发展,移动支付业务在全球范围内得到了广泛的应用和发展。多种新型支付方式如 NFC、二维码、掌纹支付和人脸支付等不断涌现,极大地丰富了消费者的支付选择,提升了支付效率与安全性。2010年年底,随着互联网技术的进步,二维码及相关技术在国内得到了广泛的普及和应用。二维码作为一种信息存储、传输和识别的基础工具,因其便捷性和低成本迅速成为线上线下支付的重要手段之一。用户仅需通过手机扫描商家提供的二维码即可快速完成支付过程,极大地方便了用户的日常生活。银联推出的"云闪付"服务,作为NFC支付的一种典型代表,为消费者提供了一种更为安全、快捷的支付方式。NFC支付属于近场支付范畴,允许用户在购买商品或服务时,通过具备NFC功能的手机或其他设备与POS收款机或自助售货机等终端进行近距离无线通信来完成支付操作。相较于二维码支付,NFC支付具有更高的安全性和便利性。它的安全性主要体现在以下三个方面:第一,NFC中的信息并非静态的,因此,破译者无法直接读取复制;第二,获得账户信息需要与POS机双向认证,没有认证密钥的非法设备无法获得账号信息;第三,每次交易的数据都是由NFC芯片内的随机数发生器产生临时密钥,只当次有效,所以即使得到NFC数据也无法复制交易。近年来,生物识别支付技术也在迅速崛起,尤其是掌纹支付和人脸支付正在以前所未有的速度渗透到各类消费场景中。中国电子商务研究中心2025年第一季度发布的《中国新型支付应用趋势报告》显示,生物识别支付在一线城市的渗透率已经达到38.7%,同比增长62%。

2017年12月,中国银联携手商业银行、支付机构在北京共同发布银行业统一App"云闪付"。作为各方联手打造的全新移动端统一入口,"云闪付"App汇聚各家机构的移动支付功能与权益优惠,致力成为消费者省钱省心的移动支付管家。消费者通过"云闪付"App即可绑定和管理各类银行账户,并使用各家银行的移动支付服务及优惠权益。虽然目前,支付宝及微信支付仍然占据较大市场,但银联"云闪付"也在积极布局,凭借其独特的优势,实现衣食住行、线上线下以及国内外主要支付场景的全面覆盖。截至2023年12月,银联"云闪付"App用户数已突破5亿个。

四、跨境支付

随着比特币逐渐广为人知,人们开始将目光转移到其身后的区块链技术上。区块链是一个集对点网络、密码学、分布式计算、数据储存、共识算法等核心底层技术于一体的技术体系,其最大的特点是去中心化。而比特币是第一个采用区块链技术构建的点对点电子货币系统应用。它不需要中央银行发行,不受任何监管控制的加密货币,采用去中心化的运作模式,个人之间可以直接进行电子现金支付,每笔交易被记录在区块上。比特币去中心化的原则绕过了银行、国家主权货币等传统体系,对银行体系造成了巨大的威胁和挑战。

现阶段,跨境支付存在中间环节太多、时效性差、费用较高等问题。在跨境支付的过程中,每一个机构都拥有自身账务系统,每笔交易需要在本银行记录,还要与交易对手进行清算和对账等,导致交易速度慢、成本高。从事跨境支付业务的旧金山数字支付公司(Ripple Lab),被认为是世界前列的区块链技术公司。各国支付体系的标准不同,均依托于全球同业银行金融电讯协会(SWIFT),跨境支付慢且贵,而Ripple Lab的技术相当于基础架构协议,让不同的支付体系进行交流,银行无须中央对手方或代理银行,可实现直接、即时的交易,降低总结算费用。

国内已经有民生银行、招商银行、平安集团等先后加入了国际区块链组织,进行标准的统一制定与合作。同时各大银行加强自身技术的研发与应用,在不同的领域进行积极尝试。国内大型金融机构区块链技术的应用,如表 9-6 所示。目前招商银行采用了区块链直连跨境支付应用技术,即中国内地的南海控股有限公司通过永隆银行向其在中国香港地区的同名账户实现跨境支付。这在我国区块链应用领域具有里程碑意义。相较于传统的跨境支付方式,区块链跨境清算系统具有如下几个方面的优势:一是架构优化带来的效率提升,点对点的网络架构使链上任意节点都可以互联互通,减少了传递时间;二是高度安全性,私有链的封闭网络环境和区块链防篡改技术特性,保证了报文的真实性和不可篡改性;三是高度可用性,由于分布式架构没有核心节点,不会出现单点失效而使整个系统崩溃的情况;四是高扩展性,同业银行可以以较低的成本纳入系统,便于搭建一个覆盖面更广的跨行区块链清算平台。

表 9-6　国内大型金融机构区块链技术的应用

银　行	区块链技术的应用
民生银行	2016 年 6 月加入国际区块链联盟 R3,搭建区块链云平台。民生银行加入 R3 的目的是寻求与国际大型金融机构的合作机会、学习并探索区块链分布式账簿技术的业务模式。可以看出中国银行机构加入 R3 大都报以学习的心态
平安集团	平安集团已有团队在多个场景下探索区块链技术应用,其中资产交易和征信两个场景已经上线并真正开始交易
招商银行	主要将区块链技术应用到直连清算系统,这是招商银行内部用于跨境清算的系统。招商银行有六个海外机构,一个子行,五个分行,子行是永隆银行,五家分行分别是中国香港分行、新加坡分行、伦敦分行、卢森堡分行、纽约分行。以往只支持分行与总行之间清算。在这个跨境清算场景下,区块链比较适配。去中心化的系统,使分行之间也可以发起清算请求。而在这个私有链封闭的网络环境下,安全性也能得到保证。同时,原来分钟级的报文传递变成秒级
中国邮储银行	中国邮政储蓄银行与国际商业机器(中国)有限公司(IBM)宣布推出基于区块链的资产托管系统。在系统上线运行近 3 个月时间内,完成了上百笔交易。这是区块链技术首次应用于银行核心业务系统。邮储银行推出的区块链解决方案实现了信息的多方实时共享,免去了重复信用校验的过程,能将原有业务环节缩短 60％至 80％,令信用交换更为高效

第四节　商业银行基础设施的建设与优化

金融基础设施是银行转型升级的基础。随着金融科技的发展,银行"存、贷、汇"等基础功能已经受到较大冲击,处于与金融科技加速融合创新的新阶段。在此过程中,银行需要大幅优化提升相关硬件配置,通过基础设施的转型升级,确保科学技术从银行的后台走向前端,进一步提高经营效率,降低服务成本。

借鉴国外的实践经验,提升金融科技应用能力可以从两大维度着手:一是提升基础设施水平,主要包括移动互联、云计算、大数据、区块链、人工智能等金融科技核心技术的掌握和运用;二是打造"金融科技银行",加快向"网络化、数据化和智能化"转型,实现网络化、数据化、智能化三个阶段依次递进、持续跃升。商业银行金融科技能力提升的总体路径,如图 9-7 所示。

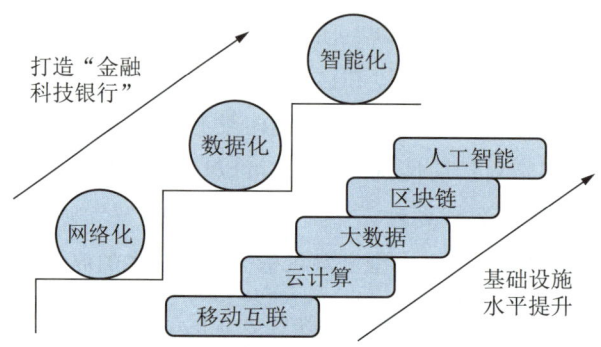

图 9-7　商业银行金融科技能力提升的总体路径

资料来源:李克超,《商业银行应用金融科技:策略、目标与路径》,《金融纵横》2018 年第 5 期。

随着移动互联网在我国的普及,商业银行已经基本实现了网络化建设。这一阶段已经实现用户在移动化场景模式下的支付流程。通过技术研发,不断将加密算法、生物识别等技术运用到客户身份认证中,加强支付的安全性。

数据化建设对基础设施性能要求较高。❶分布式数据库的建立。目前银行的数据应用仍以数据库集中分析为主,对实时数据的动态分析、分布式分析的能力相对欠缺,导致在数据收集和清洗上耗费大量的时间成本,难以适应区块链模式下的大数据管理方向。因此,银行必须进一步强化大数据分析应用,打造新型数据生态系统,建立大数据分析基础设施。区块链低成本高效率的数字化和自动化能力可以很好地解决银行业务系统内前后台流程长、环节多等问题,引领银行业新业务格局的形成。通过构建银行的区块链网络架构,植入标准化的数字智能合约和自动化操作流程,减少不必要的业务程序,加强银行各层级之间的联系。❷数据中心的升级。需要创造性地合并银行内外部数据,搭建银行大数据处理中心。以内部信息技术为基础,整合银行内部各业务单位的客户关系信息,将各类渠道交易中的客户信息综合起来进行数据分析。同时,打破传统数据边界,综合利用大量的社会化数据。随着外部信用评级的崛起,银行更应该积极建立与第三方的数据共享机制,引入外部数据,加强商业银行与互联网企业 IT 架构方面的交流,提升其兼容性与可用性,以全面的数据分析弥补当前银行传统数据库单一、程序化的缺点。

智能化的建设需要在网络化和数字化基础上,从商业模式、基础设备、业务流程等多维度进行设计重构。一方面,通过全面整合社交网络、移动场景的银行服务入口,借助网络、手机等渠道建立满足多种客户需求的服务平台。同时,通过对各服务通道中客户信息与行为数据的收集,整合客户报告,为银行的智能化建设提供数据基础。另一方面,在充分掌握客户全方位数据的基础上,深入分析客户的行为偏好,洞悉他们对金融产品及服务的需求,建立新型的信息化投资策略模型,为客户进行有针对性的产品推介,实现智能化。智能化银行的核心就是智能化技术与设备的全面应用,运用物联网技术推行智能设备,改造服务流程以提高网点综合服务水平,构建更多的场景化服务形态,改善人机交互模式,提供智能化投资决策。

本章小结

1. 技术革命推动了银行从电子化、网络化、移动化到数字化的变革和创新。

2. 金融科技浪潮下,商业银行面临着从宏观环境到微观业务上的多重竞争压力:一是国内外监管基调趋紧,国内金融市场环境严峻;二是商业银行在支付转账、储蓄和信贷等各业务领域均面临竞争。在这种内外双重竞争环境下,商业银行主要通过两种途径实现其自身经营与金融科技的融合,一是银行自身成立金融科技子公司,二是寻求与互联网公司、科技公司的外部战略合作。

3. 金融科技在银行用户交互方面的应用主要包括金融场景化、银行系电商、智能营销和智能客服。

4. 在金融科技浪潮中,我国各大银行不断加快支付、信贷、客户服务等领域的布局,智能投顾、智能风控、移动支付、跨境支付等多金融应用场景体验,有效降低了金融机构的运营成本,提升了商业银行的服务能力。

5. 提升金融科技应用能力可以从两大维度着手:一是提升基础设施水平,主要包括移动互联、云计算、大数据、区块链、人工智能等金融科技核心技术的掌握和运用;二是打造“金融科技银行”,加快向“网络化、数据化和智能化”转型,实现网络化、数据化、智能化三个阶段依次递进、持续跃升。

复习思考题

1. 商业银行经历了怎样的金融科技发展路径?

2. 促进商业银行智能化转型的原因有哪些?

3. 商业银行利用科技的力量进行了哪些业务模式的创新?

4. 商业银行未来进一步增强金融科技应用能力的方向是什么?

第十章

金融科技与另类信贷

🎯 学习目标

1. 掌握另类信贷的基本概念和类型。
2. 了解科技对另类信贷用户交互领域应用与发展的影响。
3. 了解科技对另类信贷业务开发和升级的促进作用。
4. 了解另类信贷业务的基础设施的建设和优化。

📖 引导案例

上海拍拍贷金融信息服务有限公司（简称"拍拍贷"）成立于 2007 年 6 月,是中国第一家网络信用借贷平台。借助科技,拍拍贷在盈利能力、交易量、用户数等方面都取得了大幅的提升。对比传统银行的风控考察借款人的 70～80 个数据维度,拍拍贷自主研发的"魔镜"智能风控系统考察借款人的 400 个数据维度,包括借款人的社交网络数据和在拍拍贷上申请借款流程上的行为数据。其对每一笔借款进行评级并精准定价,实现了审核的全自动化。在贷中智能反欺诈方面,魔镜智能风控系统中依赖 76 亿个关联数据、7 000 万名用户、71 万个图案样本、对抗网络建立的反欺诈调查的风险识别利器——"明镜"反欺诈平台,使得反欺诈调查效能提高 70%,同时减少成本;再加上贷后智能催收机器人"智牛"的高效使用,真正从贷前到贷后全方位做到风险可控,这也使得拍拍贷能够更大范围地服务更多的人群。

此外,运营环节的效率优化进一步改进了借款人的用户体验。审核业务于 2017 年 9 月实现自动化,每天促成借款约 4.4 万笔,使借款人能够在分钟级时间内完成审核;OCR 技术的应用也使银行卡识别速度小于 0.5 秒/张,身份证识别速度小于 1 秒/张,识别率均在 99.5% 以上;基于自然语言处理和深度学习的智能客服机器人也已覆盖数千万名用户,每天解答客户疑问近百万条,借款人可 24 小时随时咨询,方便快捷。截至 2024 年 3 月累计放款金额 8 377.62 亿元,累计注册用户 1.587 亿名。

思考题：

1. 结合案例中"魔镜"智能风控系统和"明镜"反欺诈平台的技术应用，另类信贷在用户交互和业务风控领域与传统银行相比，展现出哪些独特优势？

2. 拍拍贷的运营模式对另类信贷行业的可持续发展有哪些借鉴意义？

第一节　另类信贷的概念与分类

向借款人提供贷款是银行为客户提供的核心业务之一，但当个人或者企业无法获得传统银行贷款的时候，另类信贷应运而生。

一、另类信贷的概念

另类信贷（alternative lending）是指非银行的贷款人在市场上给借款人提供贷款的借贷形式。提供贷款的另类信贷公司包括：小额贷款公司、提供贷款业务的担保公司、财务公司、金融租赁公司、典当公司、有借贷业务的保险公司，以及专门的贷款公司等。

随着互联网的迅速发展，金融科技与另类信贷市场结合，逐渐走入公众的视野。根据目前市场另类信贷的活跃情况，可以将另类信贷分为网络借贷和互联网消费金融。

网络借贷是指贷款人通过互联网平台向个体或商户提供贷款的借贷形式，包括个体网络借贷和电子商务小额贷款。个体网络借贷是指个体之间通过互联网平台实现的直接借贷，俗称P2P（peer-to-peer）网络借贷，其资产来源呈现小额、分散的形式；而电子商务小额贷款是指电商企业通过其控制的小额贷款公司，利用互联网向其平台上的小微企业提供的小额贷款，其资产来源呈现批发的形式。

互联网消费金融是指由互联网企业、消费金融公司等市场主体出资成立的非存款性借贷公司，以互联网技术与信息通信技术为工具，以满足个人或家庭的买房、买车、医疗、教育、旅游、装修等消费需求，向其出借资金并分期偿还的信用活动。

专栏 10-1

美国另类信贷市场

美国2008年金融危机对银行的风险和贷款能力产生了巨大的影响，金融机构和监管机构创造了美国历史上最严格的贷款环境。在这种环境下，非银行贷款机构开始抢占市场份额，另类信贷逐步崛起。美国的另类信贷市场主要包括抵押贷款市场和消费信贷市场。

抵押贷款的需求受房屋销售、房地产市场状况、经济环境、抵押贷款利率和再融资前景等多方面因素的影响。金融危机后，抵押贷款市场的动荡给非银另类贷款机构的发展提供了良好的发展机遇，相对宽松的监管环境也有利于另类信贷市场的快速发展。

消费信贷提供者包括商业银行、财务公司、储蓄机构、信用合作社、非金融的企业机构及证券化资产集合等。其中，非银行贷款机构占据整个消费信贷市场大约60％的份额。

另类信贷公司在使用金融科技进行产品和服务创新方面比商业银行更加积极。随着互联网技术的发展，类似于 Lending Club 和 OnDeck 等在线借贷平台开始逐步走入人们的生活，为借款者提供了传统银行之外的贷款选择。美国大型另类信贷公司，如表 10-1 所示。

表 10-1　美国大型另类信贷公司

公司名称	公司介绍
SoFi(Social Finance)	另类市场借贷方，关注学生贷款
AvantCredit	另类市场借贷方，关注消费者
Pave	另类市场借贷方(P2P)
Affirm	以千禧一代为重点销售对象，提供分期贷款业务
Earnest	另类市场借贷方，关注个人和学生贷
CommonBond	另类市场借贷方，关注学生贷款和 P2P 业务
Mosaic	专注于住宅太阳能项目的市场借贷方
Prosper	提供线上 P2P 业务
Kabbage	另类市场借贷方，关注小微企业
Bond Street	线上小微企业借贷方

思考题：

1. 结合美国 2008 年金融危机后的经济环境与监管政策，另类信贷市场崛起的核心驱动因素有哪些？

2. 从另类信贷业务创新的角度，对比分析 SoFi、Affirm、Kabbage 等不同类型另类信贷公司的市场定位与产品特色，并讨论它们如何通过金融科技实现差异化竞争。

二、网络借贷

（一）个体网络借贷

个体网络借贷又称 P2P 网络借贷，除前文所述其概念，其也指借助第三方平台实现借款方和投资方的借贷交易，其主要贷款对象为短期、小额借贷者，本质上属于民间借贷。

P2P 平台从性质上来看属于信息中介平台，本身不承担信用风险，对风险进行尽职调查后起到匹配融资者和投资者的作用，为借款人和出借人实现直接借贷提供信息搜集、信息公布、资信评估、信息交互、借贷撮合等服务，获得服务费和管理费。

P2P 网络借贷的主要特点包括：一是直接透明，出借人与借款人直接签署个人借贷合同，一对一地了解对方的身份信息、信用信息，出借人及时获知借款人的还款进度；二是信用甄别,出借人可以对借款人的资信进行评估和选择,信用级别高的借款人将得到优先满足,其得到的贷款利率也可能更优惠;三是风险分散,出借人将资金分散给多个借款人对象,同时提供小额度的贷款,风险得到了最大程度的分散;四是门槛低、渠道成本低,P2P网络借贷使每个人都可以成为信用的传播者和使用者,信用交易可以很便捷地进行,社会闲散资金可以更好地进行配置。

P2P网络借贷发展过程如下:

(1)萌芽期。2007年到2013年为我国P2P网络借贷的萌芽期。自2007年,P2P网络借贷被引进我国后,媒体的报道及P2P相关金融知识的普及逐步提高了公众对P2P网络借贷这一新兴贷款模式的接受度。早期的运营主要复制了国外的模式,基于征信系统进行审核贷款,但在早期,我国的个人征信体系发展并不完善,所以发展较为缓慢。

(2)期望膨胀期。2014年到2016年为我国P2P网络借贷的期望膨胀期,在这个阶段,国内的监管环境较为宽松,银行贷款的收紧让一些小微企业的融资更加困难。政策和环境的因素推动了P2P网络借贷的迅速发展,大量的创业者进入此行业。一些大型金融公司及互联网巨头也开始创建P2P平台,整个行业呈现出爆发式的增长态势。

(3)低谷及退出期。2016年后,随着P2P网络借贷平台数量的激增,问题也逐渐暴露出来,"跑路"和倒闭的企业频现,恶性事件频发,公众开始对整个行业产生不信任感,P2P网络借贷进入低谷期。在此时期,为了防范风险,监管开始收紧,各项规范和监管性质的政策陆续出台。据统计,截至2018年1月,我国P2P平台累计达6 016家,2018年新增平台数为46家,其中正常运营的平台数为1 906家,累计问题平台数为4 110家,较2017年年末大幅减少55.47%。自2019年以来,P2P行业以清退为主要方向,无新增平台加入。到2019年7月月底,正常运营平台数量更是跌破800家。2020年,更多的省、自治区、直辖市逐渐跟进,3月以后,内蒙古、陕西、吉林、黑龙江相继宣布取缔辖内P2P,共累计13个省、自治区、直辖市官宣全面取缔P2P网络借贷。全国实际运营的P2P网贷机构,由高峰时期的约5 000家逐渐减少,到2020年11月中旬完全归零。这意味着P2P网贷机构已全面清退。

专栏 10-2

加德纳技术成熟度曲线

根据加德纳技术成熟度曲线①,技术成熟需要经过五个阶段。

第一阶段为技术萌芽期,技术产品早期的概念会引起媒体的兴趣和公众的关注。

第二阶段为期望膨胀期,人们纷纷采用这种新技术,产生一大部分成功的案例。

第三阶段为低谷期,随着失败案例不断出现,人们开始对新技术失去兴趣和热情,不断有技术产品厂商退出市场。

第四阶段为复苏期,人们开始理性思考并改进技术,从实际出发考虑技术的价值。

---

① 加德纳技术成熟度曲线是根据技术发展周期理论来分析新技术发展周期的曲线。

第五阶段为成熟期,该种技术已经广泛应用。

加德纳技术成熟度曲线如图 10-1 所示。

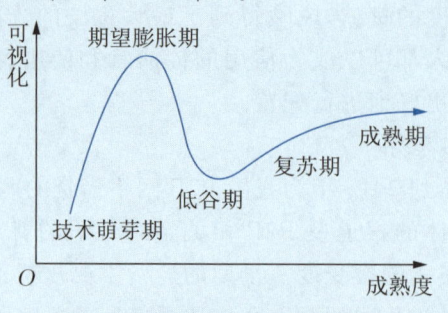

图 10-1　加德纳技术成熟度曲线

思考题:

1. 参考加德纳技术成熟度曲线,当前金融科技(如大数据风控、AI 智能决策)在另类信贷业务中的应用分别处于哪个发展阶段?

2. 以某一新兴技术在消费信贷或小微企业信贷中的应用为例,说明不同技术成熟阶段对业务发展的影响。

(二) 电子商务小额贷款

电子商务小额贷款,除前文所述其概念,其也指电商企业利用互联网、云计算等信息化手段,对其长期积累的平台客户交易数据进行深度的挖掘和分析,通过自建小额贷款公司或与银行合作的方式,向其平台上的小微企业提供信贷服务的模式。

电子商务小额贷款公司从性质上看,属于信用中介平台。其先通过自身设立的实体或者网络小额贷款公司向供应商或者消费者发放贷款,然后通过互联网金融平台或证券交易所将获得的资产打包,切割为不同数量、不同还款时间的贷款,再将其提供给不同需求的出借人进行投资,以此获得利差收入。这本质上属于金融业务。

电子商务小额贷款的核心是线上小额贷款,与传统金融的小额贷款的主要区别在于投放渠道和业务流程发生了改变。电商企业平台集聚了大量小微企业,并积累了大量交易信息,依此可评价其平台上小微企业征信状况。借助电商的大量交易数据及行为数据,可以较好地掌握借贷者的信用状况,同时借助互联网,大量的数据处理可以通过远程计算机中心进行集中处理。基于互联网的"信贷工厂"模式可以更加便捷和高效地进行贷款的审批。

专栏 10-3

电子商务小额贷款的起源与发展

小微企业、个体工商户是我国重要的经济资源,是最具活力的经济细胞,创造着巨大的社会财富和就业机会。近年来,随着我国政策的引导和推进,小额贷款获得了更大的支持,但还是有许多小微企业无法获得足够的贷款,以至于其发展受到制约。在互联网金融发展背景下,许多电商企业,如阿里巴巴、京东都积极开展新的小额贷款业务模式,让金融科技与小额贷款相结合,推出电子商务小额贷款(简称"电商小贷")服务,如阿里小贷、京东金融和民生易贷等。

2007年,阿里联合建行、工行向会员企业推出网络联合贷款服务。三家及以上的企业组成联合体,无须抵押便可通过阿里巴巴向银行申请贷款。商户向阿里巴巴平台提出贷款申请后,阿里巴巴对商户的征信信息进行云计算和大数据分析,并将客户资源和信用额度提供给银行做信用评价和贷款审核。银行审核通过后,商户无须抵押便可获得小额贷款。这种网络联保贷款模式便是电子商务小额贷款的雏形。2010年,阿里巴巴建立了浙江阿里巴巴小额贷款股份有限公司,以小微企业为主要服务对象。2011年其正式中断与建行、工行的贷款合作,开始独立发展。阿里小贷依托于阿里巴巴强大的数据库,通过云计算来对用户数据进行分析处理,产生用户的信用数据,以此确定用户授信额度,实现信贷扁平化。此后,苏宁、京东等电商巨头纷纷进入小贷领域。随着电商平台在人们的生活中占据着日益重要的地位,电商小贷的规模也不断扩大,相关的产品也越来越丰富。

自2017年以来,小贷公司数量持续下降。随着监管趋严,大量实力较弱、合规性不足的小贷公司逐渐被市场淘汰。

然而,头部互联网企业旗下的小贷业务却在积极布局与扩张。自2023年起,财付通小贷、京东小贷、中融小贷、西岸小贷等多家小贷公司纷纷增资。2023年12月,字节跳动旗下深圳市中融小额贷款有限公司注册资本由90亿元增加至190亿元,超越腾讯旗下财付通小贷与蚂蚁集团旗下蚂蚁小贷的注册资本规模。大厂旗下网络小贷频繁增资,主要因为业务发展迅速,外部融资需求旺盛,需要通过增加注册资本金以满足合规要求。在融资渠道方面,在监管政策框架内,小贷公司也在积极探索新的融资途径。2024年1月,被视为小贷公司重要融资途径的ABN(资产支持票据)再次开闸。

电商小贷行业的产品创新也在持续推进,为满足电商商家多样化的融资需求,各类场景化金融产品不断涌现。例如,结合电商供应链场景,推出供应链金融产品,为处于供应链上下游的电商企业提供资金支持,解决其在采购、生产、销售等环节的资金周转问题;针对消费者的消费金融产品,进一步刺激了电商平台的消费活力,促进了电商业务的增长。

思考题:

1. 头部互联网企业在电商小贷领域持续加大投入,这对整个行业的竞争格局会产生怎样的长期影响? 小型电商小贷公司应如何在这种竞争环境中找到生存与发展的空间?

2. 在金融科技快速发展的背景下,人工智能、大数据等技术在电商小贷的风险评估、客户服务等环节已经得到广泛应用。电商小贷公司应如何加强技术研发与应用能力,以提升自身的核心竞争力?

三、互联网消费金融

2015 年 7 月 18 日,中国人民银行等十部委联合发布了《关于促进互联网金融健康发展的指导意见》,其认为互联网消费金融是消费金融公司通过互联网开展的业务。这个概念较为严格,更加普遍的概念如下:互联网消费金融是指由互联网企业、消费金融公司等市场主体出资成立的非存款性借贷公司,以互联网技术与信息通信技术为工具,以满足个人或家庭的买房、买车、医疗、教育、旅游、装修等消费需求,向其出借资金并分期偿还的信用活动。

分期付款是互联网消费金融的重要形式,它可以使消费者在资金暂时不足的情况下提前购买到心仪的产品。

电商企业旗下的信贷分期业务和银行提供的信用卡业务一样,可在授信额度内分期购买商品。其与自身的电商平台联系紧密,相辅相成,拥有审批速度快、服务方式灵活、运行成本低、交易成本低等优点。其既增加了自身电商平台的业务量,也给电商平台的消费者提供了便捷。

消费分期网站是一种创新型的小微消费金融商业模式。消费分期网站的特点包括:第一,网站注册便捷,可以迅速完成消费,进入门槛低;第二,审贷、批贷、放贷周期短,给客户带来较好的消费体验;第三,基本采取零首付、等额本息方式还款,客户还款压力较小;第四,涉及消费面广,包含产品消费、餐饮消费、教育消费、培训消费等项目,能够有效满足客户多样化的消费需求。

2023 年,中国互联网消费金融行业放款规模增长 30.95% 至 27.5 万亿元。这一快速增长不仅改变了消费者的消费方式,也对金融市场格局产生了深远影响。消费金融借助高效便捷的互联网,构建了投资者、融资者、生产者、消费者共赢的生态圈。未来以生活消费为目标的小额化、短期化的消费信贷将继续扩张,消费人群也将从白领扩展到蓝领、农村人口等。监管也会更加合理规范,以技术规避风险,以科技监管科技将成为未来的主流。

专栏 10-4

我国互联网消费金融发展情况

在经济新常态的时代背景下,我国的消费市场存在巨大的发展潜力,消费成为拉动我国经济增长的强劲动力,2022 年,我国家庭最终消费(包括政府消费和家庭消费)占 GDP 的比重为 37%;2023 年,居民消费占 GDP 比为 39.2%。我国的消费金融市场也正处于发展阶段,未来大有可期。

随着我国居民消费观念的与时俱进,收入水平的逐步提高,消费信贷占总消费支出的占比也逐年提升,2008 年仅占比 3.6%,2016 年已经增长至 16%,但远低于韩国的 41% 和美国的 30%。我国消费信贷占 GDP 的比重也仅为 7% 左右,远低于韩国的 24%,美国的 20%。我国消费信贷还存在巨大的增长空间。

2024 年 1 月至 12 月,全国社会消费品零售总额达 48.78 万亿元,比上年增长 3.5％。其中,全国网上零售额比上年增长 7.2％;实物商品网上零售额达到 13.08 万亿元,比上年增长 6.5％,占社会消费品零售总额的比重为 26.8％,增速快于社会消费品零售总额 3 个百分点。从与网购密切相关的邮政快递业情况看,全国邮政快递业务量比上年增长 21％。从此项数据可以看出,互联网消费保持了良好的增长速度,有着巨大的增长潜力,在拉动全社会的消费增长方面起到不可或缺的支撑型力量,在我国经济发展中扮演着越来越重要的角色。

我国狭义消费信贷余额规模继续保持增长态势,已从 2014 年的 4.2 万亿元人民币上升至 2023 年的超过 20 万亿元。

目前,对比美国,我国的居民消费信贷占据国内居民可支配收入的比例还不高,还有很大的提升空间,互联网金融的逐渐普及将持续推动消费信贷的发展和转型。

思考题:

1. 结合案例,互联网消费金融未来增长的主要动力可能来自哪些群体或场景?

2. 从消费金融渗透率的角度,探讨如何通过互联网消费金融提升居民消费对经济增长的贡献率。

第二节　另类信贷用户交互领域的技术应用与发展

一、网络借贷的用户交互

传统的民间借贷是在线下进行的,通常会存在借贷双方不匹配的问题,资金需求者找不到出借人,有多余资金的出借人找不到借款人。随着金融科技的发展,在客户开发上,线下的借贷逐步转变为线上与线下并行的模式,互联网技术的运用使得出借人和借款人的信息能够被有效地传递和整合,借贷双方能够突破时间和空间的限制,从而实现资源有效的配置。

金融科技对前端的优化主要体现在流程。网络借贷平台将大数据应用于平台的客户服务功能,通过大数据来优化客户的开发和服务,具体是指通过互联网技术从各个维度和层面来收集有用的信息,服务于网络借贷业务的用户开拓。

一方面,网络借贷平台可以借助大数据的应用,来锁定精确人群,预测他们的投资意愿和投资倾向。在出借人使用网络借贷平台进行投资时,大数据的应用还可以根据投资者个人的喜好和消费习惯等因素为其提供更为详细的投资信息,定制个性化的投资方案。对于借款人,平台可以通过大数据的应用,根据借款人的信用、工作、住所、消费需求等信息,为借款人匹配更加合适的出借人或者贷款产品,以适应借款人的个性化需求。

另一方面,由于借款者具有较强的地域特征,线下的小额贷款公司可能会拥有当地更多的客户资源和客户信息。网络借贷的线上平台还可以通过大数据的分析，来寻求合适的线下合作，与线下的小额贷款公司及担保公司进行合作，来开发线下的客户，或者进行债权转让。大数据与线下信息整合，可以有效地解决信息不对称，更充分地开发平台客户。

二、互联网消费金融的用户交互

大数据技术在互联网消费金融领域的发展创新中也扮演着至关重要的角色。互联网消费金融，可以通过大数据采集、筛选来挖掘潜在客户，通过客户的行为数据来构建用户画像及关系图谱，对用户进行精准营销。应用大数据可以以更少的成本开发出更多的有效客户。

互联网消费金融通常需要资金提供方和消费供给方进行合作，消费与信贷相辅相成，几乎同时发生。这与传统现金贷款业务中消费与信贷分离的情况有所区别。消费信贷需求者通常出现于不同的消费场景下，将生活中的高频场景作为互联网消费金融的切入口，在具体的消费场景中嵌入合适的互联网消费产品，可以抓住不同客户的消费需求，来吸引对应的消费信贷需求。在选择场景时，需要选择生活中常见的场景，如衣食住行玩。这些看似普通的场景反而能更大范围地覆盖消费人群，吸引众多的普通消费者。

在开发新的消费场景时，可以通过大数据分析，挖掘更多有价值的场景。例如，大学生分期购买手机的情形具有高频性，可以作为有效场景植入消费金融产品。在同一消费场景下，也可以将消费者按照特征进行分类，如：租房场景下，可以分为学生租房和其他租房需求；家装场景下，可以按照装潢层次进行区分。将各种消费者进行区分，依托场景化的布局，围绕其个性化的需求定制产品，做到精确化地定位客户，有利于开发更多的潜在消费信贷客户，提供更加专业化的服务。我国互联网消费金融的主要场景分类，如表10-2所示。

表 10-2　我国互联网消费金融的主要场景分类

场景分类	服务形式	信贷对象	主要机构
电商场景	在电商平台购买商品和服务时进行分期支付或者小额贷款	网络购物消费人群	蚂蚁集团、京东金融、苏宁金融
医美场景	用于购买医疗美容机构服务的分期贷款	有整形、医美需求的消费人群	新氧、百度有钱花
教育场景	用于购买教育培训产品或服务的贷款，包括各种考试培训资料、考试费用、学费等贷款	有学习、提升工技能需求的学生或职业人士	百度有钱花、京东教育白条
汽车场景	用于购置车辆的贷款	有购车需求的人群	易鑫车贷

场景分类	服务形式	信贷对象	主要机构
旅游场景	用于旅游需求,包括机票、酒店、景点或者一站式服务的贷款	有旅游需求的人群	携程、途牛、去哪儿
租房场景	用于租房的贷款	有租房需求的学生或工作人士	58月付、自如白条
家装场景	用于住房家装,包括设计、施工、家具购买的贷款	有装潢需求的人群	小窝金服
婚庆场景	用于婚礼设计、婚礼筹办等贷款	有婚庆需求的人群	结婚乐
其他消费场景	为其他消费场景提供服务的贷款	有其他消费需求的人群	其他互联网消费金融机构

第三节　另类信贷业务的开发与改进

一、互联网消费金融业务的开发与改进

(一)电商系消费金融平台

电商系消费金融平台,可以利用自身的一系列优势来对产品和业务进行优化。

第一,利用用户黏性自动匹配消费信贷。电商平台利用其自身电商平台的流量优势,实现场景流量变现,逐步将业务拓展至金融服务领域,通过与自有线上、线下消费场景的强关联打造消费及金融服务生态闭环。包括阿里巴巴、京东、苏宁、抖音商城、拼多多在内的各大电商平台具有天然的客户优势,平台积累的庞大消费人群对平台有很强的用户黏性。客户在需要消费信贷时,会更愿意选择在消费同时取得快速信贷的方式。电商平台利用本身的用户黏性,建立自动化流程来自动匹配消费信贷,进而建立与旗下的消费金融公司的联系,将产品快捷、易用地传递给消费者。

第二,利用服务渗透能力来优化业务运作。电商平台能收集消费者在线上消费的记录,智能化分析用户的消费行为和消费习惯。在对消费者进行精确化分析后,平台设计出恰当的互联网消费金融产品,解决用户支付不便或者资金紧张的问题。如此,扩展了电商系消费金融平台的业务,具有很强的渗透性。例如,2013年京东金融开始独立运营,2014年消费金融产品"京东白条"推出,2015年拓展"京东白条"除电商平台外的业务,2016年推出"京东金条",进一步拓展消费信贷业务。字节跳动依托旗下抖音、今日头条等超级流量平台,积累了海量用户数据,推出了一系列消费金融产品。例如,抖音推出的"DOU分期",为用户在抖音商城购物时提供分期支付服务。字节跳动旗下的"放心

借"产品,与新网银行、中银消费金融等机构合作。

（二）消费分期网站

中国互联网消费金融发展十分迅速,线上与线下结合的 O2O 是一个重要的发展方向。其产品和业务需要不断地创新,不断地优化用户体验,才能适应消费者日益增长的个性化需求。上一节介绍的互联网消费金融场景化,通过构建线上、线下场景结合的创新金融服务,覆盖消费者全生活周期的消费场景,不仅优化了用户交互,也是一种业务层面的创新。通过智能化场景的选择,紧紧围绕用户的个性化需求,优化自身的服务流程,在个性化的场景中嵌入互联网消费金融产品,能更好地将用户、消费、信贷有机地结合在一起,创造出更有效的业务模式。

二、征信系统的改进

征信是金融业务的基础。征信系统通过大数据对筹资者进行信用评估。央行主导建设的央行征信系统,立足全国范围内个人和企业信贷信息全面共享应用,已成为全球规模最大、覆盖人口最多、收集信贷信息种类最全的征信系统。截至 2023 年 10 月,人行征信已接入法人机构 6 189 家,收录 11.64 亿名自然人、1.3 亿户企业和其他组织的信息。然而,大多数企业间的客户信用信息相互独立,尚未实现充分共享,信息孤岛现象较为突出。尤其在另类借贷行业,信息不对称问题极易滋生,进而引发信用风险,阻碍行业的健康发展。因此,需要建立一个统一的征信平台为行业提供基础的数据支持。传统的征信机构(如中诚信征信有限公司)与互联网征信机构(如芝麻信用、腾讯征信)合作,共享自身的数据资源,共建统一的征信体系。这样可以与侧重传统银行的央行征信中心形成差异互补,能很好地填补市场空白,促使金融行业形成完备的大数据征信体系,为用户提供更加全面、清晰、安全的金融业务,提升整个互联网金融行业的安全性。

百行征信有限公司(简称"百行征信")是拿到首张个人征信牌照的公司,主要股东包括消费、借贷、保险、理财及专业征信技术等方方面面的征信机构,也包括互金协会、芝麻信用、腾讯征信、前海征信等各领域征信的先行者。百行征信的数据源广大且质量高,但是目前存在的问题是各平台对个人信用评价的模型算法还不统一。其未来的发展方向是形成统一确定的征信模型,以确保信用数据能更加便捷高效地在业内传递。

三、风险控制的提升

风险控制是指风险管理者采取各种措施和方法,消灭或减少风险事件发生的各种可能性,或风险控制者减少风险事件发生时造成的损失。

（一）大数据技术加强风控

随着互联网消费金融的蓬勃发展,行业内企业数量逐步增多,各类型场景的消费金融公司百花齐放。但我国互联网消费金融的法律法规还不够完善,导致行业行为的不够规范,容易出现恶意欺诈行为,如消费信贷套现行为,此类欺诈行为通常发生在贷款中。大数据技术的应用,为规范互联网消费金融流程提供了有力手段,能精准地识别客户的基本信息,以及借贷需求是否存在异常值,从而提高反欺诈的能力。比如,有的客户借款后未将借款用于规定的用途,大数据技术能从贷前的信息分析识别出异常客户,阻止借贷行为的发生。

大数据风控,即使用大数据技术来进行风险控制,通过运用大数据构建模型的方法对借款人进行风险控制和风险提醒。金融科技公司如度小满、京东科技,利用大数据技术采集大量授信企业和个人的信息数据,整合为数据库,并在此基础上建立数据模型。

在大数据风控中,将贷前、贷中、贷后的风控有机结合起来,形成完整闭环,是确保风控体系严密性的关键。风险管理需要一个全面的流程,不能仅关注放贷之前的风险,放贷之后反而是风控的重要节点。很多异常情况往往会出现在放贷之后,比如,互联网消费金融的借贷者取得贷款后将自己名下的固定资产出售,或者产生其他增加还款风险的事项。这些贷后才出现的异常信息不能被忽视。贷后风控流程包括运用自动化技术来生成可拓展、个性化贷后管理方案,自动对客户在贷款后的网络行为进行追踪,识别出客户还款风险增加到一定程度时,便提示催收部门,采取主动催收等止损措施,能最大程度上减少损失。

以度小满为例,度小满在长期的信贷业务实践中,积累了丰富的数据资源与模型构建经验。识别信用风险的要点在于精准把握借款用户真实合理的资金需求,以及准确评估用户的还款意愿和能力。这主要涵盖三个层面:一是底层依托用户基础画像信息,包括用户的年龄、性别、学历、婚姻状况、职业、收入水平、消费能力、房车等资产状况,以及过往信用记录等。金融领域相较于电商等行业,对基础画像的准确性要求更为严苛,因其直接关联用户的实际还款能力。二是中层聚焦用户的基础行为需求模式,用户当前的资金行为往往与此前一段时间的行为存在紧密关联,通过分析这些行为模式,可有效预测用户的真实资金需求和未来还款表现。三是顶层关注用户的社会活动,遵循"物以类聚,人以群分"的原理,借助关联网络分析,不仅能够精准识别欺诈团伙,还能发现与还款意愿差的人关系密切的用户,其逾期风险通常较高;反之,与还款行为良好的用户关联紧密的人,逾期风险相对较低。通过综合考量用户的基础画像、行为需求和社会活动等多维度信息,挖掘用户真实合理的资金需求,评估其还款意愿和能力,从而构建出区分度高、可靠性强的风控模型。

大数据风控中,常用的数据模型包括信用评级模型和违约概率模型。信用评级模型收集借款人的年龄、工作、家庭等信息,再带入大数据模型中计算出借款人的信用等级,以此来估计违约风险。平台需要对数据库进行实时更新以确保违约风险预测的准确性。违约概率模型通过大数据的应用,对历史数据进行分析,从而预测出较准确的用户违约概率。

(二)区块链技术加强风控

区块链技术凭借其信息不可篡改的特性,为金融科技公司的风控工作开辟了新路径,尤其在征信环节。在借贷活动中,区块链可将真实交易记录完整存档,涵盖出借人与借款人的交易详情、违约信息、还款记录等关键数据。由于区块链上的信息一经记录便无法篡改,借贷双方能够通过查询区块链信息,全面、真实地了解对方信用状况,有效缓解了征信过程中的信息不对称问题。度小满金融尝试将区块链技术应用于部分业务的征信流程,使得信用信息更加透明、可靠,大大提升了风控决策的准确性。

四、不良资产处置方式的改进

在金融科技行业,随着业务规模的不断扩张,不良资产处置成为金融科技公司必须面对的问题之一。

传统的不良资产处置方式一般包括线下催收或者外包给其他催收公司等,这种传统的催收方式往往效率低下,存在回收时间长、回收比例低等问题。由于传统的民间借贷存在很强的地域特征,互联网的加入催生了严重的跨地域信息不对称情况,加剧了网络借贷平台的催收困难。美国商法联盟曾调查发现,逾期时间为一个月时,追账成功率为93.8%;逾期时间延长到半年时,追账成功率下降到57.8%;逾期时间达到两年时,追账成功率只有13.5%;逾期时间越长,欠款就越难追回。网络借贷平台需要积极面对逾期账款催收,改善不良资产处置方式,从而有效降低坏账风险。

利用"互联网+"不良资产解决方案,极大地解决了委单方、清收方等参与者的信息不对称、沟通成本高问题,同时可以打破地域限制,优化资金参与各方的资源配置。通过互联网可以将网络借贷平台的不良资产自动匹配至不良资产处置平台。不良资产处置平台包括资产拍卖平台(阿里拍卖、京东拍卖等)、交易撮合平台(灵蜂科技等)、数据信息平台(搜赖网等)和众筹投资平台(分金社等)。不良资产处置平台可以帮助进行竞价交易或者撮合交易,提高不良资产处置效率。

利用互联网技术实现线上线下联动催收。智能催收的主要革新部分在于催收策略。传统催收策略是根据行业经验和数据反馈来制定成本与回收率的最优催收方案。智能催收在此基础上运用机器学习、神经网络等算法,确定不同的客户在不同的时间最优的催收方式和催收频率,以此构建智能化催收策略,选择合适的资产处置方,通过大数据技术调查补全相关信息,为债权人和债务人提供信息沟通渠道,有利于拖欠款项的回收。

 **专栏 10-5**

消费金融——京东白条

京东白条是京东商城推出的允许消费者在京东商城购买所销售的商品时进行赊购(即先收取商品或享受服务、后付款)的一项金融服务,是业内第一款互联网消费金融产品。消费者在京东网站使用白条进行付款,可以享受账期内延后付款或者最长24期的分期付款方式。

用户画像:科技对前端获客的优化

用户画像是指综合运用统计学模型、文本挖掘、机器学习等多种技术,将在京东网站上收集到的海量用户数据转化为简单、形象、人机均可理解的行为标签,对用户进行更加深入的刻画。

通过用户画像,可以了解用户各种消费行为和需求,以此精准地刻画人群特征,将消费金融的需求人群进一步划分为兴趣人群和需求人群。兴趣人群是指对消费金融有过一定的关注的人群,如访问过相关的网站或者下载过相关的手机应用。需求人群是指已经有过消费金融产品申请记录的人群。当用户在使用京东商城进行购物时,京东对其用户画像计算也在同时进行,当识别出用户为兴趣人群时,可以为其提供加入白条免息等优惠措施来吸引兴趣人群转化为需求人群。

账户绑定:科技对业务需求的实现

京东白条相对于在电商平台绑定银行卡进行消费拥有自身的优势。在电商平台购物使用借记卡消费时,消费额度会受限于卡内余额;使用信用卡消费时,绑卡和使用存在一系列烦琐的验证程序。由于用户在电商平台的消费行为与其消费冲动紧密相关,在传统的银行卡支付条件下,用户可能会因为烦琐的验证程序和一两次的支付失败而取消下单。而用户使用京东白条时,支付手续大大简化。京东白条是平台的默认支付选项,用户在支付时,跳过了烦琐的验证程序,为用户节省了时间,也提高了使用京东白条的订单量。

风险控制:科技对后台业务效率的保证

(1)贷前信用评估。

用户在进行白条开通申请时,京东会基于其数据库里的用户消费行为数据,应用大数据建模技术来建立违约风险评估和额度测算的量化模型。

京东金融目前依靠京东内部的大数据平台,通过多维建模和机器学习算法等科技手段,建立起自有的一套独立的信用评估体系,借助该信用评估体系可以直接得出用户的信用评分,即京东商城白热度。信用评分结构,如图10-2所示。京东商城白热度主要是通过用户身份特征、用户资产情况、用户社会关系、用户履约记录和用户购物偏好,来预测用户的信用风险。

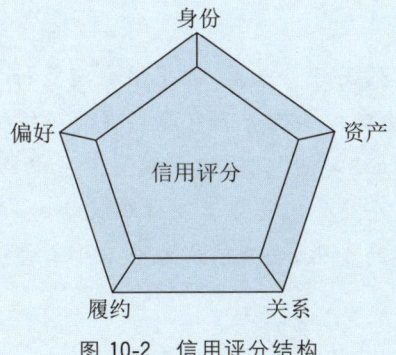

图 10-2　信用评分结构

(2)贷中客户行为监测。

京东白条的贷中风控主要体现于防套现和分期还款跟踪两方面。

小额消费信贷套现行为通常发生在贷中,不良客户和不法商家联合进行不法套现,将损害电商平台消费金融服务商的利益。京东通过大数据、云计算和机器学习等科技手段研发出的"天网"风控系统可以有效地防止京东白条的套现行为。"天网"风控系统包含了业内领先的实时风控系统、订单监控系统及用户信用评估系统等子系统。

京东白条的大部分用户的授信额度为 3 000 元至 6 000 元,在分期还款的情况下,每期还款的数额不大,用户的还款压力也不大,降低了用户因暂时偿付能力不足而产生的违约风险。另外,由于消费信贷实行分期偿还的机制,一旦用户在分期期间出现无法偿付的情况,京东平台会第一时间知晓并可以通过停止后续信贷额度的发放来加以防范违约风险,之后及时督促用户偿还拖欠款项,以此最大限度地防范京东白条的违约损失。

(3) 贷后欠款追偿。

传统的追偿手段包括短信提醒和电话催收的方式。京东金融独创的"司南"风险控制模型体系,囊括了申请评分模型、欺诈评分模型、套现识别模型、交易检测模型、催收评分模型等十几个模型。其中催收评分模型如表 10-3 所示,根据逾期期限和逾期账户的风险特征将逾期账户分为逾期提醒类(A 类)和逾期催收类(B 类)。

表 10-3 催收评分模型

逾期账户类型	逾期账户划分依据
逾期提醒类(A 类)	逾期不足 90 天,且不具备其他高风险特征
逾期催收类(B 类)	逾期超过 90 天,或逾期不足 90 天但具备其他高风险特征

逾期白条将进入催收系统,系统会根据逾期账户和工作量情况自动将京东白条的应收账款分配给内部催收团队和委托给外部催收团队。逾期提醒类账户的催收主要以内部催收为主,辅以外部催收。逾期催收类账户的催收工作主要由专业催收公司来展开。

思考题:

1. 从京东白条的贷前信用评估来看,利用用户消费行为数据建立量化模型的方式,相比传统信用评估方法有哪些优势和可能存在的局限性?

2. 参考京东金融独创的"司南"风险控制模型体系中的催收评分模型,其他网贷平台在构建自身不良资产处置的风险分类及催收策略时,应考虑哪些关键因素?

3. 面对消费金融市场的变化,互联网消费金融平台应如何调整发展策略以适应新的市场环境?

另类信贷行业对基础设施建设和优化主要体现于信息基础设施的优化上。例如,智能手机和智能硬件等实现了信息记录和收集的优化,通过分析收集的行为信息,可以对用户进行有效的信用评估,在消费金融场景开发中起到关键作用。同时,云计算、5G、专用芯片等技术的发展带来计算能力的进一步优化,极大地提升了分析这些复杂数据的能力。

第四节　另类信贷业务基础设施的建设与优化

在金融科技飞速发展的背景下,另类信贷行业迎来了新的发展机遇与挑战。尽管另类信贷行业主要聚焦于信贷业务,其基础设施建设和优化的要求相对商业银行可能较弱,但为了提升竞争力、降低风险并实现可持续发展,加强基础设施的建设和优化仍然至关重要。

一、大数据与云计算技术架构

数据是另类信贷业务开展风险评估、精准营销等工作的根基。大数据和云计算技术为另类信贷机构提供了强大的数据处理和存储能力,使其能够高效地收集、分析和应用海量数据。在数据采集层面,蚂蚁集团旗下的借呗、花呗等产品,通过与支付宝生态体系内的海量商家及用户交易数据联动,广泛收集借款人的消费行为数据。例如,了解用户日常消费的品类偏好、消费频率、消费金额分布等信息,将这些数据与用户在芝麻信用体系内的基本身份信息、信用记录等相结合,为精准评估借款人信用状况提供了丰富依据。与此同时,京东白条则借助京东商城平台,获取用户在购物过程中的退货记录、商品评价等数据,从多维度刻画用户画像。通过与电商平台的深度合作,另类信贷机构能够实时汇聚这些海量数据至专门搭建的数据中心,为后续的数据分析与应用奠定坚实基础。

二、智能风控体系搭建

智能风控体系是另类信贷业务的核心,通过金融科技手段实现从贷前、贷中到贷后的全方位风险管理。

在贷前评估阶段,另类信贷机构需全面且深入地了解借款人的信用状况和潜在风险,以便做出合理的贷款决策。这一过程主要围绕数据收集、整合和信用评估模型的运用展开。另类信贷机构需通过大数据技术收集借款人的多维度数据,包括身份信息、信用记录、消费行为、社交数据等。这些数据经过清洗和整合后,形成全面的用户画像。利用机器学习算法,对收集到的数据进行分析,生成信用评分和风险评级。这些模型能够自动识别潜在风险点,提高信用评估的准确性和效率。例如,拍拍贷的"魔镜"系统通过十多年的数据积累,能够从上千个维度对每一笔借款进行风险评级并预测逾期率。

贷中阶段,是风险防控的关键时期,借款人的行为和信用状况可能会随着时间发生变化。因此,另类信贷机构需要通过实时数据监控,持续跟踪借款人的动态,及时发现潜在风险并采取相应措施。利用大数据技术,另类信贷机构实时采集借款人的消费行为、还款能力等信息。消费行为的变化可能反映出借款人的财务状况和还款意愿。例如,突然增加的高消费支出可能意味着借款人的还款压力增大;而减少消费、节约开支则可能表明其在努力保障还款。还款能力信息则直接关系到借款人是否能够按时足额还款。通过实时监测借款人的收入、资产等情况,可以及时发现还款能力的变化。

贷后阶段的主要任务是确保借款人按时还款,减少逾期和坏账的发生。智能催收作为贷后管理的重要手段,能够提高催收效率,降低催收成本。智能催收系统基于大数据和人工智能技术,实现了催收流程的自动化。系统可以根据借款人的逾期情况和还款能力,自动制订催收策略。

三、客户服务平台

客户服务平台是另类信贷机构与客户互动的重要渠道,通过金融科技手段,机构可以提供高效、便捷、个性化的服务,提升客户体验。通过自然语言处理技术,智能客服机器人能够准确理解客户问题,并提供专业、及时的解答。例如,当客户咨询借款申请流程、还款方式、利率计算等常见问题时,智能客服机器人能够迅速给出准确答案。对于复杂问题,涉及合同条款解读、特殊还款安排等,系统将自动转接人工客服,实现人机协同服务。这种模式不仅提高了客户咨询的响应速度,还确保了服务的专业性和准确性。

本章小结

1. 另类信贷(alternative lending)是指非银行的贷款人在市场上给借款人提供贷款的借贷形式。

2. 网络借贷是指贷款人通过互联网平台向个体或商户提供贷款的借贷形式,包括个体网络借贷和电子商务小额贷款。

3. 互联网消费金融是指由互联网企业、消费金融公司等市场主体出资成立的非存款性借贷公司,以互联网技术与信息通信技术为工具,以满足个人或家庭的买房、买车、医疗、教育、旅游、装修等消费需求,向其出借资金并分期偿还的信用活动。

4. 个体网络借贷是指个体之间通过互联网平台实现的直接借贷,俗称 P2P (peer-to-peer)网络借贷,其资产来源呈现小额、分散的形式。

5. 电子商务小额贷款是指电商企业通过其控制的小额贷款公司,利用互联网向其平台上的小微企业提供的小额贷款,其资产来源呈现批发的形式。

复习思考题

1. 简述另类信贷的概念。

2. 金融科技对另类信贷行业的优化作用体现在哪些方面?

3. 大数据的应用如何促进另类信贷行业的发展?

4. 区块链的应用会给另类信贷行业带来哪些优势?

5. 请寻找一个感兴趣的另类信贷产品,分析产品中金融科技运用的情况。

第十一章

金融科技与证券行业

学习目标

学习目标

1. 掌握证券行业的金融科技应用现状以及未来发展趋势。
2. 了解科技对证券用户交互领域应用与发展的影响。
3. 了解科技对证券业务开发和升级的促进作用。
4. 了解证券行业基础设施的建设和优化。

引导案例

　　国信证券作为试水移动端证券市场的先行者,早在 2007 年打造了金太阳 App。为了进一步打造产品差异化竞争力,其进行了改版,在 2017 年 12 月推出"金太阳智投"。它能够做到自动甄别和筛选理财产品,为客户提供理财组合回测,还能依据客户意愿和偏好提供资产配置方案,发掘价值洼地,底部潜伏,带来行情、交易和理财的全新体验。

　　基于金太阳 App,国信证券打造金太阳积分体系,通过与受众的良性互动,提升平台用户黏性。同时其充分运用微信公众号作为营销传播阵地,逢年过节送红包、撒太阳币。其还联合其他平台推出红包活动,激活用户流量,重新焕发平台生机。统计数据显示,金太阳 App 表现不凡,2024 年 7 月,活跃人数 584.47 万人,日均活跃 125.2 万人,人均使用天数和人均单日使用次数分别达到 6.64 天和 7.4 次,人均单日使用时长和单次使用时长分别为 9.33 分钟和 1.26 分钟。2018 年,金太阳 App 被券商中国优秀证券公司 App 评选为年度十大券商 App。2020 年以来,全面布局主流新媒体平台,向年轻客群普及投资理念和知识、宣传优质产品服务,通过互联网场景为用户提供通俗易懂的专业内容。

　　经过多年的发展,国信证券金太阳 App 的成长和突破是证券公司互联网产品落地过程的一个缩影。未来,若按着国信证券设计的路径,形成产品、数据、服务的闭环,或许就能实现从经纪业务向财富管理的转型。

思考题:

1. 国信证券金太阳 App 通过"金太阳智投"、积分体系和新媒体运营等手段提升用户体验,这些策略如何实现服务的智能化和个性化? 在实践过程中面临哪些技术和市场挑战?

2. 从国信证券金太阳 App 的发展路径看,证券公司在数据整合、产品创新和服务模式等方面做出哪些关键突破?

第一节 证券行业的科技发展与挑战

一、证券行业的科技发展历程

我国证券市场自 20 世纪 90 年代初沪深交易所开业以来,已经经历 30 多年的发展。从信息技术的角度来看,大体可以分为四个阶段。

(1) 1990—1997 年,电子化阶段。这个阶段的主要特征是软硬件成本较高,信息技术的应用是为了提升效率,但买卖股票仍然需要投资者本人前往营业部进行手工交割。我国因为起步较晚,没有经历复杂的"无纸化"过程,所以沪深交易所从成立之初就采用了电子化自动撮合竞价系统。

(2) 1997—2000 年,网络证券公司阶段。这一阶段,证券行业中出现了网络证券的概念,各大证券公司营业部和信息技术服务商开始推进基于互联网的交易。但由于缺乏相关的法律法规,每家证券营业部自建交易系统,使得这一业务形式安全隐患较大。

(3) 2000—2012 年,互联网化阶段。进入这一阶段的标志是 2000 年 3 月 30 日证监会《网上证券委托暂行管理办法》(简称《办法》)的出台,其中明确指出开展网上委托业务必须有证券经纪资格。同年 4 月 29 日,证监会出台了与《办法》配套的《证券公司网上委托业务核准程序》。这套法规的出台对于防范并化解网络市场风险,规范市场参与者的行为有重要意义。

(4) 2013 年至今,互联网证券阶段。互联网金融,即传统金融机构与互联网企业利用互联网技术和信息通信技术实现资金融通、支付、投资和信息中介服务的新型金融业务模式①。这一阶段,《证券公司开立客户账户规范》《证券账户非现场开户实施暂行办法》等法规的出现,促使证券经纪业务打通开户、交易整个环节的线上化。2014 年至 2015 年,证监会累计批准了 55 家证券公司的互联网证券业务试点资格,这使得证券公司以互联网的视角从经纪业务向更广阔的产品体系开拓。互联网金融是 FinTech 1.0 阶

---

① 中国人民银行等十部门发布《关于促进互联网金融健康发展的指导意见》中的概念。

段的产物。FinTech 1.0 阶段,证券公司主要利用互联网弥补业务渠道的不足。

2015 年 7 月,中国人民银行等 10 个部门联合发布《关于促进互联网金融健康发展的指导意见》,旨在加强对互联网金融的监管。与此同时,以云计算、区块链、大数据、人工智能为代表的金融科技出现,证券行业由此迈入了 FinTech 2.0 的时代。

2024 年 4 月 12 日,国务院印发《关于加强监管防范风险推动资本市场高质量发展的若干意见》(新"国九条"),指出应建立培育长期投资的市场生态,构建支持"长钱长投"的政策体系。

2024 年 9 月 24 日,国务院颁布的《网络数据安全管理条例》(以下简称《条例》),自2025 年 1 月 1 日起施行。随着信息技术和人们生产生活交汇融合,数据处理活动更加频繁,数据安全风险日益聚焦在网络数据领域,违法处理网络数据活动时有发生,《条例》重点细化了《个人信息保护法》关于告知、同意、个人行使权利等方面的规定。

随着金融科技时代的到来,证券行业发生了翻天覆地的变化:第一,金融科技使得证券行业回归其中介本质,"服务"将成为比"牌照"更重要的竞争力;第二,金融科技打破了区域限制,让证券公司的服务范围更加广泛,也使得竞争更为激烈;第三,金融科技大大提高了服务效率,也增加了精准服务的可能,同质化竞争逐渐消失,证券公司必须注重线上与线下的融合,才能避免被淘汰。

二、证券业务种类

在不同国家,证券公司有着不同的称谓。我国的证券公司主要是专门从事有价证券买卖的法人企业,分为证券经营公司和证券登记公司。其业务类型主要有四类:代理客户买卖证券的经纪业务、帮助股份公司承销有价证券的发行与承销业务、利用自有资金买卖证券的自营业务和受委托运营客户资产的资产管理业务。

(一) 经纪业务

证券公司的经纪业务,又称代理买卖证券业务,它是证券公司占比较高的基础业务之一。其指证券公司根据客户需求,通过证券营业部和证券交易所席位,代理客户买卖证券的业务。由于证券交易程序的复杂性,广大投资者不具备直接进入交易所买卖证券的能力,因此需要委托证券经纪商代为完成交易。在经纪业务中,证券公司有两个作用:第一,作为买方和卖方沟通的媒介,确保市场的流动性和效率;第二,在与客户的买卖委托关系中,证券公司还会提供信息服务。但证券经纪商不直接分享客户利益,同时也不为客户承担风险,只收取佣金作为自己的利润。最近十年里,经纪业务收入在营业总收入中占比不断下降,主要原因有两个:一是网上开户的普及使得交易成本降低,信息互通效率和精确度提升,行业佣金不断下降,盈利能力也随之降低;二是互联网公司借助自身技术优势与证券公司合作,使得竞争进一步加剧,加速了经纪业务模式的变革。证券公司经纪业务的营收占比呈下降趋势,如图 11-1 所示。

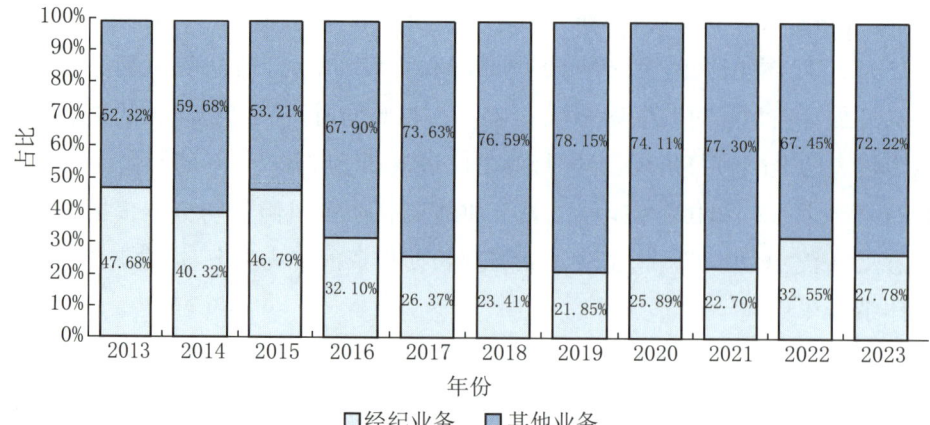

图 11-1　证券公司经纪业务的营收占比呈下降趋势

（二）发行与承销业务

证券发行,是指证券发行人以筹集资金为目的,在证券发行市场依法向投资者以同一条件出售证券的行为。根据发行价格和票面面额的关系,可以将证券发行分为溢价发行、平价发行和折价发行三种形式。根据公开性可将证券发行分为公开发行和非公开发行。

证券承销,是指证券公司接受发行人委托向社会公开销售证券的行为。证券公司借助自己在证券市场上的信誉和营业网点,在规定的发行有效期限内将证券销售出去。根据证券经营机构在承销过程中承担的责任和风险的不同,承销又可分为包销、投标承购、代销、赞助推销四种方式。证券公司通常能从一次 IPO 承销中收取 3%～10% 的手续费,这是一笔不菲的收入,但近年来,主导全球大型 IPO 项目的强大科技公司利用它们的规模,压低证券公司的手续费。一些公司还在探索 IPO 之外的其他选择,比如直接公开发行(direct public offering,DPO)和另类交易所。

 专栏 11-1

直接公开发行

许多科技公司在已经赢得公众的认可后,决定直接在股市上市。

2018 年 4 月,作为一个正版流媒体音乐服务平台,Spotify 做到了这一点,并展示了科技作为经济主要驱动力的崛起,有朝一日这可能会重塑所有公司的上市方式。Spotify 没有进行 IPO,而是申请了直接公开发行(DPO)——他们开始直接向投资大众出售股票,而无须经过承销程序。

Spotify 的 DPO 在很大程度上被认为是成功的。Spotify 在上市首日的股价波动比其他大多数大型科技公司的 IPO 都要低 12.3%,这表明投资者对该公司有潜在的信心。在接下来的几个月里,Spotify 的股价上涨了 30% 左右,达到 192 美元的高点,不过此后它的股价已跌至与最初定价相当的水平。然而,这已经能够实现上市的首要目标:为股东提供流动性。

当时此举为 Spotify 吸引了大量关注。现在,他们已经有了模仿者,2019 年 2 月,Slack 宣布申请直接上市。Slack 是集聊天群组、大规模工具集成、文件整合、统一搜索的工具。

DPO 模式对私营企业很有吸引力,因为这个模式可以为它们省下一大笔费用,否则它们可能要向投资银行支付这笔费用。据《华尔街日报》报道,尽管 Spotify 仍在与几家投资银行合作,以帮助组织这宗非常规交易顺利进行,但合作中的顾问们的收入只占 IPO 收入的一小部分——3 000 万美元左右。

Spotify 选择在没有承销商的情况下上市,降低了投资银行与机构投资者的特殊关系的价值。即使 DPO 在希望上市的典型公司中并不常见,但对大型科技公司来说,DPO 仍可能是一个有吸引力的选择。例如,在 Slack 出现之前,很难想象企业聊天应用会成为家喻户晓的名字,但如今,Slack 已经是一个知名品牌。当计划上市的公司已经拥有伴随增长和成功而来的声望,以及强大的消费者信心时,DPO 就会成为一个低成本高效率的选择。

如果一家公司能够将私下筹集自己需要的股权,并通过无经纪发行的方式发行股票,那么承销业务将会迎来巨大的挑战。

思考题:

1. Spotify 选择直接公开发行(DPO)而不是首次公开募股(IPO),其成功的原因有哪些?这种模式对其他大型科技公司有何启示?

2. 直接公开发行(DPO)模式对传统的证券承销业务会带来哪些挑战?如果越来越多的公司选择 DPO 模式,对证券市场的生态会产生什么样的影响?

(三)自营业务

证券自营业务在我国专指证券公司用自有资金或者依法筹集的资金,以自己的名义买卖证券产品的行为。买卖的证券产品包括证券交易所挂牌的基金、国债、企业债、A 股等,同时也分为场内交易(交易所)和场外交易(柜台)。买卖证券的价差就是证券公司在这项业务中的收入来源,因此证券公司也承担了价格波动的风险。

自营业务的优势体现在交易行为、交易价格、交易方式、交易标的的自主选择上,但同时交易过程中风险和收益的不确定也由证券公司承担。由于自营业务的最终目的是盈利,风险控制直接影响到对收益的预估,所以在这个业务中显得尤为重要,且自营业务自身程序较为复杂,风险敞口较其他业务而言更大,风险控制也更难。因此,证券公司应当设立风险管理委员会,利用先进数据模型和科技手段加强风控体系、标准化风控流程。

(四)资产管理业务

资产管理业务是证券公司作为资产管理人,接受投资者的委托,签订资产管理合同,根据合同规定的方式、条件、要求与限制,对委托人的资产进行经营运作,并为委托人提供证券和其他金融产品的投资管理服务行为。资产管理业务可分为三类:第一,为单一客户办理定向资产管理业务;第二,为多个客户办理集合资产管理业务;第三,为客户办理特定目的的专项资产管理业务。资产管理业务的产生避免了因专业知识和投资经验不足而可能引起的不必要风险,对整个证券市场发展也有一定的稳定作用。在资产管理业务中,证券公司为委托人利益履行勤勉尽责义务并收取相应的管理费用,委托人自担投资风险并获得收益。

2018 年资管新规①出台以来,由于"去通道化"影响,资管业务的下滑态势明显。"去通道化",即金融机构不得为其他金融机构的资产管理产品提供规避投资范围、杠杆约束等监管要求的通道服务。虽然短期内,资管新规的出台使得资管规模下降,但长期来看,这将倒逼证券公司向主动管理转型,回归资产管理本源。

三、各大证券公司发力金融科技

金融科技给证券行业的传统业务带来的巨大冲击,同时也带来了巨大的机遇。在监管越来越严格、传统业务缩水、业内竞争压力增大的环境下,各大证券机构开始投入大量资金和人力,借力金融科技来增强综合实力。

中国证券业协会从 2017 年开始将信息系统投入金额作为考核证券公司业绩的一项指标,2018 年该指标显示有超过 30 家证券公司投入亿元级资金建设自己的信息系统。

同时,证券公司纷纷开启了与金融科技公司的合作。2018 年 12 月 26 日,财通证券与还未改名的蚂蚁金服开始了全面战略合作。蚂蚁金服将助力财通证券实现金融科技能力提升,并助推财富管理转型。山西证券也与京东金融共同设立 50 亿元规模的基金,投资于消费升级、供应链、财富管理等领域。另外,2018 年 11 月,东北证券也与恒生电子签署战略合作协议,双方将在云计算、人工智能、数据治理等方面进行深度探索和场景应用。2024 年 12 月 25 日,国家金融监督管理总局颁布的《金融机构合规管理办法》自 2025 年 3 月 1 日起施行。该办法明确了金融机构合规管理的框架和职责,要求金融机构建立健全合规管理体系,强化合规文化建设,并对合规管理的全过程进行监督。

专栏 11-2

财通证券与蚂蚁金服

2018 年 12 月 26 日,财通证券与还未改名的蚂蚁金服已达成全面战略合作。依据战略合作协议,财通证券将助力蚂蚁金服实现金融科技成果转化,推动其不断提升创新能力。依托全牌照经营优势,财通证券将输出专业金融服务能力,为蚂蚁金服用户提供研究支持、金融产品、投顾咨询等一揽子的综合金融服务。

蚂蚁金服将输出其互联网运营能力及金融科技能力,加速推进财通证券财富管理转型,助力财通证券构建线上零售业务的场景及生态,提升财通证券整体技术框

---

① 指《关于规范金融机构资产管理业务的指导意见》,银发〔2018〕106 号。

架、大数据精准营销、人工智能投顾、大数据风控、智慧网点建设等方面的能力,增加客户黏性,提升留存率。

据悉,财通证券全资子公司财通证券资管已与蚂蚁金服签署代销协议,大集合产品财慧道 2 号成为平台爆款产品,目前保有规模已超 20 亿元。凭借着主动管理优势,财通证券资管将向蚂蚁金服输送可代销合作的丰富产品线,涉及公募基金、大集合和小集合。其中,包括财通的货币基金——"鑫管家"对接余额宝。与已接入余额宝的货基比较,财通资管"鑫管家"具有较高的年化收益。2022 年 3 月,财通证券基金投顾组合上线蚂蚁基金"金选投顾"板块。在支付宝可通过财通证券财富号获取开户等相关证券服务。

蚂蚁金服代表着金融科技的水平,以其为首的一批金融科技创新平台已成为优秀的浙江本土资源。财通证券将与蚂蚁金服一道,拓宽合作领域、探索专业金融服务与新兴技术的精细化融合,激发金融的创新活力,共同服务好实体经济和广大用户。

财通证券发布的五大发展战略中就包括金融科技发展战略。财通证券将实施科技发展战略,重点打造三大平台。一是客户服务平台,以客户为中心构建服务与管理平台,实现对客户的分层管理、分层服务、精准画像、精准营销、精准服务。二是业务管理平台,业务开展、业务(财务)管理、业务协同、风险管理必须依托信息化平台,降低成本、提升效率、管控风险。三是人力资源平台,打通集团人力资源的壁垒,提高人才开发、利用效率。

财通证券表示,此次合作标志着自身金融科技战略的深入推进,也是券商与互联网公司在"开户"引流合作模式之外的新探索。在此基础上,财通证券将进一步提升科技创新能力,强化金融科技引擎,加快推进数字化转型,实现以客户为中心,以科技为引领,打造一流数字生态证券的战略目标。

思考题:

1. 结合金融领域的具体应用场景,说明基础设施层与应用层存在怎样的关联和制约关系?

2. 财通证券与蚂蚁金服的合作对双方而言各有哪些优势? 这种合作模式是否具有可复制性,其他证券公司可以从中借鉴什么?

四、证券行业痛点

证券公司与金融科技公司合作已是行业大势所趋,但对于发展数十年的证券行业,目前金融科技方面的开拓还存在诸多挑战。

(1) 证券市场制度不够完善,监管有效性不够高。我国《证券法》于 1999 年开始实施,规定了证券行业的基本原则,但是缺乏一些细则,对于一些实际案例缺乏相关的明确规定。由于法律体系的不完善,监管也缺乏有效的依据,《证券法》中虽然规定了上市公司的许多行为，但并未得到很好的执行，存在信息披露不完全、内幕交易等问题，并且由于缺少对具体案例具体的法律解决办法，监管往往事半功倍，违规者也没有得到惩罚，中小投资者的利益得不到有效保障。

（2）中国的证券市场不够发达，行业集中度不高。虽然我国投资者数量巨大，已经突破了 1 亿人，但仍然是典型的散户市场，投资者人群的年龄、知识方面的层次较为复杂。很多投资者难以做出权衡利益和风险的理性决策，羊群效应显著，使得证券市场的波动性也大，很多投资者成为内幕交易和市场欺诈的牺牲品。同时，我国证券市场资产仅占金融总资产的 12%，与全球主要发达国家相距甚远。虽然随着人均收入的增加，用于投资总额的财富也会增加，但目前中国的储蓄率超过 45%，银行存款仍然是许多居民投资理财的首选。

（3）证券行业目前业务单一，缺乏个性化的服务。首先是思维障碍，传统的证券公司还是以"人—人"交互模式为主，但金融科技引入证券公司势必变革现有的客户经营模式。这对原有的人员技能会提出新的要求，客户经理的传统知识和习惯可能都要改变。其次是流程障碍，金融科技不是一个孤立的平台，是一个跨部门的平台。比如，智能投顾就同时涉及商业智能部门、投资策略部门、风险管理部门，如果三个部门各自为战、互相掣肘、流程割裂，智能投顾就很难发挥作用。最关键的障碍还是数据障碍，传统数据的不规范、数据格式的不统一、数据平台的落后，都会严重影响券商从数据中发现"金矿"，并转化为生产力，这需要建设统一的数据规范、统一的数据平台、性能强大的分布式计算集群。

第二节　证券用户交互领域的技术应用与发展

凯文·凯利在《必然》一书中写道，科技进步使得越来越多的东西以指数级的速度增加，一切都在增长，只有人类的注意力是固定的，结果必然是人类的注意力越来越稀缺，用户时间越来越宝贵。证券行业作为服务业，一切的变革与冲击，归根结底都来自用户需求，客户关系将成为未来影响证券公司盈利的核心因素。

金融科技的价值，最终也要在服务用户的过程中反映出来，比起"黑科技"，用户对金融服务的便捷性和实时性体验的要求更高。证券公司必须站在用户的角度，提升自己的产品体验，才能摆脱同质化竞争、客户流失严重的现状。这就需要证券公司做到以下两点。

第一，不能离开场景谈金融科技。不论是大数据还是云计算，最后都要落实到相应的应用场景中，才能真正实现技术的价值。

第二，避免同质化的赋能。虽说目前证券公司在金融科技方面的布局大同小异，但从用户的角度来看，公司的文化、战略重心等的差异，就会造成不同的用户体验。因此，能长期立于不败之地的，必然是同时掌握了前沿科技和深谙用户需求的公司。

一、客户价值管理——关键在数据

客户生命周期(customer lifetime value，CLV)是指从企业与客户建立一定的业务关系开始到这种业务关系最后终止的全过程。根据生命周期理论，可以将客户价值分为五类：老客户的保有价值、新客户的提升价值、潜在客户的挖掘价值、竞争对手客户的转移价值和流失客户的挽回价值。而大数据和云计算，可以有针对性地为每种不同客户价值的实现和提升提供方法和路径。

（一）老客户保有价值的实现

这一过程可以通过塔式客户分类和生命周期管理来实现：利用大数据技术对老客户进行分类(统计理财额度、交易频率等)，从塔底到塔尖将老客户分为普通老客户、优质老客户等层次，通过将老客户从塔底向塔尖提升来实现保有价值。这个过程就需要丰富的云端资源，包括提供对应的金融服务和产品、优惠促销、积分礼品等，增强客户的黏性和信任度。

（二）新客户提升价值的实现

新客户的特征不稳定，因此应该通过大数据的需求预测和智能推荐来将新客户转化成忠诚客户。由于新客户在证券公司系统中没有历史数据，这就需要大数据算法大胆预测其需求，并通过云平台智能推荐符合需求的服务。

（三）潜在客户挖掘价值的实现

将潜在客户转化为目标客户、准客户，可以通过免费营销与体验式营销系统实现。这是一个大数据营销的概念，因为免费营销和体验式营销需要大量数据识别潜在客户，从而达到最低的获客成本。

（四）竞争对手客户转移价值的实现

由于这部分客户是竞争对手已经培养的客户，因此他们已经有一定的证券业务基础，质量相对较高。想赢得这部分客户，就要通过精准营销和个性化定制来实现。首先，通过大数据敏锐识别竞争对手所流失的客户，分析其流失的原因。接着通过云计算和大数据共同完成针对其需求的个性化定制服务方案，将竞争对手客户转化为自己的客户。

（五）流失客户挽回价值的实现

通常，挽回一个老客户的成本会低于获得一个新客户的成本，因此及时发现客户流失并补救，对降低成本十分有效。要做到这一点，首先需要一个行为分析系统，记录客户的历史行为。基于这个系统，通过大数据技术，建立一个流失预警系统，及时发现可能会流失的客户，并分析其原因，采取有效挽救措施。客户价值管理与金融科技，如图 11-2 所示。

良好的数据基础设施对券商的客户价值分析是不可或缺的。证券公司只有评估现有的技能储备，打造一流的数字体验，通过技术与数据分析手段实现卓越的客户体验，提高客户满意度，才能赢得这场影响未来格局的客户之战。

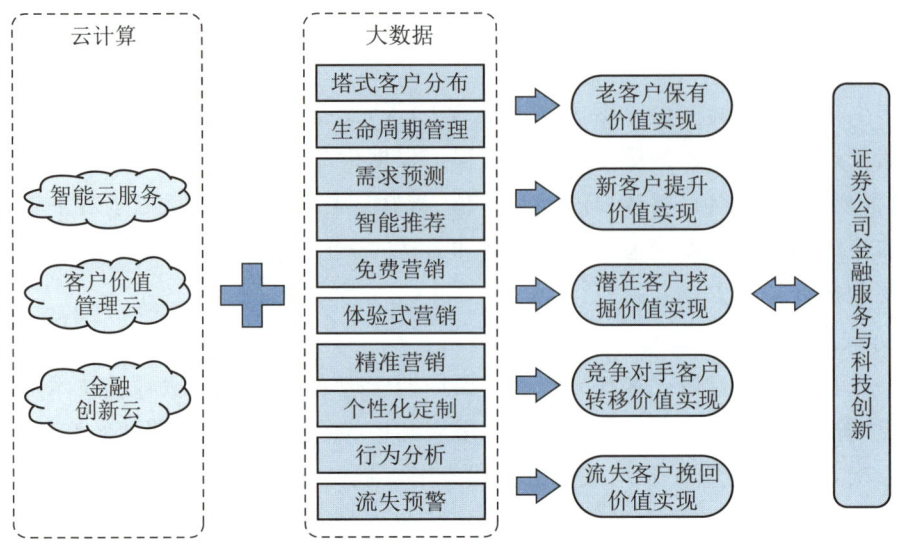

图 11-2 客户价值管理与金融科技

资料来源:邓典雅、祁明、肖林,《金融科技背景下客户价值管理与银行服务创新的耦合研究》,《国际金融》2018 年第 2 期。

客户交互创新:社交投资平台

　　社交投资平台兼具社交、交易、移动等显著特点。作为券商对客户进行投资咨询服务的良好补充,社交投资平台是推动市场发展完善的一个力量。

　　其中,成立于 2010 年的雪球公司,从投资社区出发,现已发展成国内极具影响力的集投资交流与交易于一体的在线财富管理平台。截至 2025 年 5 月,雪球已拥有超过 6 300 万名用户,聚集了国内对投资感兴趣、有见解、对权益资产接纳度较高的人群。

　　在雪球平台上,用户能够关注股票、基金等证券代码,查看相关股票实时行情,关注各类投资者并交流投资见解,还能创建和分享个人投资组合,甚至创建相关股票账户、基金交易账户进行实盘交易。

　　雪球起步于投资者社区平台生态活跃,每日都有大量用户积极参与其中,撰写文章、发表评论、开展直播、参与活动,分享丰富的投资经验与观点。这些用户来自各行各业,涵盖个人投资者、基金经理、金融机构、上市公司、专业媒体等,广泛的用户构成使得平台内容多元且全面。此外,雪球通过鼓励用户发布自己的投资日志和观点,形成了一个相对活跃的投资社交圈。用户可以与他人分享观点,甚至实时操作,增加社区的参与感。相比纯股票论坛,雪球提供更多的社交功能,比如用户之间的关注、评论、点赞,增加了信息流通的广度和深度。除了用户生成的内容,财经新闻、股市动态、公司公告等资讯也在平台上实时更新,为用户提供了全面的市场信息。

思考题：

1.雪球作为社交投资平台，如何通过"社区生态＋交易功能"提升用户黏性？这种模式对传统券商在客户交互与投资咨询服务方面有哪些创新启示？

2.雪球聚集6 300万名用户的核心竞争力是什么？其用户生成内容（UGC）模式在投资信息传播、风险控制与合规管理方面面临哪些挑战？

二、应用互动场景——移动端 App

随着移动互联网的发展，传统 PC 网上交易逐渐被移动证券替代，特别是对于非专职的投资者。现在，客户几乎不会到达交易现场，大部分的交易都在各种移动客户端上进行。移动端技术的创新和普及使得金融服务更加便捷化，也使得证券服务不再过度依赖于网点的设置，降低了证券公司的运营成本。移动端的快速普及，让证券公司将传统的服务从线下向线上转移，使得在线金融服务规模高速扩展。移动端已经成为证券市场提升市场竞争力和用户体验的重要途径。

技术的进步促使证券公司的客群结构发生深刻变化。从客户的角度来说，以年轻投资者为代表的长尾客户群高度依赖互联网及数字设备。他们主动获取多样化的金融产品及服务，并自我构建个性化金融需求解决方案。在付费习惯方面，他们逐渐放弃了标准化产品及服务付费，愿意为能实现最大增值的个性化金融需求的产品与服务支付费用。从证券公司的角度来说，技术进步也大幅降低了券商为客户提供个性化服务的成本。移动端的快速发展使线上用户逐步成为行业主流用户，券商遂将更多资源投入移动化运营，希望打造以客户体验为导向、以数据技术为驱动、以互联网低成本扩张为手段的业务。因此，证券公司的移动端应用未来将会向更具个性化、更有创新性的服务发展。

（一）生物识别

在互联网、生物识别技术成熟之前，投资者往往需要带上相关身份证明材料到证券公司的营业厅开户。这不仅会耗费投资者大量的时间和精力，在股票周期性上涨或者牛市的时候，各大营业厅的开户人数往往会成倍上涨，造成等待时间长、效率低下等问题。但如今投资者只需要在线上，通过互联网进入开户系统，利用人脸识别、声纹识别等技术即可快速完成开户业务，无须排队。相较于传统的线下认证，远程线上认证可以全天候提供开户服务、无须排队，同时还有智能客服进行实时跟进，这不仅大大提升了投资者的体验，也将实体营业厅从复杂低效的程序中解放出来，把更多精力放在为客户提供个性化、定制化的服务上。

目前，人脸识别等技术还有一定的错误率，并且有关生物识别的信息保护的法律法规并不完善。生物识别主要应用于线上开户。未来，随着技术水平的进一步提升和监管方面的进一步完善，生物识别技术将运用于证券行业的更多领域，如账户登录、在线交易、在线金融服务等。生物识别在证券领域的应用如图 11-3 所示。

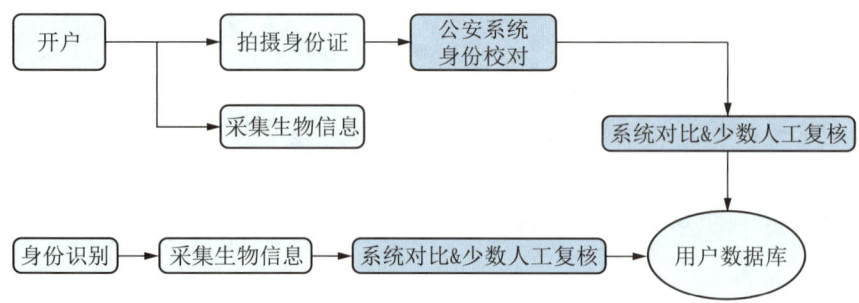

图 11-3　生物识别在证券领域的应用

（二）智能客服

人工智能技术的发展,使得机器人在模拟人的情绪和功能方面越来越成熟。这不仅帮助证券公司节省大量人力成本,还使得批量地为客户提供定制化服务成为现实。智能客服将给金融领域中的服务方式、服务渠道等带来变革,成为证券公司与客户沟通、发现客户需求的重要方式。

（三）界面和交互上的创新

不仅是业务流程上科技的运用,现在的投资者对于趣味性、简易性和便捷性,甚至是界面设计上的要求也都越来越高。因此,各类券商移动端 App 都在利用现有技术持续优化自己的界面设计和功能设计。然而,这个过程,不仅需要提供海量数据支撑,还需要不断开发一些人工智能产品,提升用户的参与感。券商 App 在用户交互上的创新如表 11-1 所示。

表 11-1　券商 App 在用户交互上的创新

App	用户交互上的创新
涨乐 财富通	• 打造新手专区,针对新用户建立新手任务体系、增加投教专区及个性化灵活推送体系,以此满足新手用户的需求; • 首页设置热点关键词、主题概念、热门栏目等模块,根据用户标签展示不同模块、完善用户全流程投资体验; • 交易账户快速登录/退出,调整了普通交易和融资融券架构,左右滑动可以快速切换交易类型; • 交易和账户信息相结合,客户在登录之后可在首页便捷查看持仓股实时收益情况; • 有历史银证转账流水查询,客户如需查看历史银证转账明细不用再去营业厅
平安证券	• 界面设计上,模块呈现突出重点,层次清晰,外部产品展现较多,用户体验较好; • 用户互动上,有多种交互型产品,包括模拟炒股、幸运转盘、K 线大赛等,用户黏性能够得到很大提升
易淘金	• 界面设计上,页面展示有两种背景选择,首页默认是自选股,简明直接; • 用户互动上,投资者可以围绕股票分析与理财顾问互动,同时淘金市场、淘金圈产品具有一定的交互属性
中信建投证券	• 接入 DeepSeek 大模型,覆盖合规问答、业务办理指引、知识查询、投研分析等多个场景,提升信息处理效率与决策精度度; • 构建 7×24 小时全天候舆情监测网络,将新闻响应时效缩短至分钟级

华泰证券"涨乐财富通"

根据第三方机构易观千帆的统计,华泰证券旗下的"涨乐财富通"是行业内投资者使用最多的券商 App,长期稳居券商行业首位。"涨乐财富通"打造了"涨乐智能家族",包括超级账户、相似 K 线、成本神器等。2024 年证券类应用 App 的单月日均活跃度超 4 000 万人。据易观千帆数据,华泰证券"涨乐财富通"App 月均日活用户为 372.12 万人。

超级账户的用户用一个账户就能完成股票、公募基金、理财等产品的买卖,并清晰地看到自己的账单,相当于是一张资产负债表。而且这张资产负债表是"活"的,就像一位贴心的智能账户"管家"。"它的智能提醒功能非常到位,比如资金闲置提醒、理财到期提醒等,在买入一款理财产品的时候,就会收到'产品正在买入确认中'等提醒,不会出现'已买但找不到'的不良体验。"之前的投资者说,"同时,它的产品覆盖面也更全。"超级账户还会根据投资者的风险偏好推送特定的产品,而且这是一个"人＋平台"的动态生态系统。

相似 K 线功能让技术分析爱好者省去很多麻烦。相似 K 线功能可以根据个股最近 30 日的 K 线走势,在近 10 年的所有 A 股 K 线走势中,寻找出与之形态相似的股票及对应时间段,并展示之后一段时间内 K 线的走势。

成本神器则是让你知道"某只股票的成本分布状况"。华泰证券数据中心根据十档价位行情的逐笔交易数据进行迭代,为投资者合理地绘制出各只股票的流通股持仓成本分布图。

涨乐财富通的核心模块"泰牛智投"通过大数据算法搭建模型,利用人工智能技术为客户提供以量化策略为主要内容的数据分析专区,涵盖大数据图表、盯盘 T 策略、精选策略三大服务。其中,大数据图表服务旨在对 A 股市场的"冷"和"热"状态进行精准预报,每周一都会依据大数据分析,为股民提供对 A 股市场脉冲的预测,助力股民把握市场趋势。此外,大数据图表还为客户全方位展示股票多维度信息。通过提供投资者客观分析股票背后产业关系的数据,以及呈现市场主力资金流向、主动成交占比等关键数据,助力客户更为精准地把握主力动向。盯盘 T 策略依托智能算法运行。当市场行情满足特定触发条件时,系统便会自动向投资者发送模拟交易信号,为投资者提供极具价值的交易参考。与人工操作相比,机器不受疲劳因素影响,且凭借大数据算法优势,能够更为精准、高效地捕捉股票买卖点,显著提升投资操作的稳定性与成功率。精选策略为投资者提供可定制化的投资内参服务。除涵盖市场热度分析、多空信号预测以及 T 策略等内容外,"泰牛智投"还设有可订阅的"投顾策略"以及可供投资者围观的"策略擂台"。

华泰证券对外表示,未来的"涨乐财富通",将在深度人工智能高频次的机器学习中,发掘出更多的潜在客户需求,以全维度的技术服务,为金融理财客户提供量身定制的解决方案,以实现财富成长的智能化。

思考题:

1. 与传统线下投顾服务相比,"泰牛智投"的可订阅"投顾策略"在信息传递效率与服务及时性上有哪些优势与不足?

2. 如何建立有效的监督机制,保障"策略擂台"展示内容的真实性,避免盲目跟风?

第三节 证券业务的开发与改进

在过去传统的经纪业务模式下,各证券公司主要以粗放式的经营模式为主,用扩大营业部规模和数量来调整优化公司的战略布局。面对传统业务竞争激烈、咨询服务同质化、投资顾问业务盈利模式单一,以及佣金收入持续下滑等问题,证券公司寻求在传统经纪业务格局逐步固化情境下经营模式的转型。通过金融科技的技术手段,结合自身特点实现传统业务模式转型是证券公司的必然趋势。

目前证券公司对于金融科技的布局主要在于营销端口,实现从传统的机构保代业务(保荐)、投资者交易业务向财富管理的转变。未来随着服务升级以及行业内外数据资源的积累,人工智能和大数据都会带来证券公司业务的革新。

一、人工智能的应用

(一)智能投顾

本书第八章第三节介绍了智能投顾的概念、特征及商业银行中智能投顾业务的发展状况。券商与银行在布局智能投顾业务上各有优势。银行的优势主要体现在销售渠道上。银行直接面向客户,销售的资产品类更为丰富,所以能够做到大类资产配置。券商虽说只能针对内部用户,但是可以在大类资产配置基础上,添加单只股票投资机器人的功能。

证券公司应用智能投顾,能够基于客户的风险偏好、交易行为等个性化数据,采用量化模型,为客户提供低门槛、低费率的个性化财富管理方案。智能投顾在客户资料收集分析、投资方案的制定、执行,以及后续的维护等步骤上均采用智能系统自动化完成。因此,其能够为更多的零售客户提供定制化服务。随着线上投顾服务的成熟,以及未来更多基于大数据技术的智能投资策略的应用,智能投顾有望从广度和深度上都将证券行业带入财富管理的全新阶段。这为未来政策放宽、证券公司投资顾问从前端佣金收费模式向后端收取管理费模式的转变进行探索准备。

我国的证券公司也有一些已经开展了智能投顾的应用。例如,长江证券推出了其自主研发的国内首个券商智能投顾系统——iVatarGo。该系统通过对投资者的风险偏好、投资风格进行深度学习，为每位投资者个性化定制投资资讯、顾问等服务。

国海证券"智能投顾服务产品阵列"

在传统零售经纪业务的投顾服务中，主要依赖投顾人员基于专业能力提供荐股等服务。这种模式受限于投顾人员的精力、专业素养与投资风格，随着客户地域分布的拓展及个性化需求的增长，暴露出诸多短板。

国海证券的"智能投顾服务产品阵列"，依托于"数据中台＋生产引擎＋配送引擎"的架构体系。在此体系下，推出一系列特色鲜明的智能投顾服务子产品，进而构建起具有国海特色的智能投顾服务体系。客户能够依据当下市场行情、产品风格特点及自身投资需求，自主选择适配的服务产品。每个智能投顾子产品均严格遵循既定策略逻辑触发交易信号，为客户提供标准化的产品介绍、线上投顾服务及投顾信息推送等全套服务。整个服务流程实现自动化触发，无须人工干预，最大程度覆盖了长尾客户群体。相较于传统投顾服务，"智能投顾服务产品阵列"具备全流程自动化运作、不受情绪因素干扰、能够快速捕捉转瞬即逝的市场机会，且服务客户数量无上限等显著优势。

该平台包括了北上智投、指数智投、成长智投、周期智投、消费智投等多款产品。其中，北上智投紧密跟踪北上资金动向，以北上资金持仓市值变动发出的交易信号为依据，跟踪北上资金持仓重点，为客户提供以 A 股个股为标的的投资建议、相关投顾服务及证券市场资讯服务。指数智投是一款基于场内 ETF 估值交易策略的专业投顾服务产品，该产品以估值算法策略工具发出的交易信号为依据，为客户提供以特定的场内 ETF 为标的的投资建议、相关投顾服务及证券市场资讯服务。成长智投聚焦于跟踪 A 股市场中具有高成长性潜力的投资标的。周期智投则是跟踪 A 股市场中具备高周期性标的的投顾产品。消费智投是专门为投资者打造的跟踪 A 股市场中具备高消费性标的的投顾产品，并以模型计算后发出的交易信号为依据，为签约客户提供以 A 股个股为标的的投资建议、市场点评及证券市场资讯服务。

截至 2023 年 12 月 31 日，这些产品共创收约 43 万元，签约客户数 600 多人，签约资产量达到 1.6 亿元。基于智能投顾的整体框架，极大地提升了策略产品化的响应开发速度，单产品开发周期由供应商约 6 月/单产品提升至自研的约 1 月/单产品，开发效率提速 500％。

思考题：

1. 国海证券"智能投顾服务产品阵列"如何通过标准化、自动化的产品设计解决传统投顾服务的覆盖范围与质量稳定性问题？

2. 国海证券"智能投顾服务产品阵列"所依托的架构体系的核心技术优势体现在哪些方面？

（二）智能投研

智能投研指在金融市场数据的基础上，通过深度学习、自然语言处理等人工智能方法，对于数据、事件、结论等信息进行自动化处理和分析，为金融机构的专业从业人员（如分析师、基金经理、投资人等）提供投研帮助，提高其工作效率和分析能力[1]。

当前证券公司所提供的传统卖方研究服务中，存在搜索路径不完善、人工分析稳定性差、数据获取不完整、报告完成效率低下等问题。然而，人工智能的出现，可以提高每一个步骤的效率和精准性，降低人工成本。

与此同时，随着深度学习等人工智能技术的日趋成熟，基于大数据与人工智能算法的量化投资策略逐渐兴起。通过自然语言处理技术（NLP），从网络文本中获取数据，并基于深度学习等机器学习算法对获取的各类数据进行分析预测，进而发现财经新闻、公司公告等文本事件与相关资产在金融市场中的表现的联系，迅速判断市场中出现的各类机会。这类基于大数据技术与人工智能算法的投资策略不仅拓宽了信息获取源，提升了信息的分析深度与广度，而且与传统投资策略表现相关性低，是对传统策略的有力补充。

在智能投研领域，证券行业主要有以下两类盈利模式：第一，证券公司可以通过智能投研为客户提供统一定价的标准化数据模块、产品模块，以此创造营收；第二，证券公司可以从客户需求的角度出发，直接面对客户提供定制化的解决方案，建立稳定、可复制的盈利模式。

二、大数据的应用

证券行业已经基本具备大数据技术应用的条件。一方面，证券行业的业务转型为大数据建立了大量的应用场景。例如，在传统零售业务向财富管理转型的过程中，为客户提供个性化、定制化的服务对大数据提出了应用需求。另一方面，证券公司不仅能获得互联网上的非结构化数据[2]，还能积累大量的交易数据。这样多维度的数据源为大数据技术提供了重要的分析基础。因此，证券公司可以利用大数据技术在各个业务层面上推动智能化应用，提高传统业务的运行效率，并从中挖掘新的业务形态。

（一）证券承销业务

证券承销业务满足了资金需求者的直接融资需求，在开展此类业务时，证券公司需要对各种数据进行收集、整理和分析，这就需要运用到大数据技术。

第一，在进行证券承销发行时，证券公司可以利用大数据模型分析市场利率波动和行业风险等因子，基于分析结果确定合适的发行价格、发行规模、承销方式等。

第二，证券公司可以利用大数据分析投资者市场行为，设计出受市场欢迎、迎合投资者风险偏好的证券。

---

[1]　该概念根据鲸准研究院在 2018 年 7 月发布的《智能投研行业分析报告》给出。

[2]　非结构化数据是数据结构不规则或不完整，没有预定义的数据模型。

（二）自营业务

在证券自营业务中，证券公司可以利用大数据寻找投资热点，及时发现被市场低估的证券，从而优化自己的资产选择与配置。同时，自营业务的收益性和风险性特征，使得风险控制变得格外重要。证券公司可以通过大数据预知潜在的风险，并应用数据模型解决各种可能面临的困境，有效提高风险管理水平。

例如，广发证券的"风险数据集市项目"，利用大数据技术整合公司各条业务线的风险相关数据、第三方市场数据、交易对手数据、关联人数据、监管披露数据，形成相对完善的风险数据集市，在强大的计算力支撑下实现全面准确实时地监控及预测各种风险指标，强化各条业务线的风险管理能力。

 专栏 11-6

美国券商经纪业务主要模式

证券经纪业务转型已经势在必行，但其转型的方向拥有各种可能。证券公司可以借鉴国外成熟券商发展模式，异化发展；也可以尝试"去券商"，即利用互联网技术实现证券交易所与用户的直接交易。从当前实践来看，取得一定成功的美国主要证券经纪商，都在差异化的基础之上形成了具有自身特色的盈利模式。美国券商经纪业务主要有三种模式：美林模式、E-trade 模式、嘉信模式。

美林模式

该模式主要是依靠和凭借公司专业化的经纪队伍与庞大的市场研究力量，为客户提供各种理财服务。公司定位非常明确，针对富人开展全方位的资产投资组合咨询等服务。作为全球极大的金融资产经纪人之一，美林证券从 2000 年开始不再接受 10 万美元以下的客户开户，并逐步将开户标准提高到 25 万美元。服务收费水平依据服务内容的不同收取不同的费用。一般平均每笔交易收取费用高达 100～400 美元。该种模式的优势在于提供高端化、专业化、人性化、全方位的投资理财服务，容易抓住资金量大的重点客户和机构、基金投资者。缺点在于对公司的研究开发水平要求过高，对外服务的经纪人要有优秀的综合素质，成本下降的空间小。

美林模式的基础是其强大的中后台投研服务支持系统和数量众多的专业投资顾问，并在此基础上有针对性地向客户提供全面的综合财富管理服务。美林证券经纪业务的一系列转型措施中最值得借鉴之处是投资顾问与强大的中后台投研服务支持系统的无缝衔接。因此美林证券经纪业务实质上是向大资产管理这一路径转型。在此过程中，强大的中后台投研团队，高质量服务的针对性投放是其核心的竞争力。

E-Trade 模式

E-Trade 模式主要是针对费用价格弹性比较大、收入水平相对较低的个人投资者。该模式交易完全在网上进行，公司不设有形的营业网点，故尽可能低的佣金可以吸引对价格在意而对服务要求不高的投资者。由于营业成本低,因而价格是公司的核心竞争优势。E-Trade 公司与多家信息服务公司合作提供各种咨询服务和资产管理工具,客户按所提供的信息自行交易,每笔约 10 美元。通过低的佣金和费用,该种模式吸引了广大散户,节约了营业场地成本,交易量有"集腋成裘"的特点。

E-Trade 公司作为互联网时代证券经纪商的典型代表,完全不设立任何有形的物理营业网点,其客户所有的证券交易全部通过互联网完成。因此,E-Trade 公司凭借其固定成本优势,以大幅低于市场平均水平的佣金费率对价格敏感型的投资者极具吸引力,服务敏感型的投资者群体并非其利基市场。所以,E-Trade 公司的核心竞争优势就是其足够低廉的证券交易成本。

嘉信(Charles Schwab)模式

该模式同时提供给投资者网上交易、电话交易及店面交易,嘉信证券通过技术的不断创新来降低交易成本,进而降低服务价格,但并不会牺牲服务质量。正是凭借良好的服务、低廉的服务价格,嘉信证券吸引了大批客户。1996 年以来,它通过网上交易击败了传统券商霸主——美林证券。相比美林证券,嘉信证券并没有那么强大的咨询研发部门,而是有针对性地为客户提供咨询服务,将其客户锁定在需要一定服务但付不起高额费用的中产阶级。这种交易模式对普通投资者有较大吸引力。

嘉信证券通过嘉信理财平台同时向投资者提供现场交易与非现场交易,包括网上交易与电话交易。嘉信证券一方面不停地进行技术革新,削减交易成本,另一方面在不影响客户服务按质按量展开的前提下,使用大量的新技术让客户享受服务的同时支出更低的价格费用,增加了客户的消费者剩余。自 1995 年起,嘉信证券将重点集中在拓展非现场业务之上。凭借非现场交易业务的飞速发展,其证券经纪业务的市场份额迅速增加,并最终超过了美林证券成为市场占有率第一,超越了传统券商的龙头。嘉信理财经纪业务的核心拓展工具是互联网,仅做单一通道服务的提供商,并且全力削减费用,尽一切可能地发挥价格要素在获取竞争优势过程中的关键作用。

思考题:

美国券商经纪业务有美林、E-Trade、嘉信三种不同模式。结合我国市场特点,谈谈这些模式有哪些值得借鉴的经验。

第四节　证券行业基础设施的建设与优化

证券行业的基础设施,是包括证券登记、交易、支付和清算系统等在内的一系列公共服务系统的统称。基础设施层面的革命,最典型的就是"电子化""无纸化"的革命。曾经的证券都是纸质凭证,但现在已经基本上完成投资终端部分的无纸化。尽管如此,目前的金融系统还未完全实现无人工和标准化。区块链作为一种新的技术,可以在这些领域发挥巨大的作用,甚至颠覆现有的基础设施。同时,云计算也将重新梳理现有账户管理业务流程,帮助建立更为标准规范的账户集中管理体系,提升账户业务的处理效率,并做到弹性地满足券商在不同时期对 IT 系统的差异需求①。

一、区块链的应用

(一) 区块链的应用优势

区块链是一种不可篡改、安全性和透明度高、自动化水平高的分布式账簿,是一种可靠的记录交易和信息交互的方式。传统证券业的各个交易环节仍然需要人工干预,并且需要第三方中介机构的参与才能完成交易。这使得交易效率大大降低,也增加了成本。区块链技术可以使交易各方在无信任或者弱信任的条件下完成交易,从而实现去中介化。因此,区块链在证券业的各个领域都有巨大的应用潜力,两者的契合度非常高,具体来看主要有以下三点。

1. 自动化交易流程,提高效率

证券交易存在两个系统,其一是承担撮合交易功能的前台系统,其二是负责清算和交割的后台系统。在交易过程中,这两个系统的交互流程和环节十分冗杂,使得交易过程的时效性低、成本过高,风险也因为不能实时结算而增大。区块链能够简化和自动化交易流程,减少交互,实现发行者和投资者的直接交易。

2. 保护交易信息

区块链中的数据信息不可篡改,并可以储存自系统成立以来的所有记录,这就使得所有交易活动都能被追踪和查询,有效解决后续纠纷的问题。区块链是通过纯数学方式背书来保证交易的,用户的身份信息由数字化的地址来代替,也就是说,数据是公开透明的。但,背后的交易者是谁人们无从知晓,这就让人们在实现信息透明共享的同时,不暴露自己的身份信息,极大地保护了参与者的个人隐私。

3. 提高交易系统的安全性

传统的证券市场依靠交易所的交易系统来保证交易的正常运行,一旦交易系统出现故障,交易将难以进行。区块链技术利用许多分布式节点来支撑点对点网络,不会因为部分节点不运作而受到影响,提高了交易系统的抗风险能力。

 专栏 11-7

区块链技术在全球证券市场的应用情况

2018 年 8 月,深圳证券交易所发布公告称,将联合杭州趣链科技有限公司(以下简称"趣链科技")共同开展区块链应用安全管理与技术研究,解决区块链技术在证券期货行业应用中所面临的数据安全、隐私保护和智能合约等方面的技术难点。

---

① 证券行业建设一个"行业云",对券商们最有帮助,由于券商对 IT 系统的需求变化大,牛市时,券商们都在扩容,而熊市时,很多系统又会被闲置。而云计算能弹性地满足券商的这种差异需求。

并称将结合证券期货行业业务特点,在证券发行、证券交易和资金结算等方面,对区块链底层实现适应性的优化和改造需求,以打造适用于行业的区块链应用平台,减少行业重复投入,推动区块链技术在证券行业中的应用落地。2023 年 5 月,国家区块链技术创新中心在北京正式运行,2024 年 4 月,证券监管核心节点接入国家级区块链网络,这一举措充分保护市场主体的商业隐私,促进数据合规流通,显著提升证券市场监管的质量和精细度,降低市场风险。

不只是中国,世界上其他国家的证券交易所也早已开始区块链技术的研发与使用。2016 年 11 月,德意志联邦银行联合德意志交易所共同开发了区块链原型产品。该原型以超级账本项目的代码为基础,用于转移电子证券和数字货币,还具有债券支付和到期证券的赎回功能。德意志证券交易所是超级账本项目的成员之一,自 2015 年年初就开始探索自己的区块链应用。2018 年 3 月,德意志交易所集团计划研发一个区块链系统用于证券借贷。公告显示,德意志交易所计划研发一个更高效的证券结算系统,HQLAX 与区块链初创企业 R3 的 Corda 平台将为之提供技术支持。2025 年 3 月,美国证券交易的主要清算机构——存托信托与结算公司(DTCC)已承诺推广以太坊的 ERC-3643 许可证券代币标准。

此外,日本和韩国也有交易所计划或已经采用区块链技术来优化其核心交易基础设施。2015 年,东京证券交易所母公司日本交易所集团成立了一个内部研究小组研究分布式账本技术在资本市场基础设施中的应用。2018 年 9 月,东京证券交易所上市了一家使用加密数字货币进行房地产交易的公司 Ruden Holdings。该公司正在测试使用比特币交易,并在不动产销售中使用智能合约。

思考题:

1. 区块链技术的去中心化特点与传统证券监管模式存在一定冲突,在区块链应用于证券行业的背景下,监管机构应如何调整监管策略和手段,在促进创新的同时确保市场的合规运行?

2. 除了技术创新和业务模式调整,还有哪些因素可能影响区块链在证券清算结算中的应用突破?

(二) 区块链的应用实例

1. 清算和结算体系上的应用

证券清算指的是按照事先约定的规则计算资金账户往来的债权债务关系结果的过程。证券结算指的是根据清算结果,通过转移证券和资金履行相关债权债务关系的过程。目前证券市场的清算和结算环节存在以下几个问题。

(1) 流程周期过长。目前,国际主流证券交易所的清算周期都在 T + 1 到 T + 3 不等,原因就是交易的清算、结算流程需要第三方机构的介入,由于各个机构中业务流程和系统建设不尽相同,使得处理流程十分烦冗。

(2) 清算和结算集中度不高。以我国为例,债券的登记、清算和结算机构有上海清算所、中央国债登记结算有限责任公司、中国证券登记结算有限责任公司三所，不同类型债券的清算机构也不同，增加了数据统一的难度。

（3）**结算过程需要人工核对**。由于交易通常涉及多个机构，每个机构的记录流程不同，且交易过程需要的时间过长，容易导致信息误差，因此往往需要人工核对和调整。在一些另类投资市场，如大宗商品、房地产的交易市场，甚至依然以纸质文件操作，这些市场急需电子化的改造。

（4）**成本过高**。根据环球同业银行金融电讯协会（SWIFT）的统计，全球金融市场每年用于证券清算交收、担保品管理、托管业务费用高达 400 亿美元至 450 亿美元。传统证券清算结算的过程，如图 11-4 所示。

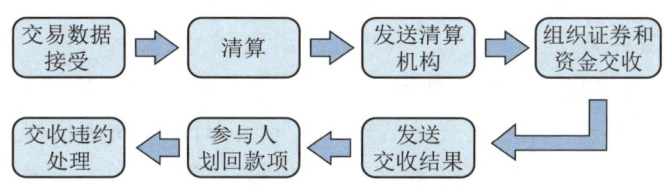

图 11-4　传统证券清算结算的过程

区块链共享、可追溯、稳定的特点使它在证券行业的清算和结算领域具备显著优势。第一，它通过去中心化的结构体系，形成不同节点共同参与的分布式系统。这就使得所有数据透明且可验证，解决了金融市场中核心的信用问题，省去了第三方中介和存管机构的复杂流程，避免人工核对带来的操作风险。第二，它在通过共识机制验证交易后，所有节点的账本将同时更新，可以真正实现实时清算和交割。这样不仅提高了效率，还能节省成本。第三，区块链多中心的特点，使它不会受部分节点故障的影响，从而提高了整个交易系统的稳定性。

如果将区块链引入清算和交付的系统，有以下思路可以借鉴。

通过"多中心化"结构，重塑场外市场生态系统。区块链技术的一个主要瓶颈就在于难以承载高强度交易。因此，目前还只适用于小规模的场外市场，这也是金融市场的一个极其重要的部分。在不依赖第三方机构、实现全网同步更新账本的"多中心"基础上，还可以将高信用背书的节点设置成"主中心"，由多个"主中心"共同制定平台规则，进一步增强系统稳定性。

除了上面所说的"主中心"，还可以将监管机构设置为最高层级的"特权"节点，在出现特定情况时，这些"特权"节点可以依法延缓或是拒绝交收。这样不仅增强了区块链在多种特殊情况下的适用性，还可维护金融市场的稳定，避免重复监管，限制自由裁量权，降低监管机构和市场参与者的成本。

2. 证券登记领域中的应用

在证券市场刚成立的初期，证券都是纸质凭证，投资者将股票存放在证券公司，并在交易时在证券公司做背书过户。但随着交易规模的扩大，美国在 20 世纪六七十年代出现了纸上作业危机，被迫在每周三暂停交易并缩短可交易日的交易时间。为了适应市场发展,美国建立了中央证券存管制度,并以电子化账簿登记股票所有权。这在当时的技术条件下是很有必要的,也确实大大提高了交易的稳定性与可靠性。

但区块链的出现,能使证券市场不需要中央机构来进行证券登记与电子账本维护,这在节省成本的同时,降低了人工操作的风险。

3. 证券交易中的应用

在证券交易中最典型的应用就是智能合约(smart contracts)。智能合约最早由尼克·萨博(Nick Szabo)提出,他将其归纳为"一套以数字形式定义的承诺(promises),包括合约参与方可以在上面执行这些承诺的协议。"简单地说,当达到某些预先设定的条件时,系统便会自动执行相应合同。与人工智能不同,智能合约是由一些外部数据来触发的。由于过去数字化协议还未被开发出来,智能合约缺乏计算机可读的代码条件,因此这个设想一直没能实现。

近年来,智能合约在证券交易领域的应用不断拓展深化。2023年10月,香港交易及结算所有限公司推出沪深港通交易结算加速平台HKEX Synapse,借助DAML智能合约技术,标准化并简化了交易后工作流程,有效提升了运营效率与透明度,同时降低了结算风险。2024年11月,港交所计划于2025年通过网上平台,运用分布式分类账技术及智能合约,对交易所买卖产品(ETP)的实物申购及赎回机制进行数字化与自动化升级,以提升整体ETP市场效率,推动二级市场活动增长。

目前,证券市场的大部分金融交易仍需要人工干预,而智能合约可以把许多复杂合约写入电脑程序中,将其标准化、自动化、智能化。由于交易的任何一方不可干预既定交易程序的执行过程,且交易需要满足特定条件才会执行,这就降低了交易双方面临的结算风险,即违约风险。因此,智能合约在证券交易市场中将有重大价值。

专栏 11-8

智能合约的基础架构模型

智能合约的生命周期根据其运行机制可概括为协商、开发、部署、运维、学习和自毁六个阶段。其中,开发阶段包括合约上链前的合约测试,学习阶段包括智能合约的运行反馈与合约更新等。图11-5为智能合约的基础架构模型,模型自底向上由基础设施层、合约层、运维层、智能层、表现层和应用层组成。

基础设施层:封装了支持智能合约及其衍生应用实现所需的所有基础设施,包括分布式账本及其关键技术、开发环境和可信数据源等,这些基础设施的选择将在一定程度上影响智能合约的设计模式和合约属性。

合约层:封装了静态的合约数据,包括各方达成一致的合约条款、合约条款代码化后的情景——应对型规则和创建者指定的合约与外界以及合约与合约的交互准则等。合约层可看作是智能合约的静态数据库,封装了所有智能合约调用、执行、通信规则。

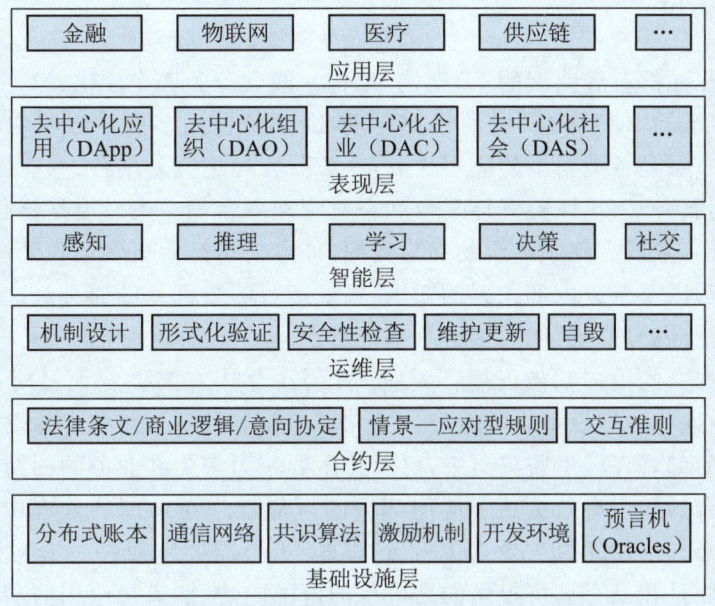

图 11-5　智能合约的基础架构模型

运维层：封装了一系列对合约层中静态合约数据的动态操作，包括机制设计、形式化验证、安全性检查、维护更新、自毁等。智能合约的应用通常关乎真实世界的经济利益，恶意的、错误的、有漏洞的智能合约会带来巨大的经济损失。运维层是保证智能合约能够按照设计者意愿正确、安全、高效运行的关键。

智能层：封装了各类智能算法，包括感知、推理、学习、决策和社交等，为前三层构建的可完全按照创建者意愿在区块链系统中安全高效执行的智能合约增添了智能性。需要指出的是，当前的智能合约并不具备智能性，只能按照预置的规则执行相应的动作。但是，我们认为未来的智能合约将不仅可以按照预定义的"If-Then"式语句自动执行，更可以具备未知场景下"What-If"式智能推演、计算实验以及自主决策等功能。

表现层：封装了智能合约在实际应用中的各类具体表现形式，包括去中心化应用（decentralized application，DApp）、去中心化自治组织（decentralized autonomous organization，DAO）、去中心化自治企业（decentralized autonomous corporation，DAC）和去中心化自治社会（decentralized autonomous society，DAS）等。

应用层：封装了智能合约及其表现形式的具体应用领域。理论上，区块链及智能合约可应用于各行各业，金融、物联网、医疗、供应链等均是其典型应用领域。

资料来源：欧阳丽炜、王帅、袁勇，等，《区块链智能合约的发展现状：架构、应用与发展趋势》，《自动化学报》2019 年第 3 期。

思考题：

智能合约在金融领域的应用前景与挑战有哪些？

二、云计算的应用

证券公司往往都有着典型的 IT 架构,架构一般会分为四个层次:第一层是券商和客户的交互,从传统的 PC 终端发展到移动终端,继续延伸到多媒体呼叫中心、新媒体、开放的 API。第二层是各类新型的应用服务,一般分为经纪交易平台、专业投资平台、业务运营平台、营销服务平台、风险管理平台和企业管理平台等。第三层是核心数据,用于支持证券公司运作、发展。除了传统的交易数据,证券公司开始更多地收录产品数据、市场数据、新闻资讯,以及企业内部积累的知识、系统运行的数据。券商会对这些数据做大数据分析和数据挖掘处理。第四层是信息基础平台。

由于过去券商的很多基础设施都是物理设备,意味着需要花大量时间和金钱去购买、部署和维护这些物理设备。随着云计算和虚拟化等一系列新技术的发展,券商 IT 服务部门从烦琐的部署环境里脱离出来,可以将主要精力聚焦在业务的创新上。

私有云平台的运用有效提高了应用部署的可靠性。在以前的处理中,IT 部门会针对每套系统考虑如果物理机失效该怎么处理,IT 人员需要针对每一套应用考虑高可用方案。现在只要是在私有云可提供的高可用的范围内,都能满足应用的基本需求。比如管理类应用的 RTO[①]、RPO[②]要求的时间并没有那么高。这种情况下,IT 部门就不用再针对每一套系统,去解决大量的可用问题,极大地缩短了应用部署的时间,同时减少了所需的人力资源。私有云提高了 IT 的运维和生产效率,减少了基础的物理架构成本和数据中心的运营成本。

专栏 11-9

安信证券“私有云”平台

2023 年 11 月,安信证券股份有限公司(简称安信证券)自主创新私有云平台为业务系统提供灵活、可靠、安全的核心数字底座,获 2023 届“金信通”金融科技创新应用最佳实践案例奖。

传统数据中心模式下,安信证券和行业内其他券商一样,同样面临着 IT 设备的利用率低、管理成本高、难以快速满足业务自主创新改造需求等系列挑战。而证券行业对于科技有几点要求,交易处理必须速度要快、可靠性要高,准确性要完全精准,体量要足够大。这一系列变革的需求和背景推动着证券交易所、证券公司在交易技术上做出变革。

安信证券“私有云”平台采用了华为云 Stack 的统一架构、标准化部署、全栈云管理等能力,实现了云上云下互通,平滑对接现有 IDC 网络,实现云上云下一张网;通过复用云下网络和管理系统,保护现有投资;通过统一管理,实现安信证券“一朵

---

① RTO(recovery time objective,复原时间目标)是企业可容许服务中断的时间长度。
② RPO(recovery point objective,复原点目标)是指服务恢复后,恢复得来的数据。

云"，支持多元算力，通过云管平台统一管理服务，目前，通过云管平台统一管理服务，安信证券已实现10＋云服务类别和50＋云服务目录的统一管理，极大地提升了资源调配的灵活性和效率。通过云上云下统一安全体系，安信证券实现了集中化管理，让安全更加体系化、隔离有效化。在云运营平台上，资源交付实现了自动化、自助化和管理精细化。通过配额管理、自动交付和自助使用，安信证券大幅提高了资源供给效率，将交付效率从数天级提升到分钟级，应用部署周期提升了50％，资源利用率预计提升1倍，整体维护成本下降30％。此外，安信证券"私有云"平台通过多云容器统一管理，实现了资源弹性扩缩和敏捷交付。融合云原生和基础资源，提供一体化供给和管理能力，降低了使用成本。整体资源利用率提升了20％以上。安信证券"私有云"平台的成功建设，不仅提升了资源利用率，还显著降低了运维成本，提高了业务系统的灵活性和安全性。

思考题：

1. 安信证券为何选择构建"私有云"平台而非采用公有云？

2. 结合数据，分析云平台如何通过自动化管理和资源弹性调配优化券商IT运营模式。

本章小结

1. 证券业在开展金融科技方面的开拓还存在诸多挑战，一是证券市场制度不够完善，监管有效性不够高；二是中国的证券市场不够发达，行业集中度不高；三是证券行业目前业务单一，缺乏个性化的服务。

2. 未来券商可以从客户经营与交互、业务改进和基础设施建设三个方面利用金融科技赋能。客户经营与交互方面重点在移动终端建设；业务改进方面有望在智能投顾和智能投研方面获得突破；基础设施建设方面利用区块链和云计算技术进行突破。

3. 智能投研指在金融市场数据的基础上，通过深度学习、自然语言处理等人工智能方法，对于数据、事件、结论等信息进行自动化处理和分析，为金融机构的专业从业人员（如分析师、基金经理、投资人等）提供投研帮助，提高其工作效率和分析能力。

4. 区块链共享、可追溯、稳定的特点使它在证券行业的清算和结算领域具备显著优势。

5. 私有云平台的运用有效提高了应用部署的可靠性，极大地缩短了应用部署的时间，同时减少了所需的人力资源。私有云提高了IT的运维和生产效率，减少了基础的物理架构成本和数据中心的运营成本。

复习思考题

1. 证券行业和其他行业的金融科技发展有何区别？

2. 金融科技可以从哪些角度对证券行业进行赋能？

3. 目前,证券行业中金融科技的发展有哪些限制和不足？请提出相应的解决办法。

4. 上网寻找一个你认为的金融科技在证券行业成功运用的例子,并分析其成功的关键。

第十二章

金融科技与资产管理行业

学习目标

1. 掌握资产管理的概念、发展和前景。
2. 了解科技对资产管理行业用户交互领域应用与发展的影响。
3. 了解科技对资产管理业务开发和升级的促进作用。
4. 了解资产管理行业基础设施的建设和优化。

引导案例

资产管理行业的竞争一直是武装到牙齿的技术军备竞赛。量化投资界鼻祖詹姆斯·西蒙斯（James Simons）的大奖章基金被誉为最成功的对冲基金。在扬名华尔街前，詹姆斯·西蒙斯是摘得数学界皇冠全美维布伦奖的天才数学家，后来他运用传奇"数学公式"，叱咤华尔街。近年来，资产管理行业引领着智能金融的研究和实践：IBM人工智能开发小组领军人物加盟著名对冲基金桥水基金，NASA（美国国家航空航天局）首席数据科学家加盟贝莱德集团，卡内基梅隆大学计算机系主任加盟摩根大通集团……

2019年7月，全球第二大对冲基金AQR，在其公司官网发布最新的研究《机器能"学习"金融吗？》。人工智能改造了传统投资流程上信息获取与分析判断的方法，计算机通过算法模型来处理数据，并不断提升寻找交易信号的能力，金融资产管理人会不会被"AlphGo"们取代？

2024年7月，波士顿咨询发布了《2024年全球资产管理报告：AI与下一轮转型浪潮》。该报告指出，为了在激烈的市场竞争中保持竞争力并提升盈利能力，资产管理机构必须加速推进最佳战略转型。其中，人工智能和生成式人工智能已成为决定成败的关键因素。

随着金融机构和科技企业优势互补、深度融合，穿透式监管打破多层嵌套，资管公司面临着诸多挑战。

思考题：

1. 人工智能和生成式 AI 将如何重塑资产管理行业的人才结构、商业模式和竞争格局？

2. 资产管理公司应如何平衡技术创新带来的效率提升与监管合规要求？

第一节　资产管理业务的概念与发展

一、资产管理业务的概念

实物资产通常是看得见摸得着的，比如住房、商铺、汽车、古董和各类机器设备等。此类资产的管理重点是存放和保养维护，维持其生命期的使用价值或欣赏价值。随着资产证券化的不断发展，资产逐渐从看得见摸得着的实物资产变成了一纸凭证。同时，随着计算机和互联网技术的发展，资产进一步变成了屏幕上显示的一串数字或数据。因此，此类资产管理更加注重对影响证券价值变化因素的管理。而影响证券价值的因素千变万化，就如一艘行驶在波涛汹涌大海上的帆船，其轨迹变化多端，这对资产管理形成了巨大的挑战。

随着金融科技的发展和资产管理监管机构对金融科技的理解及认识加深，相关的监管措施和协调机制也正在逐步建立和完善。

资产管理业务是指银行、信托、证券、基金、期货、保险资产管理机构、金融资产投资公司等金融机构接受投资者委托，对受托的投资者财产进行投资和管理的金融服务。金融机构为委托人利益履行诚实信用、勤勉尽责义务并收取相应的管理费用，委托人自担投资风险并获得收益。从以上概念可知，资产管理的主体是金融机构，区别于实体企业内部的资产管理；管理的对象是投资者的财产，此处的财产主要指金融资产，不包括实物财产，更狭义的资产就是客户的货币资金，不包括股权、债权等资产。

资产管理主要涉及两端。一端是资金端，是投资者的货币资金；一端是资产端，主要是证券化的资产，比如股票、债券、期货、票据、房地产信托等。资产管理图示，如图 12-1 所示。资产管理的目的便是匹配资金端和资产端，达到跨时空的合理高效配置，从而为资金端的投资者实现财富的保值增值，同时满足资产端各类企业的融资需求。行使资产管理活动的主体是获得资产管理业务许可的各类金融机构，包括银行、证券、基金、保险、期货公司等。

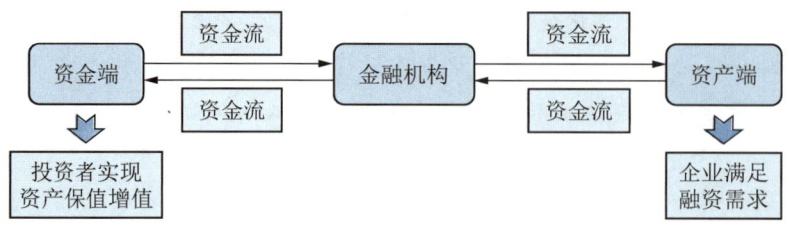

图 12-1　资产管理图示

二、资产管理业务的发展

我国资产管理行业发展过程可以分为四个阶段:第一阶段为 2007 年以前,以基金业为主导,受股票市场影响较大;第二阶段为 2008 年至 2012 年,信托类业务快速扩张,资产管理行业开始发挥融资功能;第三阶段为 2013 年至 2015 年,"大资管"①快速发展,技术创新的影响开始显现;第四阶段为 2016 年以来,以规范行业和防范风险为主线,推动金融去杠杆、统一监管框架以促进资产管理行业平稳健康发展。具体来说,为消除影子银行、资金空转,防控好系统性金融风险,监管机构出台了资管业务系列新规,其核心可归纳为"三去一降一补",即去刚兑、去嵌套、去错配,降杠杆,补短板。这具有以下四项重要意义。

(1)归纳并确定了"真资管"的含义和边界,统一规范信托、银行、券商、基金各类金融机构资管业务监管标准,消除了监管套利空间。

(2)实现监管模式由机构监管向功能监管转变,增强金融监管的协同性,提高监管水平与能力。

(3)让资管业务回归本源,推动金融机构资管业务转型。

(4)推动资管业务回归服务实体经济本源,实现资管业务"脱虚向实"、平稳健康发展。资产管理行业体系,如图 12-2 所示。

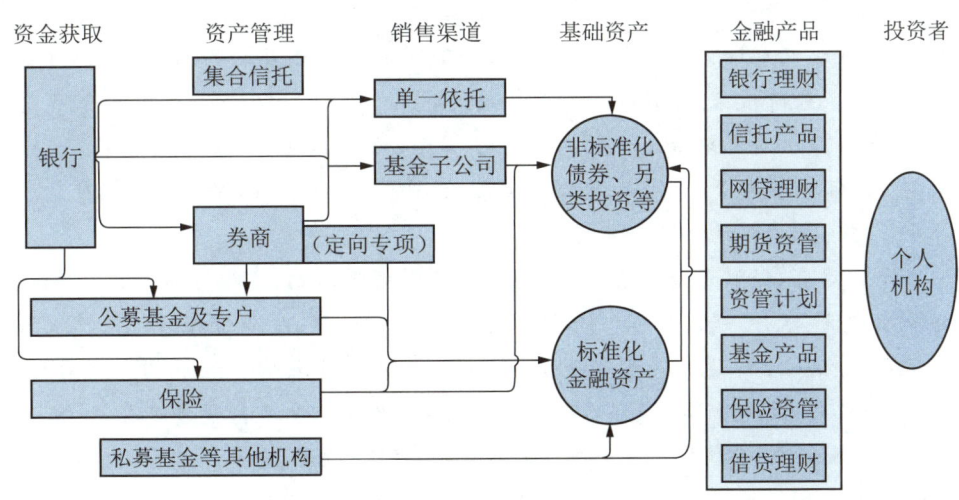

图 12-2　资产管理行业体系

随着我国居民财富的逐步增长,资产管理规模也随之快速增长。截至 2023 年年底,我国各资产管理机构的管理资产规模共计为 140.64 万亿元。如图 12-3 所示,公募基金净值为 27.60 万亿元,银行理财产品规模为 26.80 万亿元,信托资产规模为 23.92 万亿

---

① "大资管"是对中国资产管理行业环境的一种泛指。随着监管的不断放开,进一步竞争、创新、混业经营的阶段。

元,私募基金产品规模为 20.32 万亿元、私募资管产品规模为 12.41 万亿元、资产证券化行业产品规模为1.92万亿元,保险资金运用余额为 27.67 万亿元。其中,2023 年公募基金管理规模超越银行理财成为资管行业细分领域规模第一位。

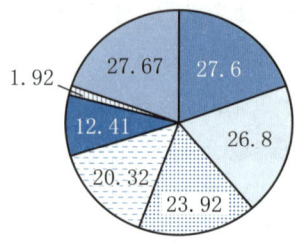

图 12-3　各资产管理机构资产管理规模(单位:万亿元)

资产管理行业国内外现状比较

波士顿咨询研究显示,截至 2023 年年末,全球资管行业管理资产规模达 118.7 万亿美元,同比增长 12%,预计全球资管行业营业收入将同比微增0.2%,而成本同比增长约 4.3%,净利润同比下降约 8.1%。全球资管行业整体规模较 2022 年复苏扩张,但行业利润整体同比下降,行业在面临较大收入增长压力的同时,亦面对着成本刚性问题。分阶段来看,国际资产管理规模在 2002—2007 年的年均复合增速为12%,但金融危机对全球金融机构都产生了深远的影响,2007—2016 年国际资产管理规模经历了回撤与复苏,年均复合增速降至 4%。截至 2023 年年末,中国资产管理行业管理资产规模约 141 万亿元。

从资金端看,提供资金的主体,即具有资产管理需求的主体,包括居民、企业、政府企事业单位、银行;居民又可以分为工薪阶层、富裕阶层、高净值人群。根据波士顿咨询公司的报告,全球资产管理市场资金来源主要包括个人客户和机构客户两大类。其中,个人客户包括银行渠道、私人银行全权委托、个人账户直接投资公募基金、个人养老金和个人保险,而机构客户主要包括养老金、保险、政府、企业和非营利机构。

养老资金和保险资金是资产管理市场的重要参与力量。各国养老金的体系差异对本地个人客户和机构客户的占比有巨大影响。由于个人养老金账户(IRA 和DC 计划)盛行,美国是发达国家中少有的个人客户占比高于机构客户的国家。2023年,美国居民实际持有的共同基金规模占共同基金整体规模约88.3%,在美国居民配置共同基金的结构中,约 52.7%出自 IRA、DC 计划等账户。养老金也是中国资产管理行业中增长最快的领域。安永发布的《中国养老金报告　第三支柱元年》数据显示,2022 年年底,中国 21 家管理公司共同管理着超过 1 000 亿元人民币的养老金 FoF。

思考题：

1. 中国资产管理行业规模增长的独特因素有哪些？

2. 随着养老资金和保险资金在资产管理市场占比的变化，未来资产管理机构应如何调整业务策略？

2025 年 4 月，国家金融监督管理总局发布《关于促进金融资产管理公司高质量发展提升监管质效的指导意见》。该文件进一步强化金融资产管理公司监管，有效防范化解风险，促进金融资产管理公司高质量发展，在新形势下更好地发挥金融资产管理公司金融救助和逆周期调节的功能作用。对于推动金融资产管理公司在新发展格局下实现高质量发展具有重要意义。

为更好地满足客户的资产管理需求，新兴科学技术在资产管理行业中得到较为全面的运用，包括客户的分层获取、产品的创新，以及成本的控制削减。首先，前台解决资金来源问题，需要与客户密切接触，获取客户的委托资金，并结合客户资产管理业绩与客户进行沟通反馈。资产管理行业最重要的便是知道客户需要什么。过去资产管理行业的销售推广以平台方式为主，很少考虑用户个性化需求。而金融科技在前台业务的主要作用是高效与客户沟通对接。基于大数据，进行客户画像，挖掘分析出客户的真实投资需求，提升客户资产管理体验。其次，中台业务解决客户投资需求的收益风险分析和匹配，具体包括产品设计、资产配置。短时期内，人工智能无法完全取代基金经理，但是能为基金经理带来更多的分析工具、数据，同时为基金经理提供更全面的角度论证投资决策，进行归因分析。最后，在后台运营业务的信息获取与分析、投资标的选择、市场时机分析、风险管理、证券交易等方面，科技可以有效加强成本控制，进行流程优化，如通过云端服务提高 IT 服务性能，通过机器和算法自动执行下单交易等。

第二节　资产管理行业用户交互领域的技术应用与发展

资产管理行业中，传统的客户交互模式是客服人员或销售人员与客户当面或者通过电话进行交流互动。客服人员经常收到投资客户和潜在投资人的问题咨询，这些问题往往是一些简单的问题，具有很高的重复性，但需要耗费大量的时间。主要线下场所包括银行网点、券商营业部、公司或客户的办公场所等。为了扩大客服的广度和密度，此种模式必然需要大量的销售人员，但同时也显然增加了资产管理机构的成本，对客户需求的把握局限于面谈和问卷调查，对客户的画像不够全面系统。从客户的角度看，客户与销售人员的沟通受限于其当时场景所能获取的信息，未必可以做出理性的投资判断。与商业银行和证券行业类似，金融科技在资产管理客户交互领域中的应用可以有效替代人海战术的传统模式，同时改善客户体验。

一、智能客服

网页客户端、电脑桌面客户端、移动客户端、微信公众号、微信小程序等打破了客户交互的时空限制，由线下的有限场景转变为线上多样化场景。客户可以 24 小时登录各类终端获取资产管理相关信息并且与人工客服或机器人客服取得联系，极大地改善了客户获取资产管理服务的体验。在这些面向客户端的应用上，运用聊天机器人和自然语言处理（NLP），智能客服可以快速回答问题，解放人力，让人去处理更复杂的咨询，提高客服效率和客户满意度。

二、客户画像

面谈和问卷调查所获取的客户信息通常是碎片化的，甚至只是客户的一面之词，既不全面也不客观。通过大数据的运用，资产管理机构结合业务需求，可以对客户进行更加精准的画像。进行客户画像时，收集的信息标签包括行为数据、场景数据、兴趣数据、属性数据、状态数据、设备数据等。大数据用户场景数据收集标签，如表 12-1 所示。

表 12-1　大数据用户场景数据收集标签

数据类别	用户标签
行为数据	浏览、搜索、社交、线下活动
场景数据	时间、地点、LBS(location based service)
兴趣数据	品牌数据、体育数据、娱乐数据
属性数据	性别、年龄、学历
状态数据	婚恋、消费、居住
设备数据	设备类型、设备型号、操作系统

这样，可以对客户的财产状况和投资目的有更全面准确的把握。尤其对于风险偏好和风险承受能力，可以从客户的日常消费之中提取信息加以分析，而不是用简单的问卷调查结果来作为客户的风险偏好判定。这对匹配客户投资需求的产品和资产具有重要的指导价值，以免进行错误的资产匹配。

三、智能营销

在客户画像的基础上，资产管理产品可以实现精准营销，对接有真实需求的客户。精准营销是人工智能在营销（零售）领域的应用场景。它基于大数据、机器学习等技术，掌握了更多的客户信息，可以构建客户 360°立体画像，提供千人千面的个性化营销，对不同的细分客户推荐不同的产品和资讯。

精准营销改变了以往营销方案制定、营销人群选择、营销渠道接入需要人工处理的模式。它可以自动完成目标人群筛选、营销推送、营销效果跟踪、营销算法更新等工作。

例如,通过客户画像筛选目标人群,通过推荐算法获取合适的产品并自动完成投放,通过客户反馈跟踪推荐算法的效果,对推荐算法模型进行迭代调优。

第三节 资产管理业务的开发与改进

一、产品设计

科技的运用显著提高了资产管理机构的产品设计能力。资产管理机构利用大数据,一是可以把握投资先机,二是可以为不同的客户群体定制差异化产品。

在把握投资先机上,传统的权益类、固收类、商品期货类资产管理产品,通常是基于财务、宏观经济、行业等结构化数据建立的资产管理组合。这些数据通常由政府部门、上市公司和一些行业协会发布,是事后统计的滞后数据。但随着互联网、物联网技术的发展,对于数据的跟踪和分析越来越需要及时甚至提前预测。因此,在资产管理产品方面,基于实时性的非结构化数据的资产管理产品更能体现出资产的准确价值。

专栏 12-2

卫星图像中的投资机会

北京四象爱数科技有限公司(以下简称四象科技)成立于 2017 年,是以海量遥感数据分析为核心技术的卫星应用企业。该公司将遥感数据用于应急、环保、农业、住建、能源、保险、金融投资等领域。此外,四象科技自建"SAR + 多光谱 + 红外多源遥感卫星星座及星地一体化系统",首批三颗已于 2023 年 7 月发射,自建卫星地面站已投入使用,地面数据中心及地面系统已完成联试。

农业是四象科技最早布局的领域,同时也是卫星遥感技术应用最具挑战性的领域。通过卫星遥感技术,四象科技对耕地资源、作物面积、农作物长势及产量预估、设施农业和非农非粮化等进行综合监测。例如,在耕地资源监测方面,四象科技利用卫星遥感数据对区域内耕地资源进行精准分析,结合地物的光谱反射率曲线特性,可以在农业生产前期调研耕地、水资源等的现状,以及农田环境污染、水土流失、土地荒漠化和盐渍化等特殊情况,全面提供农业资源的面积、质量等情况,并对其进行评估。当前,卫星遥感技术在农业领域的应用已经非常普遍。在农业贷款中,遥感数据可以用来确认农作物的种植情况,从而进行财产核实。在农业保险理赔中,遥感技术能够通过卫星监测来确定受灾面积或损失程度,这在以往通常需要依赖人力来完成。

在金融服务方面,四象科技通过卫星遥感技术对房地产工程、建筑工程、路网工程、城市夜间灯光、钢铁企业生产活跃度、中美海运情况、美洲大豆生长情况、中国光伏发电设备建设等进行时序性跟踪。其中,夜间灯光指数用于反映城市人类活动变化和工业活动变化,四象科技的夜光卫星和红外卫星主要反映城市经济活跃程度,大气卫星则通过工业排放二氧化氮的浓度指数,反映各地工业生产活动情况。该指数在国际上也有广泛应用,例如,投资机构根据德国地区的夜光数据波动,比较往年同期夜光强度下降,与天然气等能源价格数据相互印证,预测能源价格走势。

通常,我们从社交网络、政府部门、电子商务等渠道获取数据寻找市场变化的蛛丝马迹。四象科技的案例启示我们,随着图像识别、语音识别、深度学习算法的发展,投资机会的发掘可以拓展到实况的世界,包括对船舶、车辆、人流、航空、天气、农业、森林等对象的实时追踪。这将极大地拓展人类的视野,提升投资的效率。

思考题:
1. 在实际应用中,如何验证卫星数据与投资结果的关联性?
2. 当前,制约卫星数据在金融领域大规模应用的技术瓶颈和商业障碍有哪些?

在量身定制产品上,零售客户、高净值客户与机构客户需求具有很大的差异,因此需要匹配不同的资产管理产品。根据现代投资组合理论,充分分散的投资组合具有更小的风险,同等风险水平下收益更高。所以,可以通过投资于已有的股票基金、债券基金和对冲基金,形成 FOF(fund of funds)产品,而不是直接投资股票、债券和商品期货等底层资产。这类 FOF 产品涉及的底层资产、资产管理者数量庞大,需要分析的数据量较大,因此依靠人的主观定性分析是不可行的。可以基于大数据和人工智能技术处理海量数据,形成具有不同风险收益水平组合的多样化产品。

此外,资产管理机构与科技公司的合作不仅颠覆了货币市场基金的销售方式,也产生了新兴资产管理产品。近年来,在线货币市场基金(MMFs)出现了显著增长。蚂蚁集团旗下的"余额宝"截至 2024 年 12 月 31 日,拥有 7 710.24 亿元人民币(合 1 133.86 亿美元)的资产管理规模,成为全球最大的 MMF。它的收益率可以高于一年期定期存款。各大基金公司还与科技公司合作推出大数据型资产管理产品。国内部分大数据基金产品,如表 12-2 所示。

表 12-2　国内部分大数据基金产品

基金简称	基金公司	数据合作方	产品类型
银河定投宝(519677)	银河基金	腾讯财经	指数型
广发百发 100 指数(000826)	广发基金	百度	指数型
南方大数据 100(001113)	南方基金	新浪	指数型
博时招财一号大数据(001238)	博时基金	蚂蚁集团	偏债混合型
博时中证淘金大数据 100I(001243)	博时基金	蚂蚁集团	指数型
南方大数据 300(001420)	南方基金	新浪	指数型
东方红京东大数据(001564)	东方资管	京东	混合型
大成 360 互联网＋大数据 100A(002236)	大成基金	奇虎 360	指数型股票

二、智能投顾

商业银行和证券行业都将智能投顾作为资产管理业务板块的重点。本书第八章第三节和第十章第三节已经分别做了介绍。在资产管理行业,智能投顾更是各机构展开竞争的重点领域。如前面所介绍,智能投顾结合人工智能、大数据、云计算等新兴技术,借助投资理论搭建量化交易决策模型,再将投资者风险偏好、财务状况及理财规划等变量输入模型,生成自动化、智能化、个性化的资产配置建议,并提供交易执行、资产再平衡、税收筹划、房贷偿还、税收申报等增值服务。智能投顾主要包括三要素:数据、投资模型与决策算法。智能投顾的服务模式,如图 12-4 所示。

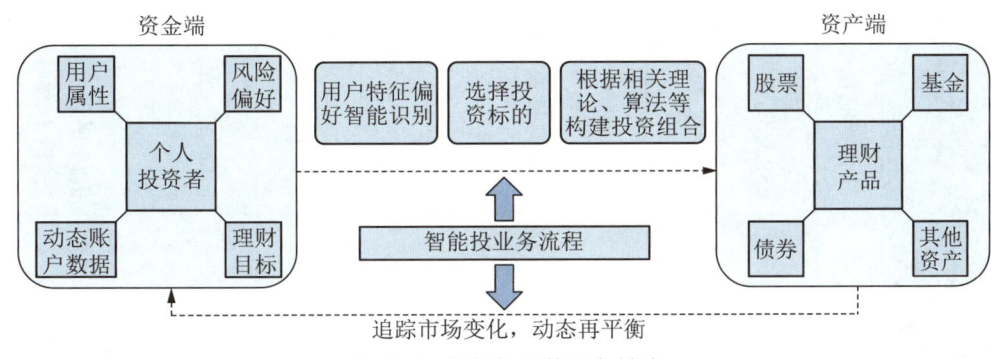

图 12-4　智能投顾的服务模式

在美国,大型资产管理机构是智能投顾最大的使用者和受益方,可通过使用智能投顾减少人力成本、降低服务门槛。智能投顾在美国于 2010 年兴起,资产管理规模在 2012 年几乎为零,到 2015 年增至 530 亿美元,而到 2016 年更是达到 2 000 亿美元,行业发展迅速。其中成立较早且规模较大的智能投顾公司有 2010 年成立的 Betterment 公司和 2011 年成立的 Wealthfront 公司。截至 2025 年 Wealthfront 公司的资产管理规模近 300 亿美元,而在 2015 年 1 月仅为 18.3 亿美元。目前其投资范围以交易型开放式指数基金(ETF)为主,管理费用较低。Morningstar 公司估计智能投顾的盈亏平衡点在 160 亿～400 亿美元,目前智能投顾盈利能力较差。

2015 年后,传统金融开始进入智能投顾市场,BlackRock 集团宣布收购 Future Advisor 公司,嘉信理财推出智能投顾产品 SIP,先锋基金推出类似服务 PAS,高盛先后投资 Motif Investing 公司。从管理的资金规模来看,传统机构旗下的智能投顾平台远超专业智能投顾公司,其主要优势在于已积累庞大客户群、品牌接受度高、自有金融产品优势和传统投顾能力强大。美国领先的智能投顾平台对比,如表 12-3 所示。

与美国相比,我国智能投顾起步较晚,主要用于基金、理财产品的销售,其智能功能有限。2016 年起,我国智能投顾才真正开始发展,受到法律法规、数据技术、盈利模式、投资者结构、资源人才等制约,大多停留在研发、概念阶段,少数处于推广试用阶段。我国智能投顾平台发展情况如表 12-4 所示。

表 12-3 美国领先的智能投顾平台对比

项目	Wealthfront	Betterment	Future Advisor（贝莱德收购）	嘉信理财 SIP	先锋基金 PAS
类别	纯智能投顾	混合智能投顾	纯智能投顾	混合智能投顾	混合智能投顾
资产管理规模（2024.8）	214 亿美元	268 亿美元	18 亿美元	658 亿美元	2 066 亿美元
资产门槛	500 美元	0	1 万美元	5 000 美元	5 万美元
咨询管理费用	自动化投资账户 1 万美元内免费；超过部分费率 0.25%，S&P 500 直接投资组合账户：0.09%	普通套餐：0.25%，高级套餐：0.40%	0.50	0（买方投顾）	资产低于 500 万美元：0.30%，500 万至 1 000 万美元：0.20%，1 000 万至 2 500 万美元：0.10%，超过 2 500 万美元：0.05%
ETF 交易费率	0.03%~0.39%	0.07%~0.15%	0.10%~0.20%	0.03%~0.55%	0.12%~0.35%
投资范围	11 大类 ETF	12 大类 ETF	ETF 为主	51 支嘉信及其他公司 ETF	先锋旗下股票型及债券型 ETF
税收亏损收割	面向所有用户	税收优化直接指数化面向 10 万美元以上用户	面向所有用户	面向 5 万美元以上用户	面向 5 000 美元以上用户
资产再平衡	自动进行，与税收收割有机结合	自动进行，与税收收割有机结合	自动进行，与税收收割有机结合	偏离预设投资目标 5% 以上时触发	提供策略性建议并非自动节税

表 12-4　我国智能投顾平台发展情况

平　　台	创立时间	背　　景	发展情况
理财魔方	2015.5	创业公司	2017 年 4 月完成 Pre-A 融资,金额 2 000 万元,以"千人千面"和动态调仓功能为重点
弥财	2015.10	创业公司	2017 年 3 月获得 Pre-A 融资,打造"中国版 Wealthfront",提供"自动化投资理财服务"
京东智投	2015.8	互联网公司	2016 年 1 月京东金融完成 66.5 亿元融资
广发基金	2016.8	基金公司	在 App 中推出智能基金组合服务"基智理财",截至 2017 年 2 月 28 日,组合销售已达 5 亿元
恒生电子	2017.6	金融 IT 企业	推出智能投顾 BiRobot 3.0,提供客户需求探索、资产优化模型、智能择市(量化投资策略)和资产智能管理四大服务
同花顺 i 问财	2009	互联网金融信息服务公司	2009 年,爱问财成立。2015 年,爱问财自然语言选股日均 PV 破百万。2018 年,推出智能投顾机器人。2023 年,问财开始全面融合 HithinkGPT。HithinkGPT 是业内首家通过网信办备案的金融对话大模型

　　国内的银行及证券公司陆续推出的智能投顾产品的定制化和智能化程度仍处于初级水平,主要内容是咨询和产品的个性化推送、智能客服、辅助投资决策等,带来了用户体验的改善。券商智能投顾的收入以交易佣金为主,经纪业务采用低佣金策略,盈利能力不足;银行的智能投顾以基金销售收入为主,比如,平安证券的"智能资产配置服务系统"、长江证券的"iVatarGo"。

专栏 12-3

通联数据

　　通联数据背靠万向集团,致力于将人工智能、大数据、云计算等信息技术和专业的投资理念相结合,打造国际化的金融服务平台。通联数据在金融科技领域开展创新研究,研发了基本面研究平台萝卜投研、量化投资平台优矿等金融科技产品。

　　萝卜投研

　　萝卜投研致力于将大数据、云计算、人工智能等信息技术和专业的投资理念相结合,辅助用户在证券研究过程中高效处理信息、快速挖掘投资线索,为投资决策提供重要支持;同时帮助机构沉淀积累碎片化的研究成果,构建投研团队核心竞争力。

萝卜投研主要采用自然语言处理、深度学习、聚类等各种人工智能算法,实现对原始数据的处理,从而提高数据的质量和利用效率(如新闻的去重处理、公告的重要性识别、各类数据与研究标的间的关联关系建立、研报数据图表的识别与抽取)。其应用层打造智能线索挖掘、智能数据搜索、投研分析工具智能化、分析报告自动化、投研指标智能监控、协作管理等功能。

优矿

优矿基于海量金融大数据,为各类投资机构提供基于多资产量化策略研究的一站式量化投研平台,涵盖模拟交易、高性能回测、专业风险模型、高效的优化器、丰富的归因分析等功能,帮助量化机构团队实现高效的量化分析。其研究环境采用Docker技术隔离,资源独立、安全性更高、性能更好,构建量化投资研究分析的完整过程、专业应用及管理支撑。

思考题:

1. 通联数据的萝卜投研通过自然语言处理和深度学习技术重构研报分析流程,这种智能化投研工具如何提升传统证券研究的效率与深度?

2. 优矿平台采Docker技术实现研究环境隔离,结合高性能回测和风险模型,如何平衡量化策略的安全性、回测准确性与实战时效性?

三、智能投研

如本书第十章第三节介绍,智能投研同样是证券行业在金融科技方向的重要探索领域之一。智能投研是充分利用知识图谱和自然语言处理等智能化技术,集数据采集、数据处理、数据分析和投资决策于一体的金融投研综合性解决方案。知识图谱和自然语言处理是智能投研的两个主要核心技术基础。

在资产管理领域,智能投研的目标是替代人类完成财富管理或投资建议的工作,最终实现投资组合的自动优化。其中,较知名的有贝莱德集团推出的阿拉丁系统。截至2019年年底,阿拉丁系统为世界65个国家超过200家金融机构提供综合性解决方案。此外,高盛先后投资了Motif Investing公司和Kensho公司,其中Kensho公司是一家金融数据分析服务提供商,拥有民用领域最大的非结构化地缘政治和全球自然事件的数据库。其开发的数据分析工具Warren可以通过自然语言搜索寻找事件和资产的相关性,分析事件对价格的影响,并做出相关预测辅助投资。

国内的智能投研平台,更多的是交易和管理的流程系统。在一些重复性高、模块化的工作中,如定期跟踪报告、数据分析点评等工作,智能投研逐步替代传统工作。其次是智能投研在偏IT技术方面的运用。这包括各个资产管理公司自己开发的交易和管理平台,主要缺点是缺乏投资决策分析功能。目前,智能投研的发展处于人(传统人工投研)机(智能投研)协同共进的整体格局。已初步具有智能投研特性的平台有通联数据的萝卜投研、文因互联、香侬科技、恒生电子的智能小梵,以及天弘基金的"信鸽"和"鹰眼"系统等。

贝莱德阿拉丁系统的传奇

贝莱德（BlackRock）集团是全球最大的资产管理公司，成立于 1988 年，管理规模 6.3 万亿美元。2024 年年底，贝莱德全年营业收入 178.59 亿美元，过去十年的年均增长约为 8%。其资产管理规模（AUM）达 11.55 万亿美元，高于日本 GDP 的 4.1 万亿美元。全球五大资产管理公司概况，如表 12-5 所示。

表 12-5　全球五大资产管理公司概况

资产管理公司	市场	资产管理规模/10 亿美元	属性
贝莱德集团	美国	11 550	专业资产管理公司
先锋集团	美国	8 700	专业资产管理公司
瑞银集团	瑞士	3 600	全能银行
道富环球投资管理公司	美国	4 000	全能银行
富达投资集团	美国	5 900	专业资产管理公司

贝莱德集团之所以在资产管理领域取得如此之高的地位，离不开其镇司之宝——阿拉丁系统。其兼具投资、交易、风险管理等功能，是基金行业最著名的金融科技产品之一。贝莱德集团将阿拉丁系统誉为公司的中枢神经系统。

阿拉丁系统管理约 20 万亿美元的资产（包括贝莱德集团自身约 11.6 万亿美元的资产），约占全球金融资产的 8.9%。此外，它还管理大约 3 万个投资组合，其中包括贝莱德自己的投资组合以及竞争对手、银行、养老基金和保险公司的投资组合。如此巨大的体量和影响力，也让美国监管局高度重视，并已将贝莱德集团列为"具有系统重要性"的公司。

阿拉丁系统服务全球约 5.5 万名投资人士。它通过连接信息、人员和技术来实时管理资金。阿拉丁系统将复杂的风险分析与全面的投资组合管理、交易和运营工具结合在一个平台上，为明智决策、有效风险管理、高效交易和运营提供支持。可以说阿拉丁系统是集合传统计算机技术和现代大数据、云计算、人工智能技术于一身并不断进化的资产管理系统。

思考题：

1. 贝莱德阿拉丁系统的技术架构如何支撑超大规模资产的实时风险管理与投资决策？

2. 贝莱德因阿拉丁系统被美国监管局重点关注，当科技工具成为行业基础设施时，如何平衡金融创新效率与监管合规要求？

四、量化投资

量化投资是通过计算机程序运算数学模型,从而实现特定的投资理念和投资策略的一种投资方法。相比传统的投资方法,更加强调计算机技术和数理模型的运用,但鉴于量化模型为资产管理人员开发,因此并不排除人的主观判断和创造性思考。量化投资几乎覆盖了投资的全过程,包括量化选股、量化择时、股指期货套利、商品期货套利、统计套利、算法交易、资产配置、风险控制等。

传统的量化投资策略通过建立各种数学模型,试图从各种金融数据中找出市场规律并加以利用。无论是根据人的经验判断,还是通过经典的数学模型,所能识别的模式都是有限的。从探寻股票市场的全局来看,人类积累的经验判断可以接近某一个局部的最优,而真正全局的"最优解"或许超出了传统量化投资策略力所能及的范畴。

出现这种局限性的原因有两重。一方面,市场中蕴藏的复杂的非线性规律,很难通过传统数学模型被挖掘出来;另一方面,海量数据的挖掘受到计算机运算能力的限制。如果不利用数据挖掘算法,往往需要耗费大量时间。人工智能能够提供非线性关系的模糊处理,弥补了人脑逻辑思维模式的单一性。同时,相关算法可以大幅提高规律的搜索效率。人工智能的引入也使得投资策略更加丰富。在多因子领域,人工智能算法对于非线性模式的因子挖掘比传统线性多因子模型更加敏锐。研究发现使用机器学习工具能够获得比传统方法更稳定的收益预测结果。量化投资经理已经开始采用 AI 技术,通过机器学习分析宏观经济、信贷、流动性、风险和货币流量等因素之间的相关性,并做出趋势预测。人工智能技术在量化投资中的应用,如表 12-6 所示。

表 12-6　人工智能方法在量化投资中的应用场景

应用场景	人工智能方法
市场状态转换模型	隐马尔可夫模型、条件随机场
多因子组合	线性回归、Lasso 回归、岭回归、决策树模型
新闻文本,舆情分析	自然语言处理、文本挖掘
证券买卖定价模型	卡尔曼滤波
金融经济数据挖掘	神经网络、深度学习
股价预测的特征选取	特征工程、PCA
股价走势预测	SVM、决策树、随机森林
因子模式分类	Kmeans
大数据计算企业/个人违约概率	逻辑回归

第四节　资产管理行业基础设施的建设与优化

一、区块链的应用

资产管理行业的存在和发展需要具备两个前提：一是基金管理人诚实可信；二是基金管理人具备专业投资技能，保证正向回报率。基金管理人和基金投资人是典型的委托代理关系，自然存在信息不对称和道德风险问题。区块链技术可以通过智能合约建立"强制信任"关系。当合同中约定的条件被触发时，合约内容自动执行生效。这将有效解决委托代理中的信息不对称和道德风险问题，降低资产管理成本。这是区块链作用于资产管理行业的基本经济逻辑。区块链"强制信任"关系在资产管理方面的作用，如表12-7所示。

表 12-7　区块链"强制信任"关系在资产管理方面的作用

应用领域	应用前	应用后
支付结算	用户发出结算、转账指令，银行或第三方平台确认后完成交易	用户发出结算、转账指令，交易信息被矿工添加到区块链上交易即完成
资产交易	用户双方达成交易意向，中心交易系统确认后完成交易	用户双方达成交易意向，交易信息被矿工添加到区块链上交易即完成
登记确权	登记信息由纸质文件或单一数据库系统保存	登记信息由一套共有网络数据库存储
智能合约	签订合约后，需人工判断合约条件是否生效并执行合约	签订合约后，在现实情况达到合约规定将自动执行合约内容
快速审计	公司准备相关材料，会计师事务所派遣项目组进驻公司核查财务状况给出审计意见	公司经营数据对审计师公开，审计师分析公司准确的财务报表后给出审计意见

相关报告指出区块链对于资产管理行业的成本节省是显著的。表12-8显示，资产管理行业的成本主要包括七部分：销售和市场营销、运营、IT、组合管理、财务、风险管理、行政费用，分别占总成本的5％至30％不等。其中，区块链在运营、IT、组合管理和财务四个方面的成本节省效果突出。如在保证隐私的前提下提升信息识别的效率，通过程序化记录、储存、传递、核实、分析信息数据，可省去大量人力成本、中介成本，提高了交易效率，降低了财务和运营的成本。

资产证券化（asset-backed securities，ABS）①业务的多方痛点可以被区块链技术完

---

① 资产证券化是指将缺乏流动性、但具有可预期收入的资产，通过在资本市场上发行证券的方式予以出售，以获取融资，以最大程度提高资产的流动性。

表 12-8　区块链对资产管理成本的影响

成本种类	比例(总计＝100％)	影响大小	案例应用
销售和市场营销	20％～30％	弱	报告组合分析等转向自主服务
运营	20％～25％	强	高效的数据管理,如自动监管报告; 缩短处理周期,如跟踪抵押物; 淘汰落后基础设施
IT	15％～20％	强	高效的数据管理; 淘汰落后系统
组合管理	15％～20％	强	去中介化,如 P2P 交易; 实现快速清算交割,因此日间流动性需求降低; 流动性增强带来的收益
财务	5％～10％	强	风险、财务数据来源统一,因此减少对账
风险管理	5％～7％	弱	降低数据处理成本
行政费用	5％～10％	无	—

美解决。资产证券化被认为是区块链最佳实践场景之一。资产的打包入池、破产隔离、交易定价都可以通过区块链来完成。第一,区块链技术的运用可以保证底层资产数据的真实性,资产证券化可以用在私链中,只有拿到授权的人才可以看链中的资讯及交易资料,包括当中的开发者、参与者、投资人及资产方。第二,各家机构间信息和资金通过分布式账本和共识机制保持实时同步,有效解决了机构间费时费力的对账清算问题。第三,资金方借助区块链技术了解底部资产,通过对每单交易进行建模,测算分析未来现金流,实现对资产证券化产品进行实时定价。资金方也可以通过大数据分析可比证券,根据套利定价技术,对标的证券的价格进行矫正。这为资产管理机构实时掌握资产违约风险与监管方有效监控金融杠杆、提前金融防范风险,都提供了便利。应用区块链技术的ABS 产品,如表 12-9 所示。

表 12-9　应用区块链技术的 ABS 产品

年份	产　　品	规模/亿	基础资产	特　　点
2017	百度-长安新生-天风2017 年第一期资产支持专项计划	4	汽车贷款	首单基于区块链技术的交易所 ABS
2018	京东金融-华泰资管 19号京东白条应收账款债权资产支持专项计划	5	京东白条应收账款债权	首次建立多方独立部署的联盟链,建立了能广泛支持各类资产的业务底层

续　表

年份	产　　品	规模/亿	基础资产	特　　　点
2018	博时资本-第1车贷汽车金融资产支持专项计划	2	汽车应收账款	公募市场首单以汽车供应链金融为底层资产、以汽车行业小微企业为服务对象的ABS产品
2018	华泰证券与京东金融的供应链保理合同债权资产支持专项计划	15	保理合同债权	通过区块链技术,实现了基础资产数据保真、防篡改,并首次使用智能合约,将交易结构条款转化为可编程化的数字协议
2020	普洛斯金融基于区块链的应收账款1期资产支持专项计划	2.16	中小供应商持有的评级为AA+及以上优质核心企业的商票	国内首单基于区块链技术发行的多手商票入池ABS项目
2024	深圳能源集团"新能源1号第一期绿色定向资产支持商业支持票据(ABCP)产品"	8.35	深圳能源下属新能源发电项目产生的可再生能源电价附加补助资金应收账款	在第三方科技公司联易融助力下,粤港澳大湾区首单国外款绿色ABCP

二、资管云

资管云,即运用云计算技术建立的资产管理云平台。该平台可以连接产品注册系统和资管信息交互系统,实现与机构的估值系统、信评系统、资金划拨系统,以及行业的集中登记系统、交易系统、托管系统的无缝对接。该平台覆盖买卖双方投前、投中、投后的全部流程,通过标准化操作处理非标业务,提升市场运行效率。此外,该平台可以为会员单位提供覆盖场外基金投资、交易、运营、清算的全流程、定制化、一站式管理平台,支持直销交易和代销交易、传真交易和电子化交易。

中国保险资产管理协会为了便于保险资管行业投资管理,于2017年上线了资管云。该平台服务了一万多亿规模的保险另类资管产品和二十多家保险资产管理公司,可实现智能化的风险管控、可支持专业化的业务管理并兼顾高效日常工作操作。该平台基于云端部署实施,大幅度降低了投资机构建设系统及后续运营的持续成本投入,建设实施和运维保障由专业团队保障,最大程度降低了IT人员的日常工作繁杂程度。云技术有助于降低投入的IT成本,相信未来的银行资管、基金和券商资管都会建立行业的公有云和企业的私有云资管平台。中国保险资产管理协会资管云的模式,如图12-5所示。

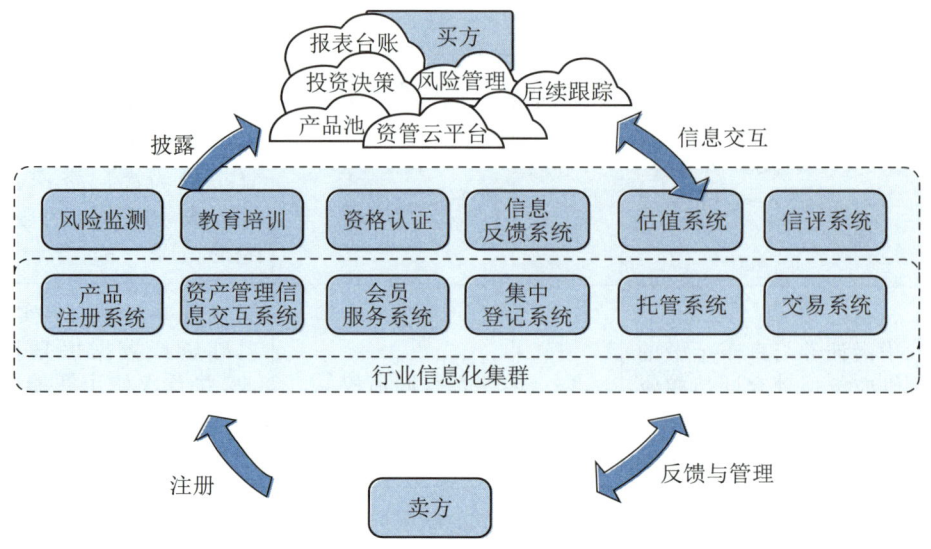

图 12-5　中国保险资产管理协会资管云的模式

截至 2024 年 12 月月末，我国在基金协会存续私募基金管理人 20 289 家，管理基金数量 144 155 只，管理基金规模 19.91 万亿元。其中，私募证券投资基金管理人 8 000 家；私募股权、创业投资基金管理人 12 083 家。私募基金成为我国资管行业重要的组成部分。私募基金由于资金规模和公司实力的局限性，对于资产管理信息平台及系统的建设投入普遍不足，这必然限制资产管理服务水平的提升。除了私募基金，一些规模较小的公募基金、证券公司同样对于信息系统的投入不足，此时云计算就成为一个低成本的解决方案。

本章小结

1. 资产管理的主体是金融机构，区别于实体企业内部的资产管理；管理的对象是投资者的财产。资产管理的目的便是匹配资金端和资产端，达到跨时空的合理高效配置，从而为资金端的投资者实现财富的保值增值，同时满足资产端的各类企业的融资需求。

2. 与商业银行和证券行业类似，金融科技在资产管理客户交互领域中的应用可以有效替代人海战术的传统模式，同时改善客户体验。具体应用包括智能客服、客户画像、智能营销。

3. 在业务的开发和改进方面，智能投顾、智能投研等科技的运用显著提高了资产管理机构的产品设计能力。资产管理机构利用大数据，一是可以把握投资先机，二是可以为不同的客户群体定制差异化产品。

4. 在基础设施建设和优化上，区块链在资产管理行业运营、IT、组合管理和财务四个方面的成本节省效果突出。

5. 资产证券化被认为是区块链最佳实践场景之一，从资产的打包入池、破产隔离、交易定价都可以通过区块链来完成。

1. 我国资产管理行业的发展历史分为几个阶段?

2. 人工智能和大数据在资产管理中应用的金融学理论基础是什么?

3. 资产管理公司如何应用大数据技术进行业务创新?

第十三章

金融科技与保险行业

🔭 **学习目标**

1. 掌握保险科技的概念。
2. 了解国内外保险科技的发展现状。
3. 了解科技对保险行业用户交互领域应用与发展的影响。
4. 了解科技对保险业务开发和升级的促进作用。
5. 了解保险行业基础设施的建设和优化。

📖 **引导案例**

国寿财险是中国人寿保险股份有限公司旗下的财产保险公司。通过技术合作＋自主研发的模式，国寿财险建设了基于计算机视觉的"识图"能力、基于声纹技术的"识声"能力、基于自然语言处理的"识义"能力等三大 AI 核心能力。

在"识图"方面，自 2020 年起，公司深入研究养殖险智能识别技术，构建牛脸识别、育肥猪点数、测长估重等模型，全面接入"国寿 i 农险"系统，实现从承保到理赔的全流程智能化。例如，牛脸识别仅需手机拍摄 5 张照片，不到 5 分钟即可完成数据采集，理赔环节则通过比对死牛与承保照片，核实理赔标的真实性。在车险领域，为防范客户提交虚假影像资料，国寿财险自主研发屏幕翻拍识别、人脸翻拍识别等技术，基于 AI 算法实现异常影像筛查，显著降低保险欺诈风险，提升承保安全性。

在"识声"方面，国寿财险通过建立欺诈黑名单声纹库，通过声纹识别技术比对理赔报案语音与欺诈黑名单库，实时识别高风险案件，有效防控欺诈损失。

在"识义"方面，国寿财险引入 AI 大模型，强化信息抽取和内容生成。国寿财险发布行业首个 3D 写实数字员工，7×24 小时提供智能服务，数字员工接通率达 98％，累计通话时长 2 600 小时。升级后的数字个人助理平台，已提炼处理 36 万余条保险信息，个性化推送 12 万余次。

思考题：

1. 在极端场景下（如大规模牲畜疫病），AI 定损模型的局限性可能凸显，传统人工核查该如何与技术手段形成互补？

2. 国寿财险将"识声"技术中的欺诈黑名单库与行业共享，可能对保险行业反欺诈生态产生哪些影响？

第一节　保险科技

一、保险科技的概念

InsurTech（保险科技）是从 FinTech（金融科技）框架里衍生出来的一个新兴分支。它起源并从属于金融科技，同时又区别于金融科技。保险科技是以科技为核心，运用区块链、人工智能、大数据、云计算、物联网等技术，广泛深入保险产品创新、营销、核保、承保、理赔等各个产业链条和服务环节，对保险的行业生态进行改良创新和拓展延伸。

保险科技对保险行业有两大影响。第一，保险科技可以提升整体经营效率并扩大利润空间。保险科技通过对客户数据的深入挖掘，可以高效地识别欺诈性索赔，深入发掘客户的风险本质，解决保险公司定价不精准、风险识别不到位等问题，从而提升整体经营效率并扩大利润空间。第二，保险科技可以优化用户体验，实现改善服务和生活的目的。通过更好地激发客户自身的风险意识，保险科技将深度融入和改变客户的生活行为和方式，提高客户的生活品质，并为客户设计和寻找匹配场景风险的产品，改变传统的保险营销方式。

保险科技与科技保险属于两个不同的概念。科技保险是用保险作为分散风险的手段，对科技企业或研发机构在研发、生产、销售、售后及其他经营管理活动中，因面临各类现实的风险而导致科技企业或研发机构的财产损失、利润损失或科研经费损失等，以及其对股东、雇员或第三方的财产或人身造成现实伤害而应承担的各种民事赔偿责任，由保险公司给予保险赔偿或给付保险金的保险保障方式。在国外，科技保险主要有两类险种设置：一是提供单独险种规避技术创新活动中特定的风险；二是向某一类从事特殊技术创新活动的行业提供多元化的保险服务。

二、我国保险科技的发展近况

目前，我国是全球第二大保险市场。根据瑞士再保险集团的报告，我国将在 2030 年成为全球第一大保险市场。作为全球重要的保险市场之一，中国的保险科技处于快速发展阶段。不过，相比于银行信贷业和证券业在金融科技上的投入，我国的保险业相对传统。保险行业的 IT 水平一直落后于银行业，主要因为银行为实时交易，对账户数据的准确率要求非常高，而保险更多为非实时交易。但保险从前端的产品设计、营销、承保、核保、理赔、客户服务、风控到后端的财务管理，业务的复杂性远远高于银行业，因此科技应用发展的空间非常广阔。总之,从保险业的体量、原有科技发展水平,以及场景的丰富性来说,科技必将重塑保险行业。

目前,传统保险企业、互联网企业和新兴科技公司正在各行业积极布局保险科技。同时,政府和资本市场为保险行业发展创新业务提供了有力的资金支持。

（一）传统保险公司

据有关统计,45%的传统保险公司已与保险科技公司建立合作关系,保险科技驱动的创新将成为保险业"新常态"。传统的大型保险公司纷纷整合了原有的科技资源,大力发展保险科技。

中国人保集团在 2016 年成立人保金服,作为中国人保集团旗下布局金融科技领域的专业化平台,启动了科技化战略转型。人保金服开发的智能定损、精准营销、大数据精算等技术的深入应用,使综合成本率降低了 16%。平安集团旗下的人寿保险公司平安人寿保险则推出了以"智能预赔""闪赔"等为代表的创新理赔服务。其中,"智能预赔"服务可以有效减轻客户就医的经济压力,帮助客户更加安心地接受治疗。在住院期间,"智能预赔"服务提供足够的资金支付住院费用,符合条件的客户可提前获得保险金。据相关数据统计,截至 2022 年,"智能预赔"服务累计覆盖客户约 5.8 万人,提前支付保险金总额约 36 亿元。在理赔时效方面,"闪赔"服务实现材料精简、赔付迅速,客户理赔款最快可在 30 分钟内到账。自 2017 年服务上线至 2022 年,"闪赔"服务累计理赔案件达 165 万件,赔付总额近 36 亿元。

中国人寿集团将"科技国寿"战略作为中国人寿整体创新驱动战略的重要组成部分。中国人寿集团致力于构建新一代的综合业务处理系统,在官方微博、"95519"语音电话等客服部门大力投入机器人,提供智能查询服务。面向客户和营销人员,中国人寿打造了"国寿 e 宝"和"国寿 e 店"两个移动互联网平台,并推出了 100 多种应用产品。同时,无纸化保险已在全过程投入使用,多渠道服务布局不断改善客户体验。财报数据显示,中国人寿集团保险业务的回访率占新订单总数的 47%,实现了对移动索赔的全面覆盖。保单借款、转账授权、联系方式变更等主要保全项目线上办理业务达到 50% 以上。此外,中国人寿集团逐步建立了智能反诈平台,2019 年,中国人寿集团推出"金盾 AI"重疾险风险评估反欺诈模型实现 AI 核保、智能理赔。2022 年,中国人寿财产保险股份有限公司联合声扬科技,引入智能语音分析技术,基于"识声"能力构建完善的智能风控体系,并正式上线 VoiceDNA 语音反欺诈平台,覆盖理赔稽核等多个业务场景。该平台上线 15 个月,累计识别出 500 余次声纹不一致情况。经进一步核实,成功发现 170 余名风险客户,帮助公司避免损失超过 100 万元,亿元保费投诉量降低了六成,电话中心的服务效率也提升了 20%。

（二）新型互联网保险公司

除了传统大型保险公司,其他小型保险公司结合自身优势,在细分领域精耕细作,一系列新型互联网保险公司应运而生。新的互联网保险公司依靠大数据和云计算来构建具备数据挖掘、处理、存储能力的核心系统,提高运营效率和精确服务定位。

作为国内互联网保险龙头企业的众安保险公司,其内部孵化的"众安科技"致力于应用人工智能、区块链、云计算等新技术,整合平台建设、运营赋能、技术创新三大优势,全面助推企业实现互联网转型。为处理海量保单,该公司搭建了国内首个云上运行的保险核心系统"无界山"。该系统在 2017 年的"双十一"期间,保单处理速度峰值达到 320 000单/秒。2023 年,保险行业全年新增保单数量接近 754 亿件,其中众安保险公司共出具122.34 亿张保单。为提升品牌影响力并扩大用户触达,众安保险公司提出"优质的平台IP + 优质的内容输出 + 良好的互动营销"三步策略,充分借力抖音这一热门社交平台,打造融合内容与互动的品牌营销体系。在品牌推广方面,众安保险通过冠名重要节日直播节目实现跨界传播,增强品牌曝光。此外,众安保险推出全新司歌《化险为安》,在抖音平台累计播放量突破 6 000 万次。

(三) 互联网企业

保险科技的巨大前景同样吸引了阿里巴巴、京东、腾讯等互联网公司的眼球,几大互联网巨头结合自身的用户流量数据优势,通过与保险公司合作、设立保险公司等方式布局保险业。

阿里巴巴通过蚂蚁集团对保险进行布局。2013 年阿里巴巴与腾讯、平安保险等联合成立了中国第一家互联网保险公司——众安在线。在成立初期,还未改名的蚂蚁金服占股19.9％,成为公司控股股东,并获得第一张互联网保险牌照。2015 年,蚂蚁金服出资3 亿元和天弘基金等发起设立了国内第一家相互制寿险机构——"信美人寿相互保险社",成功拿下相互保险牌照。2017 年,蚂蚁金服控股的杭州保进保险代理有限公司①获得保监会经营保险代理业务的许可。在拥有互联网保险牌照和相互保险牌照后,蚂蚁金服再获保险代理牌照,就此获得了合法的保险中介资质。阿里巴巴是目前在互联网保险中布局最深和最广的公司。

腾讯以流量为优势切入保险业。腾讯与英杰华集团(AVIVA)、高瓴资本达成协议,共同投资入股香港英杰华人寿。其中,腾讯提供技术支持以实现网络平台的数码化处理,不再设中介人销售渠道。2017 年 10 月,腾讯与台资企业富邦财险联合设立的微民保险代理公司获原银保监会批准,腾讯持股 57.8％成为第一大股东,这也是腾讯拥有的第一张保险牌照。此后,腾讯逐渐加快在保险行业的扩张速度,依靠微信、QQ 等平台开展保险业务。同年 12 月,腾讯与复星宝德信人寿签订战略合作协议,并联合发布腾讯金融云保险风控产品和复星宝德信星安定期寿险产品。

2018 年 11 月,安联财产保险(中国)有限公司更名为京东安联财产保险公司(简称京东安联财险)。至此,阿里、腾讯、京东均拥有了保险牌照。2018 年"双十一"期间京东安联财险实现总保障金额 218 亿元。在产品售后保障方面,京东安联财险提供适用于京东业务的各种保险计划,包括售后保险。例如,办公电器只换不修险、延保险、平板电脑和显示器碎屏险、基于平台用户数据精准动态定价的退货运费险,在帮助解决用户后顾

---

① 已改名为蚂蚁保保险代理有限公司。

之忧的同时也加强了对消费者权益的保障。京东安联财险充分发挥了"用户＋场景"的优势，以满足客户多元化需求，创造极致的客户体验。

2018年1月，百度与太保产险联手打造的百度太平洋车主俱乐部，正式在百度地图App中推出。该俱乐部面向所有车主开放，车主可在百度地图App查看"车主分"和自己的可兑换权益，并可自由选择汽车保险，查询非法驾驶等数十项专属服务，致力于培养客户优良的驾驶行为。

2018年6月，字节跳动获得华夏保险经纪有限公司的一张保险经纪牌照，并于当年上线保险业务。2019年9月，字节跳动开启了自己的保险服务平台"头号保"，并且推出了一款名为"头号保定期寿险"的保险，由海保人寿承保。"头号保"挂靠在抖音和今日头条两大平台之下，但当时互联网保险业务遍地开花，"头号保"并没能超越其他保险产品。

（四）其他第三方平台

由于各保险公司、互联网公司大力发展保险科技，研发需求不断扩大，因此吸引了一些第三方科技公司。其利用自身科技优势定位长尾需求，或者依靠渠道特点，开发定制化产品，提供保险服务。第三方科技公司利用收集到的保险业内数据信息和外部第三方数据，可以将客户进行分级，在营销上可以做到精准投放，提供差异化的保险服务和保险产品，不断改善用户体验，提高销售转化率的同时也可以树立深层次品牌形象。截至2017年年底，超过80％的保险公司通过自建官网、移动App与第三方平台合作等方式，开展产品展示、比价销售、精准营销、O2O模式，开拓了新的保险销售渠道。

大象保险平台是一个以大数据与人工智能为驱动的智能保险顾问平台。它致力于个人定制配置、垂直细分领域和专业服务。截至2020年9月，大象保险平台用户超过600万名，服务机构客户约13 000家，保费规模过亿元，合作险种已达6 000余款。大象保险平台作为第三方平台，直接对接保险公司跟踪记录用户的实时数据，结合用户在其他第三方平台的数据，描绘用户画像，如生活习惯和消费行为，形成个人数据报告以减少骗保等道德风险。此外，用户画像会与不断迭代的保险产品精准匹配，为用户提供保险知识普及、产品导购和后端理赔等自动化、全流程服务，最终孵化成为以高净值家庭资产数据为基础的大数据服务平台。

三、国外保险科技的发展近况

国外保险科技公司在家财险、企财险、责任险和健康险等方面的应用尤为广泛。各大公司企图通过科技引擎，拉动行业整体规模的新一轮增长，改善整个保险行业的经营方式和发展生态，从而使得保险与科技紧密结合，并成为一种深入国民生活和经济发展的载体和工具。

（一）家财险

成立于2015年的Lemonade公司在家财险的服务领域进行了尝试。其总部坐落于纽约，上市前的融资额累计达4.8亿美元。Lemonade公司通过移动端App为消费者提供家财险服务，整个销售过程都是由智能聊天机器人负责，消费者可以享受到全自动的保险购买体验。客户仅需要花 90 秒就可以完成投保。在理赔时，客户只要花 3 分钟的时间就可以获得理赔款。Lemonade 公司的家财险面向租客和屋主两个群体，其月保费分别是 5 美元和 25 美元起。Lemonade 公司的人工智能主要应用于智能客服机器人所负责的销售和理赔环节。

Cape Analytics 公司于 2014 年在硅谷成立。已经获得 1 400 万美元融资的 Cape Analytics 公司，将机器学习技术、计算机视觉与空间图像技术相结合，为财产险公司提供房屋勘测服务，如分析房屋屋顶的构造、材料和状况。保险公司可以接入 Cape Analytics 公司的 API（application programming interface，应用程序编程接口），利用他们的图像和数据，对投保的房屋进行快速审核，从而加快承保核保流程，并且提高了保险方案定价的准确度。住户屋顶的太阳能板、天窗与烟囱都会影响保险公司的定价，而这些数据都可以在 Cape Analytics 公司的系统中查到。

（二）企财险和责任险

成立于 2012 年的 BizInsure 公司将科技与企业人事整合在一起。小企业雇主通过 BizInsure 公司的服务在几分钟内便可获取与企业商业保险相关的保险产品报价，并且可以通过电话或在线方式直接购买企业保险。在 BizInsure 公司的网站上，企业雇主在线填写有关企业信息后，BizInsure 公司便会根据此信息，整合各大保险公司报价。企业雇主可以在网站上直观地比较报价与保障范围，一旦选择好保险方案，可以直接通过 BizInsure 公司的网站投保。企业雇主购买保险后，BizInsure 公司便会将保单以电子邮件方式发给雇主。BizInsure 公司的模型将有效地综合报价、保障范围、支付方式等流程，帮助企业雇主选择最适合自身的保险计划。除了网站上自动化的投保流程，BizInsure 公司也会为希望购买责任险的企业雇主提供专家咨询服务，回答企业雇主有关保单信息、理赔流程、续保等方面的问题。

（三）健康险

Lapetus Solutions 公司于 2014 年在美国成立，团队由世界知名科学家领导，利用数字图像和感官分析来检查个体的身体特征，以确定寿命、健康状况和疾病易感性。用户通过自拍，面部分析技术便可以检查面部上 100 个点和 1 000 个区域，公司可以立即提供 BMI 计算、估计年龄、性别、吸烟指示等相关数据。寿险公司根据这样信息更加快速准确地评估客户，从而准确地定价。此外，该公司的生命科学算法，可以将数十年的长寿研究与生物人口统计学结合起来，确定与生命周期相关的特定相关变量，并生成预测算法。通过汇编、归纳和分析来自数千名全球研究人员的复杂且不断发展的数据，科学家可以评估和识别市场特定趋势，将特定问题与死亡风险和生存前景联系起来。这些信息也为保险公司寿险的精算定价提供了有力的数据支持。

四、保险科技对保险行业发展的影响

（一）对保险理论基础的影响

保险是典型的数据行业，大数法则、精算理论、统计理论是保险风险计量的核心技术基础。以大数据为代表的保险科技的发展使得抽样、历史、静态的数据变为全量、实时和动态的数据。比如，通过物联网和可穿戴设备获取客户手机内的行为数据、车辆移动轨迹、运动数据，极大地丰富了数据的数量和维度。不仅是数据获取能力得到增强，数据处理能力也得到明显的提升。这对保险理论和技术基础产生巨大冲击，直接影响保险产品定价、设计等。

保险科技对保险公司的偿付能力带来了更大的挑战。由于风险单位被不断地细分，产品更倾向于个性化，更多的短时性、个性化保险产品将接连被推出。这种短时性的保险产品降低了保险公司的风险平摊能力。同时，个性化保险产品给保险公司带来的现金流也不像传统型保险产品给保险公司带来的现金流一样稳定。如果还按照传统的精算体系进行产品定价，保险公司的偿付能力风险将被放大。

最大诚信原则是保险法中的重要原则。投保人对自身的风险信息和认知处于相对优势的地位，需要对自身实际情况做出告知和保证等。但是以区块链为代表的保险科技自动验证被保对象信息的真实性，强化了信用体系，将重新定义不同主体的信息地位与能力，对最大诚信原则产生冲击。

（二）对保险价值链的影响

1. 销售渠道的颠覆

保险产品的传统销售通路以保险业务员、经纪人或代理人等为主。随着网络和科技的快速发展，未来保险产品销售通路将以网络保险平台为主。除了保险公司自营的网络平台，由银行、保险经纪人及代理人所建立的线上保险平台，也是客户购买保险产品的主要渠道之一。此外，许多电商购物平台、搜索引擎、社群网站，如阿里巴巴、谷歌、微博、微信、抖音等拥有众多客户群及庞大的网站流量，可以利用大数据分析技术精准地向客户推送保险产品或者提供高性价比服务，这类聚合型的网络保险平台，未来可能发展为保险公司的战略伙伴，或是直接的竞争对手。

2. 保险产品开发的颠覆

受限于技术、大数据样本和高成本等，传统保险产品开发是以产品为导向的。随着群众物质生活水平提高，需求越来越多元化，以产品为导向的保险已经无法满足客户的多样需求，未来在科技帮助下保险产品开发以客户为导向成为可能。销售以客户为导向的多元保险产品，即"一张保单，多元保障"，包含寿险、健康险、意外险、车险、房屋财产保险等，未来将成为保险产品的主流模式，而非传统以个别产品线各自销售的模式。这也意味着保险公司未来必须有更高的专业水平，去评估各种类型的风险与保障。

保险业深受金融科技及金融服务新创业者带来的创新及竞争压力，现有的价值链，包括产品研发、销售、核保、理赔、客服及投资管理等，或许都将面临裂解。针对价值链上的各项服务，如功能、创新、成本效益及痛点解决，许多金融服务新创业者运用专业技术可以获得优于传统业者的解决方案。因此，保险公司会通过专业分工，将核心或部分功能外包给这些新创业者，使得保险公司现有的价值链面临改变。

（三）对保险行业监管的影响

保险科技创新作为一项充满不确定性且周期长的活动,必将带来各种各样新的风险和问题。保险科技通过技术进步带来更多的、更小的风险单位出现,复杂的保险交易更加频繁,长此以往将会改变整个保险行业的系统性风险。这种改变既包括风险的总量又包括风险的结构。更加复杂的保险风控链条和责任将导致风险的蔓延与共振,这必然需要再造与之配套的风险管理体系。大量的以客户为中心的数据和账户服务,必然带来新的信息安全与客户隐私风险等问题。

我国保险科技的监管体系尚未形成,但近年来保险行业在提升监管科技能力方面也做了诸多尝试并取得了不错的效果,基础设施也在不断完善。2013 年,经国务院批准,中国保险信息技术管理有限责任公司(简称"中保信")正式成立,开始打造我国保险业数据信息共享平台。其中的车险平台基本可以实现全国机动车辆保险数据信息的汇集利用和分享,在车险定价、代位求偿、反欺诈等方面发挥重要作用。2015 年,原保监会启动建设中国保险业保单登记管理信息平台。2018 年 5 月,保单登记平台第三期成功上线,涉及全行业 189 家保险公司,超过百亿的存量保单和增量保单正在加速录入系统,形成保险行业监管的底层"数据库"。

2019 年 9 月,中保信正式更名为中国银行保险信息技术管理有限公司(简称"中国银保信"),标志着其服务领域由保险业拓展至银行业,监管科技服务格局迈入新阶段。依托行业信息共享平台定位,中国银保信通过建设情报中心,推动反欺诈数据要素的行业级整合;同时,融合"专家智慧 + 智能算法",推进信息智能化应用;并通过线上作业平台,实现风险信息的安全高效共享。2022 年,全国反保险欺诈信息系统服务 2 万余名用户,全年用户登录 130 余万次,全年查询 800 余万次。通过本系统,全年助力行业减损挽损约 2 亿元,上线以来累计助力行业减损挽损超过 10 亿元。

在完善监管的基础设施之上,保险监管部门应当借鉴国际和国内金融科技监管经验和模式,尽快确立保险科技监管框架,明确保险科技监管的核心目标、主要原则和风险防范指引。尽快将现在不易管、不好管、管不到的保险科技业务纳入监管范围,并做好监管科技在全局性、持续性、前瞻性等方面的布局。

第二节　保险用户交互领域的技术应用与发展

一、保险科技提升投保效率和改善客户投保体验

（一）互联网保险的发展实现授保流程智能化

传统的保险营销渠道如实体店、电话短信、沙龙等由于受到风险管控、地域、个人时间冲突等因素的限制,业务拓展的速度和客户服务体验都受到很大影响。移动互联网的应用不仅让客户可以轻松投保,而且投保流程因无须密集参与而变得更加便捷。一方面

其大大减少保险公司前端业务的人力成本和投保周期,快速拓展了保险公司的业务;另一方面为客户带来了优质的投保体验。

统计数据显示,我国互联网保险保费收入自 2013 年的 290 亿元增长至 2023 年的 4 949 亿元,保持着年均超 32％的高速增长,其中,2022 年保险业的互联网渗透率首次突破 10％,2023 年共计 57 家人身险公司开展互联网业务。尽管自 2019 年以来,互联网人身险保费增速出现波动并呈下降趋势,但整体保费规模依然稳步上升。2023 年,互联网人身险保费总额达到 3 739 亿元,同比增长 2.8％。从保费结构来看,普通寿险的占比显著上升,而分红寿险占比大幅下降,呈现此消彼长的格局。在财产险领域,2023 年共有 70 余家财产险公司开展互联网业务。自 2018 年以来,互联网财产险保费增速波动较大,但整体规模呈上升趋势。2023 年互联网财产险保费达到 1 210 亿元,同比增长 5.5％。从保费结构来看,意外险和健康险的占比有所提升,传统财产险的主要险种也实现增长。

据平安集团 2018 年 10 月的开放日信息,客户线上渠道办理占整体办理业务的 90％。每份个险保单从开始投保到自核通过且交费成功所花费的时间由 5 天缩短至 15 分钟,服务人力减少 70％,产能提升 32％。其中,平安集团丰富的金融数据库,可以在 1 秒内完成新产品的客户问答设置,降低了超过 40％的柜员工作量。通过人工智能创新服务模式,平安人寿首次使用业内推出的智能客户服务,利用可支持所有柜面业务的生物认证、大数据远程视频等技术实现在线一次性办理。以智能客户服务近十项 AI 技术为内核,如面部识别、声纹识别、语音语义识别、大数据和云计算等,通过智慧化处理流程为每个客户建立生物识别文件,实现"真人身份验证"。因此可以有效控制风险,保障客户各方面权益。此外,平安集团通过遍布全国的客服中心建立在线智能调度平台,实现柜面、保全、核保、理赔系统四大业务平台智能派工,让客户享受到因服务效率提升而带来的优质体验。

（二）人工智能明确客户意图,连接用户情感

人工智能通过对用户信息进行实时分析,根据用户通话时的内容、语音、语调等,向人工客服提示用户情绪变化,帮助客服针对客户情况优化服务。

泰康保险集团率先将语音识别、自然语言理解、语音合成和知识图谱等智能语音语义技术应用在保险行业,来解决其在投保环节遇到的问题。泰康保险集团打造了人脸识别平台、语音分析平台和 OCR（文字识别）、人脸、语音等人工智能平台。平台上线后,借助语音情感分析等技术为客服人员实时提供客户情绪状况信息,并为客服提供相应的话术素材及处理指引,降低了客户投诉率,极大地提升了运营效能和客户体验度。在智能客户服务应用中,人工话务分流率超过 25％,系统首呼解决率超过 80％,用户满意率超过 88％;智能语音质检应用中,语务质检率实现 100％全量质检,质检效率提升 20 倍,话务员投诉率下降 20％。

此外,泰康在线已将大模型 DeepSeek 广泛应用于营销获客、核保、客户服务等关键环节,其 AI 智能服务官"智慧小茹"已为超过 2 万名乳腺癌客户提供服务,累计完成数十

万次健康咨询解答,使客户群活跃率由 15％提升至 40％,客户响应时长由原来的 3 分钟缩短至 20 秒,显著提高了客户互动效率并提升了客户的服务体验。

（三）建立个性化用户关系

在海量数据的支持下,机器学习的应用赋予技术学习和理解人类的能力。通过不断改进算法,技术不仅能识别出共性特征,更能支持识别更多个性化特征,从而支持与每个用户建立更个性化的关系。例如,结合客户交易、消费、网络浏览等行为数据利用深度学习相关算法进行模型构建,针对每个客户建立专属的知识图谱,并在与客户的不断交互过程中不断学习,从而提供更有针对性的服务体验,为消费者提供个性化与精准化的产品或服务,建立更加个性化、人性化的互动关系。

二、保险科技促进理赔更加便捷公平

（一）移动互联网和人工智能让理赔申请更方便,赔款到账更快捷

在人身保险领域,传统保险理赔时需要提交大量证明材料,并且通常需要当面提交或者采用邮寄的方式,不但消耗大量的人力物力,更给用户带来诸多不便。互联网技术的发展与人工智能技术的应用使得保险理赔更加便捷。目前几乎所有保险公司都拥有了自己的 App、小程序和微信公众号,为客户提供销售和服务端口,很多简单的理赔事项都可以通过手机等移动终端轻松完成。人脸识别等技术则用来校验客户身份,快速便捷地在线上完成身份核实工作。赔款也可以通过转账的方式实现,免去了消费者的来回奔波之苦,使得保险理赔更加便捷。

在寿险健康险领域,中国人保健康同蚂蚁保险合作推出的"好医保"长期医疗险,通过互联网技术提供了快速响应、快速理赔垫付等服务。传统保险的做法通常是先看病再赔付,这就使得消费者要承担看病期间的费用,可能会对家庭造成不小的负担。其中,由众安保险等公司承保的"好医保·住院医疗（0 免赔）"取消了传统保险中常见的"免赔额"限制,1 万元以下的住院医疗费用也可理赔,报销比例为 30％,真正实现了"大病能赔,小病也能报"。对于符合条件的重大疾病、重病,报销比例仍为 100％,充分保障了用户的高额医疗需求。为满足多元化人群的保障需求,2024 年年底,蚂蚁保推出了针对中老年及慢病人群的"好医保·中老年长期医疗",至此,"好医保"系列百万医疗险形成了覆盖少儿、成人、中老年人群及带病体群体的医疗保障产品矩阵。

在车险领域,为应对理赔时间长和成本高等问题,保险公司借助了人工智能的深度学习、图像识别等技术,使用相关算法可以自动化识别事故现场车辆的照片。无须定损人员现场勘查,其就能在极短的时间出具定损结果,展示出险方案、维修价格甚至距离最近的 4S 店或修理厂地址等信息。在人工智能技术的辅助下不但客户办理理赔案件的效率大幅提高,保险公司的人力成本也有显著减少。

（二）线上"赔审团"让理赔更公平

人身保险的理赔难问题一直饱受诟病,客户普遍认为理赔都是保险公司说了算,消费者很难获得平等的话语权。一旦拒赔,消费者通过法律诉讼等方式耗时耗力,除非涉

及金额比较大,否则消费者不会诉诸法律。久而久之,保险公司就给人们留下了"什么都不赔"的印象。通过互联网技术、网络直播技术打造的"赔审团"场景,可以将保险纠纷的详细情况公之于众,让来自各行各业经过审核的"赔审员"与保险机构一起参与理赔过程,通过一定的机制构建起让消费者更为省心、简单的保障平台。

"赔审团"机制是由信美相互人寿保险公司首次提出,首例理赔案件由 5 000 余人参加投票。案件中,一个 7 岁女孩得了白血病,"赔审团"对这个女孩该不该获得保险理赔进行了线上审理。2018 年 3 月 29 日,5 000 余名"赔审员"在 24 小时内给出了"不予付"的判定结果。这是保险公司争议的赔审团平台调解机制的首次启用。由蚂蚁保险"宝贝守护计划"赔审员与信美人寿相互保险社会员共同组成"赔审团",通过"直播加围观",完成的保险争议案件在线审议,由"赔审员"决定是否理赔,而非完全由保险公司说了算。

三、保险科技通过提高用户互动体验方式实现双赢

由于财产保险的保险标的多为实物,而健康险则是以人的身体健康作为承保条件,人的身体健康很多时候可以被直接感受到,其次关于健康的指标多种多样,并且每天都在变化,因此在保险合同保全期内保险科技对于用户交互体验的提升更多集中在健康险上。

基于物联网技术的快速发展,万物互联正在逐步实现,相较于传统的血压仪、听诊器等仪器,现在很多可穿戴的设备都可以去测量有关人体健康的相关指标。许多保险公司正是利用这一关键技术去提高用户互动体验,进一步增强用户黏性,实现双赢。

(一) 物联网通过设备提高用户交互性

物联网技术在保险行业的应用,正在不断重塑传统业务模式。美国寿险巨头之一John Hancock 公司创始于 1862 年,拥有超过万亿美元的资产。在 2018 年 9 月 19 日其宣布将停止传统人寿保险业务模式,未来只承保基于可穿戴设备的用户。John Hancock公司是较早利用可穿戴设备力量的保险公司之一,它与健康管理企业 Vitality 合作,向保单持有人免费提供 Fitbit 智能手环。用户通过手环记录的健康数据,可用于获取专属的健康计划及激励措施。其数据应用主要体现在两个方面:一是消费者可通过应用程序获取个性化健康计划,完成目标后可享受购物折扣;二是订阅"Vitality Plus"服务,每月仅需支付 2 美元,即可享受包括保费最多减免 15% 在内的全套健康激励方案,同时获得锻炼、健康饮食、定期体检等行为的奖励。此外,John Hancock 公司还与苹果公司合作,用户仅需 25 美元即可获得 Apple Watch,或获得免费的 Fitbit 设备,以便轻松记录健康活动。保单持有人可以通过体育活动或其他健康生活活动获得积分,然后将这些积分用于费率折扣或其他奖励。

John Hancock 公司的意图在于通过提供娱乐、购物、旅行奖励和折扣,鼓励用户保持身心健康,从而降低用户提出索赔的风险。

有异曲同工之妙的是 Beam Dental 牙科保险公司。Beam Dental 牙科保险公司售卖的智能牙刷里带有蓝牙装置可以获取用户每次刷牙的数据。而 Beam Dental 牙科保险

公司在卖牙刷的同时利用这些数据开展牙科保险业务。通过用户刷牙的频率、刷牙的时间习惯与牙刷头更换次数,公司可以清楚地了解到消费者牙齿健康状况。这样也很容易判断哪类客户可能面临蛀牙的问题、哪些客户可能支付高昂的治疗费用,并且 Beam Dental 牙科保险公司不会和其他第三方共享这些数据。因此对于新投保用户,公司可以以低出市场价格的保费售出牙科保险,对于刷牙习惯良好的老用户在续保时则可以降低保费。如果客户的刷牙习惯不符合规定的标准,Beam Dental 牙科保险公司会向客户发出鼓励通知,并希望客户提升牙齿健康水平,这样降低了出险率。

在中国市场,华米科技与德华安顾人寿联合推出基于可穿戴设备的健康险产品——"巴纳德尊享健康版"。该产品结合可穿戴设备实时监测用户健康数据,并基于健康评估提供动态保额调整。经用户授权后,系统将基于智能可穿戴设备实时监测健康指标,并定期生成健康评分,并为用户提供个性化健康管理建议。随着用户健康状况改善、评分提升,其保险保额也随之增加,实现"健康换保障"的正向激励机制。

(二)"互联网 + 大数据"提高用户交互性

美国 Oscar Health 公司的业务模式是"保险 + 健康管理",核心是互联网。Oscar Health 公司试图通过简化账单支付并允许用户通过手机免费与医生沟通等方式,超越传统的健康保险公司。Oscar Health 公司应用互联网模式简化了商业保险的购买程序,并且通过简洁的界面设计增强用户体验。用户能够在移动端上用简洁的语言描述自己的病情,软件后台会自动匹配附近医生。除了保险,其还将自己定位为健康管理公司,提供包括线上免费问诊、免费比价、一键式补充药品等一系列线上医疗服务,从而形成提供个人医疗解决方案的完整闭环。

水滴公司通过打造"互联网 + 保险 + 健康医疗"生态圈,扩大用户覆盖面和参与度。公司积累了海量的用户数据、保险数据和医疗数据,利用大数据分析和人工智能(AI)技术,为用户提供高度个性化的服务。截至 2020 年 11 月,水滴的医疗数据覆盖中国 26 个省、自治区、直辖市,涵盖了国际标准的疾病诊断库(ICD-10,包含五万多条目)、药品库(20 万条)、诊疗库(9 万条)、医疗机构库(40 万条)及医保三目录(3 000 万条)。此外,水滴公司自主研发的 CONF 医疗知识图谱,利用 OCR 和 NLP 技术,从大量非结构化的医疗数据中提取实体、关系、属性等元素,构建医疗知识库。截至 2020 年 10 月,CONF 医疗知识图谱已覆盖 99% 的诊断库、医疗保障目录库,以及全国 95% 以上的各类医院及鉴定机构,涵盖了 1 万多种疾病名称,集成了数十万个实体节点和超过百万个实体关系。这些技术广泛用于智能客服和智能理赔等场景。在"好药付"服务中,平台可结合用户病历、诊断信息与家庭经济情况,借助知识图谱与药品目录,为用户智能推荐高性价比药品,有效降低医疗支出。面对传统保险客服效率低的问题,水滴还推出了"AI 大模型保险质检解决方案",覆盖语音与文字沟通场景,质检成本降低逾 50%。AI 客服系统支持超过 50 分钟的复杂对话,服务效率显著提高。

平安健康亦积极推进 AI 在医疗保险领域的深度应用。2025 年 2 月,平安健康自研的"医博通"大模型已全面接入 DeepSeek。基于 14.4 亿条真实问诊数据及"医博通"平台,公司构建了五大业务专属垂类模型,广泛应用于医疗问诊、导医推荐等产业化场景,为医疗服务提供数据驱动支持。目前,平安健康 AI 系统已实现体检报告解读 100％ 覆盖,解析精准率达 98％;医疗单据实时解析准确率超过 90％,辅助诊断准确率达 95％ 以上,慢病管理改善率达 90％。在实际业务场景中,AI 深度嵌入家庭医生、专科医生及健康管理师服务流程,服务效能分别提升 62％、42％ 与 55％ 以上,有效推动运营效率优化与成本控制。

综合起来,这种模式核心有三点:第一是快速核保,个人仅需提供年龄、收入等简单信息就可以获取价格。其提供产品主要针对基础医疗和普通疾病,月保费根据年龄和家庭成员数量确定。第二是使用移动互联网工具促进会员互动并提供服务。比如,24 小时电话医生和远程就诊,减少用户去医院的次数。传统的保险公司仅作为赔付方,并不会将医疗保险作为医疗护理的核心环节。第三,引入移动工具帮助会员管理健康。比如,为会员免费提供可穿戴设备,进行锻炼辅助和健康跟踪,能够在规定时间内完成锻炼计划的会员将获得奖励。

(三) 区块链带来便捷安全的保险体验

阳光保险集团在 2016 年推出了业内首款具备区块链特性的微信保险卡单。该产品围绕商务旅客的需求,为经常乘坐飞机出行的客户提供更方便的保险服务,避免每次出行重复购买保险的烦琐程序。用户在公司官网完成产品购买后,可以随时在微信服务号上查询电子卡的可使用次数、有效期等信息,同时可将卡单通过微信分享给好友。电子卡单的使用也非常简单,在点击使用并填写航班号和被保险人姓名、身份证号等信息后即可生效,整个流程不到一分钟。依赖底层的区块链技术,保险公司和消费者可以追踪保单的流转过程,从而确保产品的真实性和保单的唯一性,杜绝了潜在的欺诈风险。客户可以便捷地进行保险卡单的购买和转赠,为客户带来了更加便捷的保险购买和使用体验。

安盛保险公司是全球范围内较早使用区块链技术开发保险产品服务的大型保险集团之一,其在 2017 年推出了一款基于以太坊公有区块链技术的航空延误保险产品Fizzy。作为一款智能保险产品,被保险人在乘机出行时,如果遇到航班延误两小时或以上的情形,即可获得赔付。与传统的保险产品不同,Fizzy 是一款 100％ 自动化的保险产品,其通过区块链上的智能合约来触发自动支付。Fizzy 的用户付款和赔偿数据存储在区块链中,并通过以太坊智能合约与全球空中交通数据库相连接,实时监控航班数据。若客户航班延误超过 2 小时,赔偿机制会自动执行,直接将赔款支付到投保人指定账户。整个过程独立于安盛保险的理赔判定,因而有效缩短了案件的理赔时间,降低了合约执行成本,提升了作业效率。而传统的飞机延误险赔付需要客户花费大量的时间去准备航空公司的延误证明、索赔登记表、机票复印件、登机牌及身份证复印件等材料。

2018 年 10 月,众安科技联合工信部中国电子技术标准化研究院等机构发布《基于区块链资产协议的保险通证白皮书》,在开放资产协议基础上推出保险通证(policy backed token, PBT),实现保险资产的通证化。众安保险的航旅出行综合保障"飞享 e

生"率先接入 PBT,成为首个保险资产通证产品。保单以智能合约的形式存在,用户购买后会同步生成通证,包含合约地址、专属 ID、投保时间等信息。满足理赔条件时,系统可自动触发赔款流程,实现秒级理赔和秒级到账。通过区块链技术,保险条款更加透明,数据隐私保护更加周密。未来众安科技还计划将健康险、车险等险种接入 PBT。

第三节　保险业务的开发与改进

一、产品个性化设计成为可能

（一）物联网技术提升风险数据的可获得性

传统的保险定价方法依赖于大数法则和概率论,保险公司通过对历史承保和理赔数据进行统计建模来实现对保险产品的定价。因此,保险产品定价面临的一个核心问题就是如何针对不同群体获取尽可能多且准确的风险数据。

由于物联网技术在可穿戴设备中的广泛应用,数据采集比以前更加方便,从而改变保险产品定价对历史数据的依赖性,并将样本数据扩展为全量数据,历史数据扩展为实时数据,为保险产品的个性化定价提供强大的数据支持。太保安联健康保险公司通过基于物联网技术的移动终端为客户开展线上体重管理和"三高"管理,用智能体脂秤和智能血压计来检测体重和血压。客户打开手机蓝牙连接体脂秤,就可以获得体脂秤测量的实时体重、体脂含量、肌肉含量、含水量、骨含量、内脏脂肪等数据。保险公司正是用这些指标数据来评价客户"三高"问题的情况,并将这些数据作为定价依据。同样地,客户通过手机蓝牙连接智能血压计,可以获取实时的血压数据。保险公司则使用这些数据来评价血压管理的效果,并将这些数据作为定价依据。

（二）物联网技术实现风险保障和健康管理功能的结合

传统的寿险产品的功能主要是风险保障。当被保险人发生保险事故时,保险公司提供经济给付和补偿,但用户最根本的需求是避免和化解风险事故。在人寿和健康保险领域,物联网技术的运用除了可获得全量数据和实时数据,还能起到对被保险人的健康进行管理的作用。这使得寿险产品和健康保险产品从"冷冰冰的事后给付和赔偿"转型为更加人性化的"风险保障＋健康管理"。

2018 年 1 月,平安健康 App 上线了"平安 i 动保"功能。用户通过步数换保额,鼓励用户运动换取重疾险保额。该产品利用手机的计步功能,根据"平安 i 动保"的运营规则,按照每天 5 000 步起算,超过 5 000 步即能计算保额,每天 2 万步封顶,最高可达 286元,保额累计计算,一年可获最高 10 万元保额的重大疾病险保障。产品试运营一个月用户即突破 30 万名。

（三）云计算和大数据技术促进产品个性化设计

传统保险产品的定价在数据处理能力上受到种种限制,往往只能采用抽样的方式选取部分数据进行测算,很难对保险产品进行精准定价。在获取全量数据和实时数据的基础上,保险公司利用云计算和大数据技术可以对海量数据进行快速分析,根据分析结果对客户类型进行分类,从而设计出不同种类的保险产品以满足不同人群的需求,真正实现以客户为导向、以客户为中心。

平安集团利用领先的大数据平台,联合重庆疾控中心研发了全球首个"人工智能＋大数据"的流感预测模型,模型可以精准预测流感趋势,为保险产品的定价提供重要的参考。太保安联健康保险公司与某著名三甲医院的云医院平台合作,在太保集团总部建设了云医院终端,通过云计算技术在网络终端进行辅助医疗服务的应用,为患者提供覆盖诊前、诊中、诊后的全流程智慧医疗服务。同时,运用云平台数据实施个性化产品设计和定价。

二、提高保险公司反欺诈能力

在核保承保方面,通过 AI 可以快速识别和记录客户提供的信息(如文档、录音及影像文件)的真实性,不仅可以实现高速的作业处理,还能识别保险诈骗行为等。建立大数据样本库,扩大反欺诈数据挖掘,也可以有效控制风险,提高保险公司反欺诈能力。

(一) 机器学习在寿险反欺诈方面的应用

欺诈是长期困扰寿险行业发展的重要问题,严重制约着保险行业健康快速的发展。中国人寿集团作为国内重要的商业保险集团之一,在反欺诈方面也投入了大量资源进行能力建设。通过对历史数据的研究,中国人寿集团发现在人身保险欺诈中,重大疾病险、意外险和短期健康险欺诈案件发生率较高。从件均涉案金额来看,重大疾病险、两全保险、定期寿险涉案金额相对较高。重大疾病险有着案件发生频率高和件均涉案金额高的双重特点,因此成为反欺诈的重点关注领域。

随着技术的不断进步和海量数据资源的积累,中国人寿集团也应用机器学习等技术,对寿险领域存在的潜在欺诈案例进行挖掘和追踪,降低传统案件处理过程中的人为不确定因素,提高识别准确率,降低人力成本。

(二) 知识图谱在反欺诈方面的应用

阳光保险集团应用知识图谱在反欺诈方面取得了良好效果。知识图谱主要应用于阳光产险信保事业部的承保审核环节。此前其主要是依靠人工进行风险评估,业务人员需自主查询贷款申请人信息及关联的历史贷款人信息,但在申请人相关社交网络信息整理方面经常遇到困难。借助知识图谱技术,贷款申请人个人信息及社会关系等所有数据实现了连通,信息的多维化、可视化展示可以帮助业务人员进行深度的反欺诈分析和预测,提高了业务整体的风险识别能力。自 2017 年 11 月上线到 2017 年 12 月月底,阳光产险信保事业部利用知识图谱技术共发现 18 起重大案件(涉及人数大于 5 人的案件),是之前人工处理案件量的 8.5 倍。

(三) 大数据在车险反欺诈方面的应用

车险的经营具有链条长、涉及主体范围广、索赔便捷等特点,很容易成为恶意欺诈者的目标。根据对保险诈骗司法案件的有关数据统计,车险欺诈数量在全国保险欺诈案件数量中占比高达 80%。为了提高行业防范和打击保险欺诈,在原保监会的指导下,中国保险信息公司建立了车险反欺诈信息系统,并于 2016 年 11 月完成该系统的全国推广上线。这是保险业首次实现以行业共享信息为依托的数据应用,极大提升了我国保险反欺诈大数据应用及信息化水平。2018 年,该系统全年查询次数超过 692 万次,同比增加 276%;助力行业止损约 1.65 亿元,同比增长 41%。同时,在由各级金融监管部门和公安经侦部门组织的"安宁 2018"行动中,公司依托反欺诈大数据线索分析,支持公安机关重点打击大额欺诈、职业团伙欺诈,成果显著。如协助内蒙古地区侦破涉案金额 948 万元的特大车险诈骗案;协助安徽地区锁定 9 个欺诈团伙,总涉案金额达 1 600 余万元。各大保险机构也在积极提高自身的反欺诈能力。例如,太平金融科技服务(上海)有限公司着力打造了保险反欺诈核心能力平台,在车险反欺诈领域,推出的"车险哨兵"产品,实现了"关联风险评分和风险画像、团伙风险评分和风险画像、风险智能搜索"三大功能,支持车险理赔年减损 2 000 万元以上。

三、有效提升综合服务水平

(一)区块链技术保证消费者信息安全

保险公司尤其是寿险公司在承保业务中掌握了大量客户隐私,而保险公司信息泄露的案件也层出不穷。网络信息的不安全极大加重了民众对保险公司的不信任,严重危害了保险业的健康发展。其主要原因在于传统保险信息在安全方面存在的固有缺陷。对于客户来说,人身保险尤其是寿险从购买到获得赔付往往需要数十年,而传统的纸质保单却不易保存,一旦遗失未能及时补办就很容易对理赔造成困难,使其无法及时得到赔付,影响保险消费体验。应用区块链等技术可以解决上述问题,保障保险交易环节信息的安全。

2017 年 5 月,众安信息技术服务有限公司发布了基于区块链技术的"安链云"电子保单存储系统。该系统通过区块链技术保证电子保单的安全性,并扩宽了电子保单的应用范围。保单信息实现去中心化的储存,解决了信息丢失的烦恼。区块链上的数据具有真实可靠和不可篡改等固有特征。在保险交易中,区块链技术可以确保保单信息的真实性,保证整个交易信息的安全。依托区块链技术的共识特征,客户在购买完成后,即可在全网所有节点查询购买记录,无须担心因保单信息丢失造成的理赔困难等。虽然区块链在全网每个节点上都保存着每笔交易的信息数据,但通过配置公钥和私钥,每个节点在进行信息查询时只能查询到交易数据,参与者个人信息则是保密的,这保证了参与者的信息免于泄露,也保障了参与者在完成交易过程中不会受到其他不必要的信息干扰。

(二)依托保险科技打造车主生态圈

车险企业借助保险科技打造车险生态圈,即以车险服务为纽带,延伸到为客户提供衣食住行玩的大部分基础服务。如为车主提供投保通道、理赔进度、违章查询、交通状况、汽车维修、餐饮、住宿、购物、娱乐等信息,涵盖了车主的车保险、车服务、车生活各个方面。这种方式一方面可以提升客户的留存率，开发车险的附加价值，另一方面也可以为车主提供一揽子服务，提升自身的服务水平。

2017年12月，人保金融服务有限公司（简称人保金服公司）成立了邦邦汽车销售服务（北京）有限公司（简称邦邦汽服）。运用大数据、云计算、物联网等科技，邦邦汽服旗下B2B电商平台"驾安配"平台链接汽车后市场各方资源，向B端汽配企业提供低成本、一站式配件采购，向C端车主提供汽配服务，打造车主生态圈。相关数据显示，"驾安配"平台2018年上半年实现交易额1.6亿元，对车险配件赔付综合减损率超过10%。除了邦邦汽服这个切入点，人保金服公司在2018年7月推出了车主惠App，一个以车生活为中心、为车主打造的一站式养车、用车等综合车辆服务平台，涵盖洗车服务、车辆美容保养、车辆快修服务、打蜡服务、车辆年检、一键报案、查违章、商城等服务，致力于实现"保险+服务"的闭环。截至2022年年底，车主惠App已链接中小型维修门店等1.5万家，订单数269万单，累计下单人数134万余人。

（三）　高效的大数据风险解决方案成为风险评估助手

美国Lexis Nexis公司是全球知名的数据库提供商，在风险解决方案领域拥有强大的数据资源优势和分析应用能力。该公司拥有全球最大的法律及公共信息数据库，提供的产品覆盖法律、风险管理、学术等领域，提供的服务包括计算机辅助法律研究、商业研究与风险管理等。在为车险、房屋险和寿险等领域提供数据服务的同时，公司的风险管理、客户留存及反欺诈等技术也在保险业有诸多应用。

该公司拥有超过2万个在线数据库和与数十亿个体相关的600亿条数据记录，每年能够为保险业提供1.6亿份驾驶违规数据和近1亿笔保单数据。同时，借助于不同类别的数据收集设备和方法，该公司给驾驶员提供远程评分、定价、UBI车险管理服务等，并依托于其强大的大数据分析处理技术，为保险公司提供包括客户风险洞察在内的各项服务。

四、解决传统保险业务痛点

（一）　物联网缩小地域差距，解决农业险定损难题

由于农业保险是在广阔农村地区进行的，开展业务和定损理赔是长时间困扰保险公司的难题。近年来，各家保险公司开始利用互联网技术和"3S"技术力求在这些方面寻求突破，太平洋财险公司的"太保e农险"是这类创新中的一个突出代表。

太平险财产保险股份有限公司（简称太平洋财险公司）联手中国农业科学院开发基于新技术应用的"e农险"于2015年在河南开始推行，此后每年更新升级，已成为太平洋财险公司开展农险业务的核心平台。"e农险"1.0主要聚焦于影像图片信息和地理位置信息的智能采集与电子化储存。同时"e农险"1.0在养殖业中还采用了电子芯片识别技术。"e农险"2.0在1.0版本收集的数据基础上建立的"风险地图"为农业开展过程中的风险管理提供参考，"风险地图"是将农业保险相关风险因素的历史分布以地图形式展现出来。"e农险"3.0开始借助无人机、卫星遥感、人工智能深度学习技术，对地块、农作物

种类和面积进行远程智能识别,实现远程验标和查勘,改变种植业传统验标和查勘模式,有效提高了运营效率。在内蒙古、河南、山东、山西、云南等多个省、自治区、直辖市都运用了其无人机大队、遥感应用,同时其在承保验标、查勘定损方面功效显著。"e农险"4.0版本则是在农业保险数字化全流程、农业保险物联网技术、生物识别技术、风险全方位管控等领域取得了新的突破。2019年"e农险"更新至5.0版本,以"拥抱5G"为主题,实现了基于5G新技术的数字化农险经营管理体系的全新迭代。借助5G技术,无人机飞行平台可实现统筹管理、规划航线、自动飞行、断电续飞及实时回传等功能,还可通过人工智能进行识别并出具评估结果,实现无人机在农险领域的全流程应用。2020年"e农险"依托于1.0到5.0的数字基础设施建设,升级为"e农险FAST",进入6.0版本。创新开发了农险领域首个物联网大数据应用试点"风云鹰",构建复杂条件下的动态解释性风险评分模型"农险分"。进一步提升了农险经营管理的数字化水平,巩固了其在农险科技领域的领先地位。

(二)区块链技术直击再保险业务痛点

长久以来,在保险行业一直有两大难题,一是信息不对称带来的道德风险,二是信息化水平较低引发的操作风险。2018年3月,由上海保监局牵头多家直保机构、再保机构共同打造了国内首个区块链再保险实验平台。经验证,该平台不但能够实现磋商签约、分保、账单交换和理赔处理等交易环节,而且可以在区块链技术下形成多链交易生态系统,显著提高了再保账单处理的效率和准确性。

在实验平台的基础上,中国再保险集团、汉诺威再保险公司、通用再保险公司、众安保险公司、众安科技公司和英特尔公司等各业务参与方及技术支持方还共同参与撰写并发布了《再保险区块链(RIC)白皮书》,首次在业内共享对再保险区块链的研究及应用成果,希望借助区块链去中心化、开放性、独立性、安全性和匿名性等特征拆开再保险交易的黑盒,消除当前再保险业务中存在的信息不对称,同时大幅提高整个再保险交易领域的信息化水平,推动再保险行业的流程智能化建设。2022年,中再寿险联合中国人寿寿险公司共同搭建了再保险交易平台,并于同年4月完成首单个单临分签约,这也是中国人寿寿险公司首次以区块链技术应用为载体,与再保公司进行的个人的临分申请、询价、报价及承保等业务全流程操作。

第四节 保险行业基础设施的建设与优化

一、车险创新商业模式

传统车险定价只考虑新车购买价格和历史出险数据,没有考虑车主或者驾驶者的驾驶习惯、驾驶行为、驾驶技能等因素。这种单一的定价模式存在严重的缺陷,长时间下来会导致"劣币驱逐良币"的效应,即驾驶习惯好、经验丰富的"优质"车主间接为那些驾驶习惯不好、经验少的车主买单,"优质"客户渐渐流失。这种恶性循环不仅会导致车险市场的萎靡,更会增加社会隐患。

然而,近几年保险科技迅速发展,物联网、大数据、互联网深度融合,车联网技术逐渐成熟。利用相关技术可以充分采集和分析驾驶数据、车辆保养情况、车辆经常行驶环境状况等关键信息,催生出基于驾驶行为对车险定价的新商业模式 UBI(usage based insurance)。UBI 定价模式下,车险会以车辆上安装的 OBD 装置所收集的车辆行驶的过程数据(车辆维护状态、行驶路线及距离)、驾驶行为为依据进行定价。具体的定价方式会依每部车的评估不同而异。此外,依靠车联网技术,可实现事故的即时通知,更准确地进行责任评估,提高了保险公司的反欺诈能力,使得理赔管理流程的效率得到大幅提升,同时理赔管理的相应成本得以高效控制。

目前,UBI 车险模式相对固定,大部分保险公司通过车联网设备收集用户驾驶行为、车辆使用情况等数据,据此为用户提供一定的保费折扣,奖励良好驾驶行为。此外,部分保险公司还提供安全驾驶教学、紧急报警等增值服务。除了将车联网设备应用在定价方面,一些保险公司还探索其在理赔环节的应用价值,使用物联网设备传输事故发生时的相关数据,远程决定理赔费率,提高保险流程效率的同时有效降低欺诈风险。UBI 产品模式如图 13-1 所示。

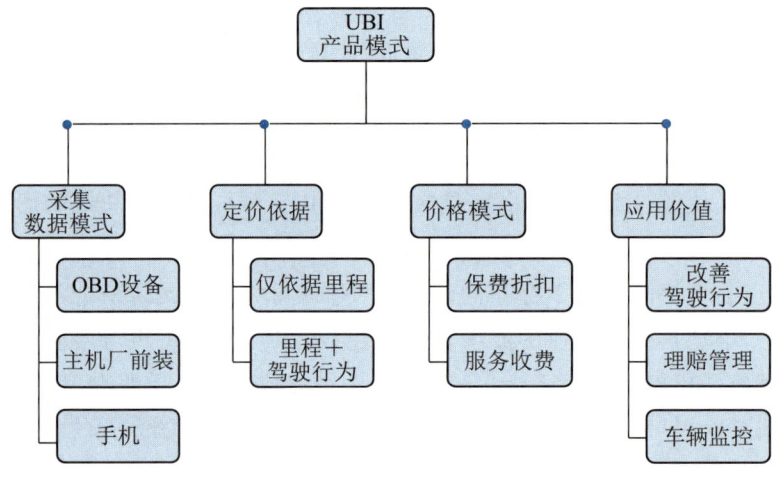

图 13-1　UBI 产品模式

现阶段,基于车联网技术开发的 UBI 车险产品差异较小,部分保险公司也在积极探索区块链、人工智能、量子计算等高新技术在车险领域的应用。在未来,车联网技术将实现车与车的互联,在驾驶过程中如遇堵车或紧急情况,车辆可发出让路请求,达到畅行目的。若发生意外事故,物联网设备可以采集汽车驾驶数据、受损情况、生物识别信息、行人或车辆间距,同时可以请求附近的路灯摄像头和其他联网汽车等设施联合作证,基于各方信息通过量子计算技术实现高并发(high concurrency)实时计算,快速完成定损和理赔。区块链技术可将以上所有信息锁定,且不可更改和删除,还原汽车行驶或事故发生现场情况,有效避免数据造假,降低欺诈风险。以上所有过程均可通过人工智能机器人辅助完成,减少人工介入。

随着智能驾驶技术铺设,车企与保险公司联合推出了智能驾驶车险,覆盖智能泊车、智能驾驶等场景,为车辆在智能驾驶过程中可能面临的风险提供保障,针对不同自动驾驶功能提供差异化的保障方案。与各主流车企紧密合作,对包括 APA(自动泊车)、AEB(突发危险车辆紧急制动)等智驾功能对特定事故出险率的影响进行有效性验证。例如,平安产险根据不同用户需求设计分层保障,针对智能驾驶场景带来的新风险,创新推出行业首个全场景智能驾驶责任及其他新型风险保障方案,覆盖智能泊车、高速巡航等八大高频使用场景,助力用户安全出行。

技术的有效集成与应用,势必进一步革新车险领域。车险产品的定制和个性化属性得到强化,定损和理赔效率也会显著提高,用户将获得更加优质的服务。同时,保险企业通过技术应用,在提高运营效率、降低企业服务成本的基础上,亦可以有效减少逆向选择,提升自身风险管控实力。UBI 车险产品介绍,如表 13-1 所示。

表 13-1　UBI 车险产品介绍

公司	国家	时间	保险产品介绍
Unipol	意大利	不详	Unipol 公司为投保人免费提供车联网设备,车主安装完成后便可以享受 85 折保费优惠。在设备安装完成一年后,保险公司再根据车联网数据对投保人驾驶行为进行评分,并对驾驶行为表现良好、评分较高的顾客再次给予保费折扣。同时,公司还根据车联网数据为顾客提供增值服务,如紧急报警
安盛	法国	2017 年	安盛公司推出的 UBI 车险 Driver Check 通过 App 收集用户数据,从而提供高达 30% 的车险折扣。用户必须提供总行驶里程超过 600 千米,其中至少含 40 次 3 千米以上驾驶记录的数据集合,以获取折扣资格。同时,这款 App 利用智能手机的 GPS 和加速度计,根据天气、交通条件、车辆的位置和四个速度计算子指标(加速度、制动、转弯、速度)分析用户的驾驶风格,并给出相应的折扣
StateFarm	美国	2011 年	StateFarm 公司通过和车联网厂商 Hughes 合作,采用车辆内置的或首年免费的外置 OBD 设备来监控投保人驾驶行为。首次使用该保险产品的用户当年可以享受 95 折保费优惠。之后公司会每隔一段时间根据车联网数据进行评估,并据此进行保费调整,对驾驶行为良好的客户最高可提供 50% 的折扣
Ingenie	英国	2011 年	Ingenie 公司为投保人免费安装车载设备来收集驾驶员的驾驶数据,并为用户的驾驶行为打分,通过手机 App 将分数反馈给用户,提示用户提升安全驾驶行为。Ingenie 公司每年根据司机驾驶行为数据对其保费价格进行三次更新。如果在整个投保年度内,驾驶人都没有出险记录,将得到专属折扣 NCD(no claims discount)

续　表

公司	国家	时间	保险产品介绍
Insure the box	英国	2010 年	Insure the box 公司推出专门针对年轻人和低里程数客户的 UBI 产品,用户可自行决定投保里程。保险公司根据设备收集的投保人驾驶行为年数据,主要包括驾驶时间(白天/黑夜)、不同类型道路上的车速、插拔设备情况、里程等。对表现良好的用户进行额外的里程数奖励,奖励的里程数平均每个月 58 千米,上限为 100 千米。同时客户还拥有自己的线上专属账户,可随时查询自己的驾驶行为信息
Progressive	美国	2009 年	用户在参与了 Progressive 公司的 UBI 业务后会得到一个 Snapshot 硬件,即 OBD 盒子。OBD 终端收集的驾驶行为数据主要有急刹车次数、行车距离、半夜至凌晨四点行车次数。Snapshot 硬件安装完成并使用 30 天之后,公司开始计算初始折扣,用户驾驶 6 个月之后把设备还给公司,公司根据这 6 个月的驾驶行为数据给予续保折扣,最高可获得 30%的折扣

二、云计算夯实底层框架,推动基础设施再创新

云计算是保险科技重要的基础技术之一,也为保险公司的科技变革提供了重要的基础资源支撑。云计算在行业内除了帮助保险公司解决 IT 上的难题,还在逐渐推动底层基础架构的变化。保险公司运用云计算可以实现线上投保、移动展业、移动理赔等高效的业务。通过云计算对各类数据资源的整合,保险公司在定价、营销、承保、理赔等多个环节实现精准智能的业务运营。

(一) 云计算使得信用管理服务更加精细化

全球领先的金融服务提供商安联集团主要为公司及个人提供保险和资产管理解决方案。随着保险科技的发展,安联集团也充分应用各类创新技术拓展提升自身服务能力。安联集团在关注信用风险及完善网络风险管理流程方面,主要应用云计算技术进行了如下尝试。

1. 标准接口服务,无缝交易对接

安联集团下属的 Euler Hermes 公司在 2017 年推出了"单次贸易承保"产品。在逐笔交易中,其依托云计算等技术与专有的 API 接口,创建无缝连接交易过程,从而实现全面的信用管理。

2. 系统深度融合,高效服务支持

同属安联集团的 AGCS 公司,则在与 Cyence 公司的合作过程中,通过云计算技术将自有的核保平台与 Cyence 公司提供的网络分析平台进行结合,利用 Cyence 公司的风险预测服务,快速确定客户的网络风险规模,进而进行核保服务。AGCS 公司根据客户公司的具体规模来确定承保范围,并对客户的网络账户进行建模以确定风险趋势并分析如何应对不同的风险场景。

（二）云计算支持基础业务运营能力提升

太平洋财险公司在 2017 年提出"数字太保"战略,在数字、资源共享等数据化基础设施建设方面持续投入,并在数字化转型过程中基于云计算技术推出了"太保新云"服务。

"太保新云"在 IaaS 层为分公司提供资源服务和开发测试环境,并计划在未来部署生产云,提升分公司的服务能力,促进公司的业务整合。在此之上的 PaaS 层,"太保新云"结合 Docker 和 Mesos 的 DCOS(data center operation system)平台提供中间件服务和数据库服务,来实现自动化部署、快速响应和持续交互。而在 SaaS 层,通过搭建包括云盘和智能客服等产品服务,"太保新云"提升了整体的运营能力,助力公司数字化转型稳步推进。

本章小结

1. 保险科技(InsurTech)是从金融科技(FinTech)框架里衍生出来的一个新兴分支。它起源并从属于金融科技,同时又区别于金融科技。保险科技则是以科技为核心,运用区块链、人工智能、大数据、云计算、物联网等技术,广泛深入保险产品创新、营销、核保、承保、理赔等各个产业链条和服务环节,对保险的行业生态进行改良创新和拓展延伸。

2. 在用户交互领域,保险科技主要是通过物联网、人工智能、云计算、大数据和区块链技术提高投保效率,改善客户投保体验,促进理赔更加便捷公平,使得客户和保险公司实现双赢。

3. 保险科技使得传统保险业务不断改进、开发和创新,解决传统保险业务的痛点,大幅提升了保险业的服务能级,降低运营成本,对保险行业的价值链产生深远影响。

4. 保险科技在夯实保险基础设施建设的同时不断进行优化,推动保险产品和服务再创新。

复习思考题

1. 保险科技和科技保险的区别是什么?

2. 保险科技对传统保险业提出了哪些挑战?

3. 在用户交互领域,保险科技的应用主要体现在哪些方面?

4. 保险科技如何赋能传统保险行业?

5. 请列举一些应用保险科技的保险产品和其主要优势。

第四篇
监管与伦理

第十四章
金融科技监管

学习目标

1. 掌握数字货币的概念。
2. 掌握合规科技与监管科技的基本概念及发展状况。
3. 了解合规科技在金融机构中的应用。
4. 了解监管机构如何运用监管科技监管金融行业。

引导案例

金融业是"信息敏感性"或者说"信息密集性"产业。以信息技术为代表的科技进步带来了信息传播方式和传播速度上的巨大变化。因此,金融机构合规部门面临着诸多新的挑战。各国持续上涨的监管合规成本成为制约经济发展的重要原因之一。例如,美国摩根大通公司 2012—2014 年仅合规岗位就新增了近 1.3 万名员工,占全体员工数量的 6％,每年成本支出增加近 20 亿美元,约为全年营业利润的 10％。截至 2023 年,我国 68 家中央企业和 631 家重要子企业设置了首席合规官,全系统合规管理人员超过 2.8 万人。此外,有 68 家中央企业建立了合规管理信息系统,将合规要求通过信息化手段嵌入业务流程。

同时,监管科技也值得关注。在中国人民银行指导下,中国人民银行山东省分行以金融科技创新监管工具为抓手,积极探索数字金融创新发展路径,推动多项前沿金融科技项目落地,有效平衡创新与监管的关系。山东省分行通过"技术＋数据"双轮驱动,2020 年起,推动基于量子、大模型、物联网等的 7 个金融科技项目纳入创新监管工具测试,构建创新环境。在此基础上,工商银行山东省分行推出"基于大模型技术的智能信贷管理服务",利用大模型技术革新贷前调查流程,尽调报告自动化程度超 70％,效率提升50％;齐鲁银行依托"基于大数据风控的涉农信贷服务",建立 169 个大数据融资风控模型,将涉农信贷审批时间从 7 天缩短至最短 1 天,已为农户和涉农企业提供近 19.99 亿元信贷支持。截至 2024 年 10 月,山东省已有 21 个金融科技项目纳入创新监管工具,其中 3 个项目已结束测试。

思考题:

1. 山东省分行通过金融科技创新监管工具推动新技术应用,在这个过程中,如何运用监管科技实现对创新项目的风险监测与防控?

2. 案例中齐鲁银行涉农信贷服务体现了合规科技在金融业务中的具体应用。从金融合规角度出发,这些项目在数据使用、业务流程规范等方面需要遵循哪些监管要求?

第一节　中央银行数字货币

中央银行数字货币(CBDC)是由国家中央银行发行的数字形式的法定货币。不同于传统电子支付,CBDC 由中央银行直接控制发行,有望提升支付效率、降低交易成本、增强金融普惠性,并为货币政策提供实时数据支持。然而,CBDC 的推出也面临诸多挑战,如隐私保护、技术实现和对现有金融体系的潜在冲击问题。因此,在促进金融创新与保障金融稳定之间取得平衡对各国央行来说尤为重要。

一、中央银行数字货币的概念

中央银行数字货币(CBDC)为中央银行发行和监管的以数字形式存在的国家货币,具有和传统纸币相同的法律地位和法律支持。相较于实体货币,CBDC 在发行、流通与管理方面更加高效,能有效降低货币的综合运营成本。同时,CBDC 有助于提升金融包容性,通过移动设备为未覆盖银行服务的人群提供基本金融服务。此外,CBDC 还可增强货币政策的实时调控能力,便于央行精准掌握货币流通状况,优化政策制定与执行。

二、中央银行数字货币的分类

CBDC 可依据其功能和技术架构进行分类,具体如表 14-1 所示。

表 14-1　CBDC 分类

分类依据	类别	特点与应用场景
功能	零售型 CBDC	面向公众,用于日常支付、转账与消费,支持小额高频交易
	批发型 CBDC	面向金融机构,用于大额清算和结算,提升金融市场效率,降低结算成本和交易风险
技术	区块链型	具有安全、透明的优势,但在扩展性与性能上存在局限
	分布式账本型	适合定制化需求,但去中心化程度较低
	中心化数据库型	由中央银行直接管理,性能高、可控性强,但透明性和抗攻击能力相对较弱

三、数字人民币的发行与使用

数字人民币是由中国人民银行发行的主权数字货币,以 1∶1 法币准备金支持,具有可管理的匿名性与一定的加密功能。其运营机制可概括为"一币、两库、三中心"。其中,"一币"指的是以数字货币形式呈现的、价值由中国人民银行背书的数字人民币。"两库"指的是由央行存管的数字货币发行库和由商业银行存管的数字货币银行库。"三中心"涵盖认证、登记和大数据分析三个职能中心,分别负责用户身份验证、数字货币和钱包数据登记,以及交易行为分析、反洗钱等风险监控。

数字人民币发行流程:首先,央行将根据数字货币的发行总量的数据统一生成数字货币,并存放于央行数字货币发行库中;其次,商业银行向央行提出数字货币的需求申请,央行审批通过后将数字货币从发行库发送到银行库;最后,用户申请提取数字货币,商业银行库将发送相应的数字货币到用户的数字钱包。在流通过程中,用户之间的数字货币支付转账由数字钱包完成,支付有在线交易和离线交易两种形式。即便交易双方皆处于离线状态,只要两个手机接触便可以交换钱包密钥,完成转账行为。

在架构设计上,数字人民币采取双层运营体系。第一层级为央行与商业银行的货币发行与兑换合作,主要伙伴包括国有大型银行及支付平台如银联、支付宝和微信支付。第二层级为商业银行与公众及企业的交互环节,个人和企业通过商业银行即可实现数字人民币的存取和使用,操作方式与传统人民币类似,便于推广和应用。

四、数字人民币的特征

数字人民币是中国人民银行发行的主权数字货币,具有现钞替代性、全额准备金、无利息与可控匿名性等核心特征。这些设计旨在提升货币流通效率,强化金融监管,同时确保国家对货币体系的主权控制。

(一) 现钞替代性

人民银行推行数字人民币的目标是使其逐步达到对 M_0 货币供应的替代,实现无纸化支付。通过提高支付结算效率、降低发行和维护成本,推动人民币国际化进程,并有效打击洗钱等与现金相关的违法行为。

(二) 全额准备金

与传统银行的"部分准备金"制度不同,数字人民币要求金融机构保持 100% 的准备金率。发放给公众的数字人民币仍然是中央银行的负债,由中央银行的信誉支持,从而使其成为法定货币。所以,数字人民币是不存在任何衍生存款或者货币乘数的,其不会影响现有的货币政策传导机制,亦不会改变现有的货币流通体系和双层账户结构。

(三) 无利息

数字人民币不计付利息,避免与银行存款形成竞争,减轻金融中介脱媒和通货膨胀压力,维护金融体系稳定。

(四) 可控匿名性

数字人民币与银行账户是松耦合的关系,转账将基于数字人民币钱包,并不需要依赖银行账户。这种设计的目标是使得数字人民币的流转率能够达到现金的水平。具体来说,在第一层级,机构之间的转账将会是实名注册的、非匿名的,而在第二层级数字人民币用户转账可实现可控匿名,转账流程可以被有数据调用权限的人,如政府、银行等追踪。这种设计旨在保障数字人民币的易用性和高流通性,同时防止其被用于洗钱、电信诈骗、网络赌博、恐怖活动融资和偷税漏税等非法金融活动。

专栏 14-1

CIPS 与数字人民币跨境应用

作为世界范围内排名第四的支付体系,人民币跨境支付系统(cross-border interbank payment system, CIPS)已然成为推动人民币国际化的关键支撑平台。2024 年其跨境人民币支付业务金额达 175 万亿元,同比增长 43%,业务网络覆盖全球众多机构。CIPS 采用实时全额结算和分布式账本技术,将跨境清算时间缩至 7 秒,手续费降低 98%,显著增强了人民币交易吸引力。在上海自贸区,CIPS 与自由贸易账户融合,创新离岸贸易管理模式;交通银行等金融机构借助 CIPS 标准收发系统实现跨境人民币结算线上化,拓展人民币应用场景。

数字人民币作为全球首个运行的央行数字货币,正重塑跨境支付格局。2024 年试点覆盖 129 个国家和地区,单日交易量峰值破万亿元,在东南亚、中东的能源、旅游等领域应用成效显著,与微信支付、Visa 等平台对接后全球接受度进一步提升,跨境支付规模年增超 200%。依托 CIPS 网络,数字人民币加速进入新兴市场,降低对美元依赖。如中俄能源贸易本币结算占比 80%,中沙石油贸易人民币占比超 2.5%,非洲 15 国设立数字人民币离岸中心,跨境汇款手续费大幅降低。

这一系列发展促使 SWIFT 全球支付占比下降,人民币支付占比升至 4.74%,稳居全球第四。美国智库报告指出,中国"数字货币与跨境支付体系"策略,既降低自身制裁风险,也为受制裁国家提供新支付路径,削弱了美元作为"金融制裁工具"的影响力。

思考题:

1. CIPS 与数字人民币协同发展,可能会对未来国际货币体系产生哪些深远影响?

2. 在数字人民币跨境应用不断拓展的背景下,如何平衡跨境支付的效率、安全与监管?

五、其他代表性数字货币

（一）瑞典的 E-krona

瑞典央行于 2017 年启动了零售型数字货币项目 E-krona。2020 年，Riksbank 与埃森哲公司合作，构建了 E-krona 的技术平台，以测试其技术解决方案，并为未来探索其他可能的技术方案奠定基础。

E-krona 项目呈现出以下四大特点。首先，多阶段测试贯穿项目始终，从技术方案的搭建到离线支付的验证，再到与现有支付体系的融合，逐步推进数字货币的功能完善。其次，项目积极探索多种技术路径，包括基于区块链的基础设施，以增强系统的安全性和稳定性。再次，项目注重供给与服务模式的设计，提出"松管控"与"严管控"两种运营方案，以平衡市场创新与用户体验的一致性。最后，项目始终强调安全性、创新性与实用性的结合，在保障支付安全的前提下，不断优化线上与线下的支付体验，致力于实现与传统支付体系的无缝对接。

（二）新加坡的 Ubin

新加坡的 Ubin 项目由新加坡金融管理局（MAS）主导，旨在探索和尝试用区块链和分布式账本技术进行付款和证券清算和结算的可能性，其最终目标是开发一套易用且高效的央行数字货币系统。

Ubin 项目呈现出以下四大特点。首先，Ubin 通过多个阶段的研究与试验，系统探索区块链与分布式账本技术在支付、证券清算与结算中的应用，旨在逐步构建完整、高效的央行数字货币系统。其次，注重技术合作，项目自启动伊始便强调与金融机构及区块链技术企业的协作，并推行开源策略，以鼓励更多研发创新。再次，多方合作，除本国金融机构外，Ubin 还积极与新加坡交易所、加拿大银行及英国央行等开展合作，推动跨境支付功能的实现。最后，商业价值和实际应用，Ubin 不仅关注技术可行性，更重视区块链支付网络的商业潜力，深入研究各行业场景中的实际应用与价值整合，凸显了 Ubin 项目的实际应用导向。

（三）巴哈马的 SAND Dollar

巴哈马中央银行与国家支付委员会积极推动支付体系现代化，先后完善银行间结算系统、建立自动清算所，并取消电子资金转移印花税。2019 年，巴哈马选择 NZIA 公司的 CBDC 方案，正式启动 Sand Dollar 项目，并制定了包括客户身份识别（KYC）、点对点（P2P）支付等在内的合规标准。2020 年，Sand Dollar 全面向公众开放。

Sand Dollar 实行严格的汇率锚定机制，其价值与巴哈马元等值，而巴哈马元则与美元 1∶1 挂钩。该 CBDC 由巴哈马央行背书，以外汇储备作支撑，同时具备零售与批发双重功能，可广泛应用于个人、企业及机构之间的支付与结算。

Sand Dollar 的推广呈现出以下特点：一是快速落地，从项目启动到全面实施耗时不到两年，得益于人口规模较小、银行体系简洁及技术部署成本较低。二是增强金融普惠，解决了群岛国家金融服务覆盖不足的问题，使未拥有银行账户的居民也能接入基础金融服务。三是降低交易成本,用户使用 Sand Dollar 支付不收手续费,相较信用卡显著减少了商户与消费者的支出。四是提升交易效率,推动金融交易的电子化,实现结算与清算流程的提速与优化。五是实名制管理,尽管基于区块链技术,Sand Dollar 并不支持匿名交易,确保交易全程可追溯,有利于防范金融风险与犯罪。

第二节　金融合规科技与监管科技概述

一、合规科技和监管科技概念的区分

随着金融科技的快速发展和广泛运用,无论是金融机构、市场服务中介,还是科技企业和监管部门,都开始意识到以传统的人工手段、管理模式和风控方法来监测、度量、管理、处置风险,可能不足以应对行业的快速发展转型和相应风险的传播变化。科技与金融监管的关系包括两个层面:一方面是金融机构如何利用科技满足合规要求,另一方面是监管机构如何利用科技对金融机构进行有效的监管。

巴塞尔委员会在 2018 年 2 月的报告《金融科技发展对银行及其监管机构的影响》中指出,合规科技(RegTech)指的是金融机构利用金融科技提高合规要求和风险管理;而监管科技(SupTech)是指监管机构利用最新的监管科技对金融机构进行有效的监管。英国金融市场行为监管局(FCA)于 2015 年指出,针对金融机构,运用新技术新手段,满足多样化的监管要求,简化监管与合规流程,降低相应成本的手段叫作合规科技。国际清算银行(BIS)金融稳定局 2018 年 7 月的报告中指出监管科技是监管机构运用新技术手段,如大数据、云计算、机器学习提升其监管效率,促进业务核查,开展有效市场监测,帮助监管机构在新的金融服务领域,扩大监管范围,更有效地监控金融机构的风险和合规情况[①]。

二、合规科技出现的背景

2008 年全球金融危机之后,金融部门的监管随之加强。十多年过去了,监管几乎没有放松的迹象(见图 14-1),相关监管法规不断出台。这些法规不仅涉及资本准备金和流动性要求,还涉及消费者保护、洗钱、数据访问、隐私、网络犯罪等。

监管新规的最直接后果是合规的复杂性和成本直线上升。律商联讯风险信息(LexisNexis Risk Solutions)于 2023 年发布的《金融犯罪合规真实成本报告》(*True Cost of Financial Crime Compliance Study*)显示,全球金融机构在金融犯罪合规方面的总

[①] 根据巴塞尔委员会、英国金融市场行为监管局和国际清算银行对 RegTech 和 SupTech 的界定,RegTech 和 SupTech 应分别译为合规科技和监管科技。但两词的用法经常出现混淆,如很多报告中 RegTech 被翻译为监管科技。为使表意更为准确,本书后文一致采用巴塞尔委员会、英国金融市场行为监管局和国际清算银行对于两者的定义。

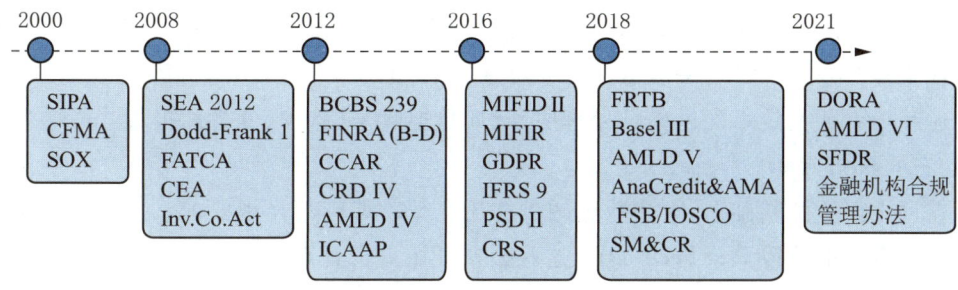

图 14-1 监管态势演进表

成本已达到 2 061 亿美元。这相当于全球研发支出的 12％以上，平均下来相当于全球每位工作年龄人口每月承担 3.33 美元的成本。不仅是金融机构需要承受这种监管环境的繁重负担，他们的客户同样如此。例如，客户开设银行账户这一简单业务因为反洗钱和KYC 规则①，变得更为复杂和耗时。金融机构的合规成本最终会转嫁给客户。

在一些情况下，过高的监管风险导致业务回报可能无法覆盖潜在监管处罚的风险，金融机构便会选择从该市场退出。比如，发达经济体的许多银行退出非洲、拉丁美洲和加勒比等发展中地区。这直接影响这些国家的企业从事国际贸易的能力。

总体来看，合规科技起源于发达经济体，在国际金融危机之后逐渐发展起来，主要源于供给和需求两侧的因素。从需求方面看，金融危机后各国加强监管，金融机构满足合规要求的成本增加。金融机构为避免由于未达到合规要求而带来的高额罚款，从增加雇佣人员到开始逐步引入合规科技手段，通过科技的方法达到监管当局的合规要求。从供给方面看，近两年大数据、云计算、人工智能等新技术的蓬勃发展，使得监管科技发展具备了技术条件。目前，大部分的合规科技都是围绕降低合规成本而展开的，为新的合规需求提供技术解决方案。

三、合规科技的发展

合规科技不是新生的技术，但是它正处于快速发展期。合规科技的发展分为三个阶段：RegTech 1.0 阶段、RegTech 2.0 阶段和 RegTech 3.0 阶段，如图 14-2 所示。

（一）RegTech 1.0 阶段

2008 年金融危机之前，大型金融机构就已经开始应用风险价值（VaR）和其他交易模型对风险和特定法规进行监控和分析。金融机构开始出于合规目的而大量使用计算机科技，我们将此阶段称为 RegTech 1.0。

（二）RegTech 2.0 阶段

2008 年金融危机之后，金融机构面临巨大的合规成本，对合规服务的需求激增。复杂的新法规下，合规科技提出了针对金融机构面临的潜在诉讼、监管补救，以及降低整体合规成本需求等的解决方案，我们将此阶段称为 RegTech 2.0。合规科技公司针对后来

---

① KYC 规则指了解客户规则，金融机构需清晰识别客户身份，才愿意贷款给客户。

出台的法规，如 PSD II（开放式银行）法案、MIFID II（欧盟监管法案）、AMLD IV（欧盟反洗钱 4 号令）和 GDPR（一般数据保护条例），围绕 SaaS 和 Open API 提供解决方案。他们还基于大数据技术提供数据处理服务，如数据收集、监控、分析和报告。

（三）RegTech 3.0 阶段

在过去经验的基础上，大多数金融机构还在被动地应对合规要求。但一些公司开始进入一个全新的阶段 RegTech 3.0。这些公司开始寻求针对合规要求复杂性和不确定性的解决方案，并将合规的落脚点从 KYC 转型为"了解你的数据"（know your data）。

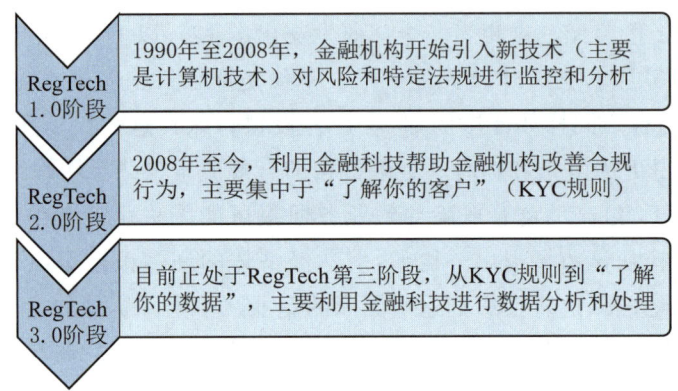

图 14-2　合规科技的发展

四、监管科技面临的风险和挑战

对于金融科技公司监管的难点在于，金融科技公司业务规模可以在非常短的时间从"小而忽略"（too-small-to-care）增长到"大而不倒"（too-big-to-fail），如图 14-3 所示。盈利能力和市场覆盖力的迅速提高，伴随着的是风险的快速膨胀。这对监管者的反应速度和应对能力都是很大的挑战。监管者通常是较为审慎的，平稳有序、有迹可循的增长对监管者建立监管模型是非常有帮助的，但很明显金融科技业务的发展并不符合这个特点。在这过程中，监管者需要进行更有针对性的监管，降低金融机构过度创新带来的风险。

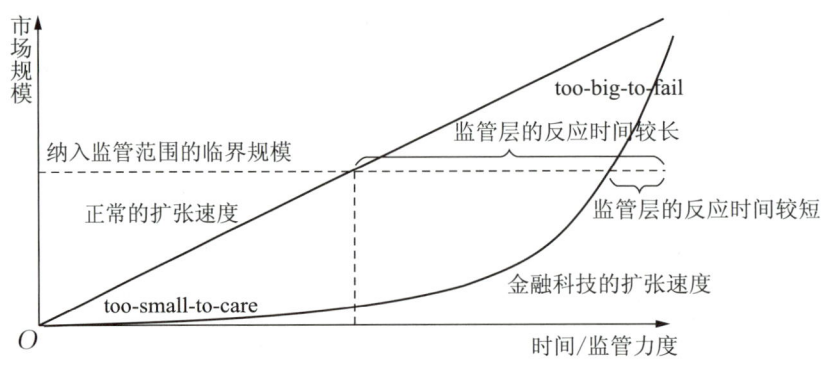

图 14-3　市场规模与监管需求的示意图

在这一背景下,监管科技面临新的风险和挑战。

(1) 网络安全仍然是金融服务行业关注的首要领域。监管科技工具通过区块链、生物识别技术和复杂密码学等先进技术来解决与安全相关的风险。但是监管科技在合规和监管系统中的使用也有可能引入新的与安全性相关的漏洞。例如,监管科技工具可能涉及持续链接到多个内部和外部数据源并从中提取数据,或需要与多个供应商合作并为他们提供公司系统的访问权限,这都增加了新的风险来源。

(2) 数据隐私安全是需要关注的另一重要领域。监管科技涉及更多的数据和信息收集,如在监控领域涉及的与客户的通信记录。虽然这些工具和数据收集方法可以增强公司合规效率,但也会带来与数据隐私相关的潜在风险。特别是在与第三方供应商共享客户数据的情况下,这种风险更容易暴露。

(3) 识别风险的难度增加。金融科技以信息技术为核心,其业务模式背后是庞大、复杂、相互关联的信息系统,海量的信息流、复杂的信息结构,客观上给识别风险增加了难度。

(4) 系统性、跨时空和跨区域的风险特征。随着金融科技手段的快速发展,金融交易主导方发生了变化,传统监管手段已不适应金融科技带给金融市场的变化。比如说,应用区块链技术可以很轻松地绕开银行,实现资金跨境流转。与此同时,数字货币洗钱是潜在威胁——用各种 token、虚拟币作为中介,先将汇款人所在地的法币转为代币,再在收款端将代币转为收款人所在地的法定货币,事实上已完成了跨境支付。监管者需要快速更新知识结构,提高识别潜在风险的科技手段,增强监管有效性。

总之,将金融科技运用到金融业务中会给现有的监管带来一些新的风险和挑战,而且这些风险通常都是系统性的;需要金融监管部门利用 SupTech 加强对金融业务的监管。

第三节　合规科技的具体应用

随着新技术的发展,金融服务行业不仅在业务上快速创新,也正在采用云计算、区块链、机器学习等新的技术,降低成本和摩擦,增强运营的安全性,有效地满足监管和合规要求。

一、风险数据的加总和管理

金融监管越来越多地受到数据的驱动,监管机构需要更宽维度和更高频度的数据。风险数据指遵守审慎监管规定所需的数据,通常是定量的,并且要满足结构化、定义明确、准确和完整的数据质量要求。

巴塞尔委员会的"有效风险数据加总和风险报告原则",针对全球系统重要性银行(G-SIB)的内部基础设施设定了具体要求,以汇总风险数据。具体包括 G-SIB 的数据加总应主要基于自动化,并应该包含所使用名词的定义字典,以保证数据定义的一致性等。但在实践中,风险数据的汇总通常是劳动密集型任务,无法做到自动化。原因包括三个方面：首先，金融机构拥有庞大的遗留 IT 系统，通常由较旧的技术组成；其次，监管和法律的要求可能导致下属机构的系统互不兼容；最后，不同司法管辖区对金融产品的范围划分不同也使数据难以汇总。如果一个司法管辖区的"短期债务"不包括回购债券协议，而是将其包含在另一大类，则这些数字将不能汇总。

针对上述问题，作为合规技术的云技术和开放平台可以创建标准化的共享程序功能，这有助于改进数据的加总和管理。共享实用程序可以为单个金融机构中的不同子公司提供服务，如云上的中央数据存储库。当共享实用程序为整个行业的多个机构提供服务时，它将帮助金融机构优化核心流程，并且金融机构也能够从规模经济效应中获得好处，如 KYC 合规实用程序。总之，该技术可以降低合规成本，提高合规性应用的扩展性和灵活性，还可以推动数据标准化与监管合规性的简单化。当然，这种共享程序功能也面临一些挑战，主要包括共享程序的机密性、安全性、维护责任、可靠性和数据质量。

二、建模和预测分析

在建模和预测分析上，压力测试是金融机构面临的最苛刻的监管要求之一。金融机构应使用包括定量分析和定性分析在内的多视角技术来实现其压力测试管理。比如，一家美国投资公司曾需要每个业务部门对受到 2 600 个宏观经济变量影响的收入流进行建模分析，以确定最为关键的变量，然后纳入该集团的风险管理模型。

合规科技可以帮助改进风险模型，创建更准确和精细的统计分析方法。机器学习可以识别大型数据集中的复杂非线性模式，并制定更准确的风险模型，提供比以前更深入的数据洞察力。有研究人员开发一种通过机器学习算法改进消费者信用风险模型的方法。

三、交易监控与身份验证

反洗钱（AML）、反恐金融（CFT）和制裁条例①要求金融机构向监管机构报告交易数据，并要求这些金融机构根据交易中的元数据②识别和标记可疑交易。金融机构需要对交易进行事后检查，并实时监控，阻止或报告所有非法交易。因为大部分的支付交易，特别是国际上的交易，是在不同银行系统内进行的，这些系统的运作十分复杂。缺乏统一的全球支付标准意味着不同的系统使用不同的元数据，如字段大小限制的不一致。这就使得一个系统中的交易信息成为另一个系统的噪声，这个问题使识别可疑交易的过程

---

① 反洗钱金融行动特别工作组（Financial Action Task Force on Money Laundering, FATF）是西方七国为专门研究洗钱的危害、预防洗钱并协调反洗钱国际行动而于 1989 年在巴黎成立的政府间国际组织，是目前世界上极具影响力的国际反洗钱和反恐融资领域极具权威性的国际组织之一。其成员国遍布各大洲主要金融中心。其制定的反洗钱四十项建议和反恐融资九项特别建议（简称 FATF 40＋9 项建议），是世界上反洗钱和反恐融资的最权威文件。2007 年 6 月 28 日，中国成为该组织正式成员。

② 元数据（metadata），又称中介数据、中继数据，指为描述数据的数据（data about data），主要是描述数据属性（property）的信息。

变得极为复杂。

反洗钱、反恐金融和制裁条例也规定了客户尽职调查要求（CDD）。KYC 是 CDD 金融监管的关键领域之一，需要通过分析包括公共和私人不同的信息来源，来识别客户和业务合作伙伴，包括自然人和法人。KYC 标准通常由 FATF 在全球范围内制定，并根据国家法律进行管理和调整。

区块链上的数字身份可以及时、高效且可靠地完成 KYC 这项工作。若干服务提供商开发了 KYC 应用，将相关的调查信息和数字身份信息存储在单个存储库中，以便随时调用。另外，结合生物识别技术，实现指纹和虹膜扫描、人脸识别和远程护照识别，可以更有效地验证个人身份和更快地完成金融服务。

四、监测组织内部行为和交易任务

监测组织内部行为主要是对组织成员的决策和行为信息进行定性分析和管理。监测组织内部行为是很难实现自动化的。许多金融机构仍在寻找提高检测内部行为和合规监督效率的有效方法。使用量化指标进行公司内部行为检测和风险控制是一种不可逆转的趋势。麦肯锡的研究报告提到，现有金融机构的内部监管机构不再接受关于内部风险评价的定性陈述。

通过非结构化数据分析与自然语言处理技术相结合的方法，我们可以解决组织内部行为和文化的监控。利用机器学习工具可以实现自动化系统输入非结构化数据，如自动生成电话呼叫记录、电子邮件。

金融产品交易受到多个方面的监管。金融市场的参与者需要管理他们的风险并拥有适当的风险管理框架。例如，美国证券交易委员会将风险管理要求扩展到包括高频交易员在内的所有参与者。金融衍生工具通常受到单独的监管，如欧盟的 EMIR 指令和美国证券交易委员会的 CFTC 规则。这些法规鼓励场外衍生品的标准化，并要求通过中央对手方（CCP）清算标准化衍生品。根据这些法规，金融机构如果想要在金融市场上进行高效的交易，需要能够实时地处理多种任务的系统。例如，需要这些系统可以实时计算保证金，或实时选择一个合适的中央对手方进行交易。

云分析是一种集成技术架构，可以以千兆字节的规模传输和融合不同类型的数据，具有先进的预测分析功能。将这些技术应用到金融机构自身的内部监管框架中，从而形成实时分析能力，可以满足监管的实时合规要求①。

五、跟踪监管动态

对于金融机构来说，随时追踪监管部门的新规已经是一件不简单的工作。但是这还远远不够，金融机构需要实时确定适用于自身的监管新法规，分析新规对企业的潜在影

---

① 集成的实时分析技术架构包含必要的技术平台、公共云或私有云、单个安全数据存储库、高吞吐量低延迟摄取管道，由分析工具提供支持，可由合规专业人员操纵相关工具完成数据可视化过程。

响,并将相应的报告和合规义务分配给相关的部门,这是更加复杂的任务。完成这些任务需要大量的人力资源。特别是一些大型的金融机构,其分公司和部门位于多个不同的司法管辖区,面临着不断变化的区域性和全球性法规。

利用金融科技制作的"监管雷达"软件可以在包括所有新规的数据库中捕获新法规的流程,允许金融机构评估法规对公司的适用性。然后,它可以将公司当前合规流程所需的法规与任何重叠的现有法规进行比较,以确定是否需要对现有的法规进行变更。最后,它还能确保将新法规中相关义务分配给相关的金融部门。

专栏 14-2

合规科技在证券行业的应用

同银行业和保险业相比,科技在证券业中的应用要相对少一些。主要因为证券行业的核心是投资管理,对专业人才的要求更高。合规科技在证券业中主要有五个应用领域:监督与监控、客户识别和 AML(反洗钱)合规、监管情报、风险管理,以及投资者风险评估。本专栏将主要介绍监督与监控和投资者风险评估两项应用情况。

监督与监控

一些合规科技工具可以将合规要求嵌入公司的运营和监督流程,从而使规则合规成为业务流程的一部分。如果这些合规科技工具能够确保合规要求成为证券公司整个交易流程的一部分,则在交易部门执行最终交易之前可以审查整个交易是否存在违规行为。这就可以将证券公司交易的操作风险控制在公司内部,防止不合规活动的发生,而不是在交易发生后的合规性审查期间识别它们。使用某些合规科技工具还可以帮助减少错误警报的数量,从而使员工有时间专注于需要升级的警报。例如,一家提供合规技术支持的公司指出,在采用合规科技工具后,其员工监控系统的虚假警报减少了80%,并且其警报的升级率显著上升。这些工具有可能带来成本效益,可以提高生产率并将资源集中在高风险领域。

投资者风险评估

为了向客户提供适当的投资建议,公司必须向客户寻求信息,并应用合理的政策和程序来确定投资者的风险偏好和容忍度,并可定期更新或改进。合规科技工具的开发有助于投资者风险评估,这是合规科技内部相对较小但不断增长的空间。这类合规科技工具寻求利用技术创新(如数据汇总和机器学习)与行为科学相结合,以比现有工具更科学的方式确定投资者的风险偏好和宽容度。例如,一些工具根据投资者在"游戏"中的表现评估投资者的风险偏好和宽容度,旨在进一步分析投资者对市场条件和投资组合表现变化的反应。这些信息可以与投资者声明的偏好结合使用,以帮助完成更全面的投资者风险评估。此外,一些合规科技工具可监控投资者投资组合中因市场状况发生的风险变化,并提出建议,使投资组合与投资者的风险状况保持一致。

合规科技工具和服务为金融机构提供多种好处,如增强风险管理、提高效率与加强行业协作的机会。这可能进一步促进公司的合规能力,从而为投资者和证券市场带来潜在收益。

思考题:

简述合规科技在证券行业中的五个主要应用领域。

第四节　监管科技的具体应用

金融与科技融合发展是经济发展信息化和智能化的重要表现,同时也是全球金融创新的热点。对整个社会来说,金融机构的不断创新能够提高金融服务的效率。但如何平衡金融创新与金融风险,做到既激发创新又控制风险,是各国监管机构同时面临的一大难题。

从2014年起,英国的FCA和美国的FINRA等机构就开始陆续利用监管科技进行风险防控。我国也逐步跟进,2016年深交所构建了基于人工智能和大数据技术的监察系统,进行实时监控、调查分析和风险监测。监管科技的逐步应用使金融监管部门的监管能力进一步增强,为规范市场、保护投资者利益作出了卓越的贡献。

监管科技具体的运用可以分为数据收集和数据分析两大方面。数据收集方面的运用主要是形成报告和进行数据管理;数据分析方面的运用主要是市场监管、不端行为监测,以及微观和宏观审慎监管。监管科技的应用分类如图14-4所示。

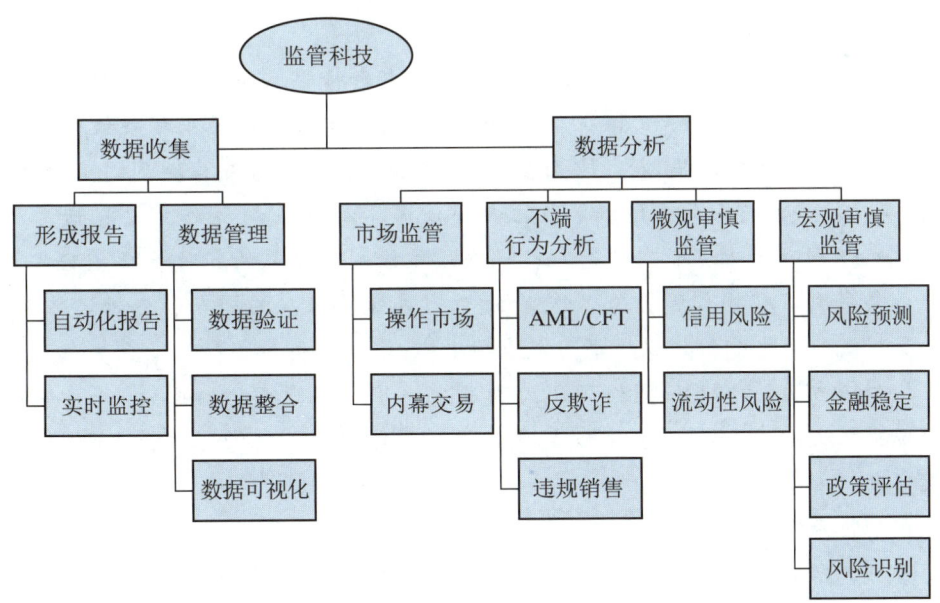

图14-4　监管科技的应用分类

一、数据收集

监管科技数据收集的应用侧重报告生成和数据管理。监管科技应用程序包括各种形式的自动化报告和实时监控。数据管理的关键应用是数据验证、数据整合与数据可视化。自动化报告主要为监管科技提供数据推送方法。数据验证是监管科技应用的另一个关键领域。自动数据验证可能包括：检查数据接收、检查数据完整性、检查数据的正确性和合理性，以及一致性等。数据整合也是许多监管科技应用程序的重要组成部分。监管科技允许通过汇总微观数据（如风险敞口和金融机构的互连）创建宏观数据。监管科技应用程序能够组合多个数据源以支持分析工作。这通常涉及连接结构化数据和非结构化数据。

从技术的角度看，区块链技术在数据收集方面有很显著的优势。由于监管机构和金融机构收集的信息涉及具体个人的隐私和金融机构的商业秘密，所以，应建立严格规范的数据使用机制、加密机制和脱敏机制，建立全面完善的数据收集系统。对于交易的参与人，应结合其银行账户、证券账户等账户信息，在系统内登记其资金信息和账户信息。由于设计上的透明性，使得区块链可以成为监管机构直接、即时和完全透明的信息系统的传送机制。将所有的交易数据和信息对接到区块链交易系统，金融机构所有的交易都可以记录在分布式分类账上，因此监管机构可以进行全面、安全、准确的跟踪，而且这些数据和信息都是永久存在的。

专栏 14-3

监管科技在数据收集中的具体应用

实时监控（real-time monitoring）

澳大利亚证券投资委员会（ASIC）的市场分析和情报系统（MAI）拥有澳大利亚一级和二级市场（ASX and Chi-X）的数据来源。MAI 从所有股权和股权衍生的产品和交易中提取实时数据，提供实时警报，识别在执行时调查或检测到的市场异常。支持 MAI 的技术是面向 KDB/Q 列的内存数据库。MAI 的运作主要包括两个步骤：第一，识别市场中可能在执行时被调查或被检测到异常的实时警报。这些实时警报已集成到日常操作和员工工作流程中，可能需要深入的调查和分析。第二，通过大数据进行历史分析可以提供完整市场报告，评估大型和复杂的风险。在交易后的环境分析方面，为 ASIC 提供了澳大利亚金融市场不断变化的图景，并持续丰富数据以提供更多建议。ASIC 可以基于该数据集访问被关注的机构或交易的信息，并进行分析和报告。

自动化报告（reporting）

自动化报告的一项重要方法是数据进栈。卢旺达国家银行是早期运用数据进栈方法的监管机构之一。其通过电子数据仓库（electronic data warehouse，EDW）

直接从被监管金融机构的 IT 系统中抓取数据,范围涵盖了商业银行、保险公司、小微金融企业、养老基金、外汇机构、电信运营商等。在移动货币和汇款运营商的情况下,每 24 小时甚至每 15 分钟自动从这些机构提取数据。为此,卢旺达国家银行开发了一个数据字典,并要求每个金融机构编写数据脚本,将数据字典映射到各自系统中的信息。然后将映射的信息放入"暂存区域",卢旺达国家银行可以在其中提取所需的信息。通过这种方式,金融机构向卢旺达国家银行提供及时、一致和可靠的数据。此外,卢旺达国家银行已在系统中建立了质量和完整性规则。如果数据不符合某些标准,则会被拒绝,并向卢旺达国家银行和受监管机构内的银行审查员发送自动电子邮件警报。除了提高数据质量,EDW 还有灵活和快速分析大数据的能力。卢旺达国家银行可以调整其监督流程和方法,以充分利用收集的数据并更有效地分配监管资源。由于外部利益相关方存在数据差距,卢旺达国家银行尚未完全结束人工报告。

思考题:

1. 实时监控对监管机构提出了哪些要求?

2. 简述卢旺达国家银行数据进栈方法的具体流程及其在数据收集中的作用。

二、数据分析

在数据分析方面,监管科技主要包括四个关键领域:市场监管、不端行为分析、微观审慎监督和宏观审慎监管。

(1)市场监管侧重可疑交易,如市场操纵和内幕交易。金融市场每个交易日都会产生大量数据。因此,证券监管机构通常在处理巨大的交易数据量方面经验丰富。

(2)监管科技在不端行为分析中的应用侧重反洗钱(AML)/反恐金融(CFT)检测、欺诈检测和不当销售。反洗钱/反恐金融领域的创新技术正处于规划阶段,许多监管机构(如意大利银行、卢旺达国家银行、菲律宾中央银行、新加坡金融管理局,以及墨西哥国家银行和证券委员会)开始尝试利用监管科技来分析监管过程中的不端行为。

(3)在微观审慎监督中,监管科技有针对信用风险评估和流动性风险检测的应用程序。比如,机器学习算法可用于信用风险评估,神经网络可用于检测流动性风险。

(4)宏观审慎监管主要是为确定宏观金融风险,包括识别金融体系中出现的风险信号和政策评估等。比如,利用来自 FMI 的大量数据(如支付系统)来识别风险信号,使用 NLP 技术进行情绪分析。

专栏 14-4

监管科技在数据分析中的具体应用

　　新加坡金融管理局(MAS)尝试利用自然语言处理和机器学习的方法来检测可疑网络是否存在潜在的洗钱问题。新加坡金融管理局找到一项用于检测反洗钱(AML)违规行为的数据分析方法。它们正在创建一个数据分析系统,要求金融机构向 MAS 提交可能存在洗钱和恐怖主义融资的交易,以便形成可疑交易报告(STR)。该报告将利用自然语言处理和机器学习技术来分析,分析完成后将产生一个可疑的洗钱子 STR 网络,这是所有 STR 产生的整个 STR 网络的一部分。监管人员使用检测到的可疑洗钱子 STR 网络进行进一步调查。子 STR 网络包括从原始 STR 产生的信息,如 STR 中的实体以及这些实体之间的关系。根据这些信息,主管将能够查找更多数据,如来自被怀疑实体的交易。该技术将大大提高效率。手动创建网络以识别潜在的 AML 违规行为大约需要两年时间,使用人工智能(AI)/机器学习(ML)来做同样的事情只需要几分钟。此外,AI/ML 可以获取人类无法获得的数据模式。

　　思考题:

　　1. 简述监管科技在数据分析中的主要优势及面临的挑战,并提出可能的应对策略。

　　2. 结合 MAS 案例,分析自然语言处理和机器学习在反洗钱中的技术优势与潜在风险。

　　金融科技是信息技术发展到一定阶段的必然产物,而政府政策与监管环境高度影响国家的金融科技发展程度。金融科技为金融机构的发展和满足合规要求提供了技术支持,相应地,作为监管机构也应该利用这些科技来不断提升自身的监管水平。我国监管科技(SupTech)的实践情况如下。

　　(1) 监管政策逐步完善。我国出台了《金融科技发展规划(2022—2025 年)》《关于做好金融"五篇大文章"的指导意见》等文件,将金融科技作为提升金融服务实体经济能力、防范系统性风险的关键抓手。明确了金融科技的发展方向和重点任务,为监管提供了政策依据和指导框架,引导金融科技行业规范发展,确保其服务于实体经济,同时防范潜在风险。

　　(2) 数据安全与隐私保护成为监管重点。随着金融科技领域数据应用范围的扩大,数据安全与隐私保护的重要性日益凸显。监管机构加强了对金融机构数据管理的监管要求,督促其建立健全数据安全管理制度,采取加密、访问控制等技术措施保护数据安全,防止数据泄露、滥用,以保护消费者的隐私和金融数据安全。

　　(3) 采取"监管沙盒"试点机制。截至 2023 年,全国已落地 70 余个"监管沙盒"试点项目,涵盖数字人民币、绿色金融等领域。通过"监管沙盒",监管机构可以在可控的环境

《关于做好
金融"五篇
大文章"的
指导意见》

中允许金融科技企业进行创新试点,在鼓励创新的同时,密切监测和评估创新产品或服务的风险,及时调整监管政策和措施,平衡创新与风险防范的关系,为金融科技的创新发展提供了相对宽松又不失监管的环境。

(4)跨境监管与国际合作加强。在跨境支付与数字货币成为国际竞争焦点的背景下,我国通过高质量共建"一带一路"机制推动金融科技标准输出。同时,中国金融管理部门愿进一步加强与全球金融监管当局的交流,在反垄断、数据管理、运营管理和消费者保护等方面加强国际合作。

本章小结

1. 中央银行数字货币(CBDC)为中央银行发行和监管的以数字形式存在的国家货币,具有和传统纸币相同的法律地位和法律支持。

2. 合规科技(RegTech)是针对金融机构,运用新技术新手段,满足多样化的监管要求,简化监管与合规流程,降低相应成本的手段。监管科技(SupTech)是监管机构运用新技术手段,如大数据、云计算、机器学习提升其监管效率,促进业务核查,开展有效市场监测,帮助监管机构在新的金融服务领域,扩大监管范围,更有效地监控金融机构的风险和合规情况。

3. 合规科技主要包括下面几个方面:风险数据的加总和管理、建模和预测分析、交易监控与身份验证、监测组织内部行为和交易任务、跟踪监管动态。合规科技工具在证券业中主要有五个应用领域:监督与监控,客户识别和 AML(反洗钱)合规,监管情报,风险管理,以及投资者风险评估。

4. 监管科技具体的运用可以分为数据收集和数据分析两大方面。数据收集方面的运用主要是形成报告和进行数据管理;数据分析方面的运用市场监管、不端行为监测,以及微观和宏观审慎监管。

复习思考题

1. 简述合规科技和监管科技的概念,并阐述一下它们之间的区别与联系。

2. 请简单分析一下合规科技的主要应用。

3. 目前,金融科技监管主要面临哪些挑战?

4. 简述沙盒(sandbox)与监管沙盒(regulatory sandbox)的概念。

5. 请谈谈你对我国合规科技与监管科技未来发展方向的看法,并给出适当建议。

第十五章

金融科技伦理

1. 掌握金融科技伦理的基本概念及发展。
2. 了解金融科技应用中的伦理问题。
3. 了解国际与我国金融科技伦理治理现状。

📖 **引导案例**

2022 年,北京国家金融科技认证中心(简称"国金认证")推出人工智能金融应用伦理治理评估模型,齐鲁银行成为全国首批通过该评估的金融机构,两者共同构建了"标准制定—机构实践"的伦理治理闭环。

该模型针对"算法滥用、数据鸿沟、隐私保护"等核心挑战,构建了矩阵式评估框架:纵向聚焦伦理理念,横向覆盖数据安全、算法滥用等四大风险维度,形成全生命周期的评估指标体系。

值得关注的是,模型根据人工智能应用的风险等级(高、中、低)设计了差异化评估机制。例如,高风险应用(如生物识别、资金转移类技术)需接受更严格的伦理审查,而低风险的内部管理类应用则采用简化评估流程。同时,模型通过"基础级、可控级、可信级"三级认证体系,引导机构分阶段提升伦理治理能力——基础级要求满足基本合规,可控级需提交自评估报告及验证材料,可信级则代表最高治理水平。

该模型已在部分地区开展先行先试。齐鲁银行是全国首批、山东首家取得人工智能金融应用伦理影响认证的金融机构。面对此次认证评估工作,齐鲁银行提前半年开展人工智能伦理研究准备工作,并依据金融科技伦理治理的要求全面梳理了内部管理制度和工作流程,最终以齐鲁银行人工智能服务平台——泉智 AI 中台提供的人工智能服务为依托,基于齐鲁银行"市民贷"线上贷款业务场景,对金融服务流程中的人工智能应用进行评估。

思考题：

1. 国金认证的"分级分类评估模型"如何平衡金融创新活力与伦理风险防控？对跨行业（如互联网平台金融业务）的伦理治理有何借鉴？

2. 齐鲁银行将伦理治理嵌入"市民贷"场景的实践，对金融机构在普惠金融、智能风控等业务中落实"公平非歧视"原则有何启示？

第一节　金融科技伦理概述

一、金融科技伦理的概念

按照字面理解，伦理即"人伦道德之理"。作为社会规范的一种，伦理主要是指社会主体处理人与人、人与社会的关系时所应遵循的基本道理与准则。与法律规范相比，伦理属于道德范畴的子集，其强制力来源是被规范主体的精神认同，而非国家强制等外在力量；其约束对象既包括外在行为，又包括内在心理，而非像法律那样更多关注外在行为；其形成机制相对灵活，只要取得被约束对象同意即可，而非需要通过国家标准立法程序。另外，伦理还具有调整灵活、适用广泛的优点，因此长期以来一直被作为刚性法律执行的有益补充。进入现代社会，科技伦理逐渐成为伦理体系的焦点核心。科技伦理，是指伦理思想在科学研究和技术开发等科技活动中的应用。金融科技伦理是金融学、伦理学与科技的交叉部分，是科技伦理与金融伦理的有机结合，是科技伦理的分支，也是金融伦理的延伸。

二、金融科技伦理的发展

（一）金融伦理的发展历史

（1）古代：早在古代，人们就开始在交换和贸易活动中涉及金融，如借贷、利息。在古希腊和古罗马时期，一些哲学家如亚里士多德和斯多葛派哲学家都有关于金融伦理的思考，强调正义、公平和道德在金融交易中的重要性。

（2）中世纪：基督教教义对金融伦理的发展产生了影响。中世纪的天主教教会开始制定关于利息和放贷的规定，这在一定程度上限制了金融交易的发展。然而，随着时间的推移，教会对利息和放贷的看法逐渐变化，为金融业的发展创造了条件。

（3）近代：18世纪和19世纪的启蒙时代，一些思想家开始探讨资本主义和市场经济体系下的金融伦理。亚当·斯密在《国富论》中提出了自由市场的概念，强调竞争和自利动机的重要性。然而，这也引发了一些对于道德和社会公平的担忧。

（4）20世纪至今：这一时期的金融伦理开始关注更广泛的社会责任和可持续发展。随着金融体系的全球化，跨国公司和国际金融机构受到越来越多的道德和伦理挑战，如环境保护、社会责任和不平等问题。近年来，金融危机、洗钱、欺诈等事件的发生，使金融伦理再次成为热点话题。许多组织和机构开始关注如何在金融业务中更好地平衡经济利益和社会责任,推动可持续发展和道德的金融实践。

（二）　科技伦理的发展历史

（1）早期科技伦理思考:工业革命时期(18 世纪末至 19 世纪初)的技术进步引发了人们对于劳动条件、工人权益和社会公平的道德关切。这是科技伦理早期阶段的思考内容之一。科学家和公众开始关注科技的潜在危险性,这促使科技伦理研究兴起。

（2）环境和生态伦理的兴起:20 世纪后半叶,环境保护运动兴起,人们开始关注科技发展对环境和生态系统的影响。这推动了环境伦理的兴起,强调可持续发展和生态平衡的重要性。生物技术的发展,如基因编辑和生物工程,引发了对于人类基因改造、克隆和生命伦理的讨论。这推动了生物伦理的兴起,探讨人类与生命科学的道德界限。

（3）信息科技和数字化伦理的兴起:随着计算机和互联网的普及,信息革命引发了隐私、数据安全和网络伦理的讨论。个人隐私权、数字身份和数据滥用等问题成为科技伦理的重要议题。社交媒体的崛起引发了虚假信息、信息过载和在线言论自由的伦理挑战。如何平衡自由表达和信息可信度,成为科技伦理的热点问题。

（4）人工智能和自动化伦理的挑战:随着人工智能的快速发展,涉及算法公平性、隐私、职业替代和责任问题的伦理议题受到广泛关注。人工智能决策的透明性和道德性成为争论焦点。自动驾驶技术引发了在紧急情况下的道德选择问题。例如,自动驾驶汽车在遇到事故时应如何进行决策,涉及生命和伦理的权衡。

（5）当代科技伦理挑战与发展:大数据时代,数据的收集、分析和使用引发了关于隐私、个人权利和数据所有权的伦理辩论。随着生物科技的发展,人体改造和脑机接口等技术带来了身体和伦理界限的挑战。

（三）　金融科技伦理的发展历史

随着科技的不断进步,20 世纪末和 21 世纪初,金融科技开始崭露头角。从在线支付到数字化银行,科技对金融业务方式带来了巨大变革。金融科技伦理的发展与金融伦理和科技伦理的发展历史紧密联系,反映了社会、技术和道德观念的演变。随着金融和科技的不断演进,对于如何平衡经济利益和社会责任,推动可持续和道德的金融实践,引发了以下几方面的广泛讨论。

（1）数据隐私和安全:随着数字化金融服务的兴起,数据隐私和安全成为重要问题。用户的个人和财务信息如何被收集、存储和使用,以及如何保护这些信息免受黑客窃取和滥用,引发了伦理关切。

（2）人工智能与算法:金融科技中的人工智能和算法对决策和交易产生了深远影响。然而,算法的透明性、公平性和潜在的偏见也成为伦理讨论的焦点。

（3）金融包容性与社会影响:金融科技能够改善金融包容性,使更多人获得金融服务。然而,科技发展不平衡可能导致数字鸿沟,使一些弱势群体被边缘化,引发了关于社会公平和道德责任的讨论。

（4）监管与合规挑战:金融科技的迅猛发展挑战了传统金融监管模式。如何平衡促进创新和保护消费者的权益，成为伦理辩论的一个重要方面。

三、金融科技伦理的特征

（1）金融伦理与科技伦理的复合性。从本质上来讲，金融科技伦理就是金融伦理与科技伦理的交叉部分，既可以将其理解为与金融领域存在密切联系的科技伦理，也可以理解为在数字经济背景下金融伦理所呈现出的新的形式。金融科技伦理涉及经济、金融、伦理学、哲学、计算机、人工智能等文理工交叉领域，主要包括平台交易伦理、算法伦理、数据伦理等方向。

（2）金融科技伦理的"软约束"性。金融科技伦理是伦理思想在金融科技活动中的应用，是行政规制和法律规制之外的第三种规制手段——伦理规制。金融科技伦理发挥规制作用主要通过公序良俗和社会舆论实现：一方面，要求金融科技活动利益相关者的行为符合社会公认的金融交易习惯，不得破坏金融市场秩序；另一方面，通过大众媒体对道德榜样者进行表扬、对行为失德者进行谴责，引导金融科技活动主体选择合理的行为取向。金融科技伦理以倡导性、评价性内容为主，而非偏向惩罚性、追责性的设定①。因此，与法律规制所具备的强制执行力不同，金融科技伦理的约束力更依赖相关主体的内心认同和自觉行为配合。

（3）金融科技伦理外延的不确定性和伦理内涵的变动性。为了确保伦理规范在金融科技市场频繁变化的情况下依然能够持续、有效地解决伦理冲突问题，大多数国家对金融科技伦理的界定使用了诸如"商业道德""交易习惯""诚实信用"等道德语言，该类描述性语言使金融科技伦理的外延具有不确定性。同时，金融科技是数字经济时代金融和科技融合发展的新形式，与之相应的金融科技伦理的内涵也明显带有当下的时代特征。比如，金融科技伦理从要求遵守金融科技市场秩序转向促进金融科技可持续发展，凸显了其引人向善的社会调控作用。随着信息科技的迭代更新，越来越多的新技术将不断应用在金融领域，金融科技伦理的具体内容也会纳入新的时代要求，以解决发展过程中产生的新型伦理冲突问题。

（4）金融科技伦理需要和经验法则相结合才能为个案裁判提供清晰明确的指引。与法律规范不同，金融科技伦理尚未形成全覆盖、多层次、高标准的规范体系，而是散见于各级政府部门出台的政策性文件，或者金融行业主体内部的自治性契约，大多以伦理原则的形式存在。由于伦理原则先天性地存在规制对象模糊化和宽泛化的弊端，无法直接为个案裁判提供具体的操作标准。因此，受伦理规范内容不确定的限制，裁判者在应对现实的伦理失范问题时，往往需要辅以经验法则来进行判断，形成"先伦理规则，后经验法则"的裁判思路。

四、金融科技伦理治理的意义

当前，金融科技领域持续迎来创新与发展，深刻地改变了传统金融服务的方式和模

---

① 　车宁：《金融科技伦理治理体系的构建》，《中国银行业》2021 年第 11 期。

式,极大地提升了服务效能、质量以及能力,促进了经济社会的进一步发展。然而,这一领域也引发了一系列复杂多样的伦理问题和潜在风险,为金融创新、金融监管和金融安全带来了全新的挑战。因此,深入研究金融科技伦理治理问题,积极构建金融科技伦理治理体系,已经显得非常重要且紧迫。

根据全国政协委员、中国证监会原主席肖钢在中国财富管理50人论坛上所做《构建金融科技伦理治理体系》课题报告,加强金融科技伦理治理的意义有五点:第一,保障金融科技向上向善的迫切需要。技术创新的一个重要特点是利他、利社会。一个技术的发明只利己的话,是无法在全社会推广的。第二,平台经济反垄断、防止资本无序扩张的内在要求。第三,维护金融安全与金融稳定的重要防线。因为伦理问题也会引发一些风险问题,做好伦理治理和金融监管一起来构筑风险防范的阵线是很重要的。第四,提高金融资源配置效率和维护消费者权益的必由之路。如果金融机构不注意伦理治理,很可能就会损害消费者的合法权益。第五,提高我国金融科技国际竞争力的必要条件。金融科技伦理治理备受全球重视,各个国家和组织都围绕金融科技伦理治理发布了若干规则和规定。如果我们只重视技术发展,而不重视伦理建设,恐怕就会掉队,更谈不上增强国际竞争力。

第二节　金融科技伦理的风险与挑战

一、数据隐私和安全问题

随着金融科技的快速发展,大量敏感数据的处理和存储成为不可避免的现实。然而,数据隐私和安全问题也在逐步显露,可能导致严重的隐私泄露和风险。为了更精准地评估客户的风险,降低整体融资风险,大多数数字普惠金融产品都侧重用户数据的收集和分析。金融机构利用了数字技术来高效解决"长尾客户"的信息不对称问题。随着金融数据资源呈现爆发性增长,越来越多的敏感信息暴露在开放的网络环境中,这导致了数据安全事件的频繁发生。侵犯消费者个人隐私的问题也通常发生在信息收集阶段,一些数字普惠金融服务机构超范围过度采集金融消费者的个人身份、行为、偏好等数据。此外,大规模数据的聚集也带来了信息泄露的风险,从而侵害金融消费者的权益。值得注意的是,数字普惠金融服务的受众通常在获取和掌握金融知识、法律知识方面存在不足,缺乏足够的数据安全和保护意识,因此其权益更容易受到侵犯。这一情况增加了解决这些伦理问题的紧迫性和复杂性①。金融科技公司在获取、处理和存储用户数据时,必须面对一系列挑战,包括平衡数据利用的便利性与保护用户隐私的合规性。

（1）数据泄露可能对用户个人隐私造成极大威胁。金融科技涉及用户的财务信息、

---

① 曾刚:《金融伦理与数字普惠金融发展》,《中国金融》2023年第1期。

交易记录、身份信息等，一旦这些信息被不法分子获取，用户可能面临金融诈骗、身份盗窃等风险。例如，信用卡信息的泄露可能导致用户财务损失，个人身份信息的泄露可能被用于伪造身份，进一步引发社会问题。

（2）数据隐私问题涉及用户对金融科技公司的信任。用户只有相信自己的数据会被妥善保护，才愿意使用金融科技产品和服务。金融科技公司需要建立健全的数据安全措施，包括数据加密、安全认证、访问权限控制等，以保障用户数据的安全性。

（3）数据隐私问题还涉及数据的合法收集和使用。在许多国家，个人数据的收集和使用受到法律和法规的限制，金融科技公司需要遵循相关法律，明确告知用户数据的用途，并取得用户的同意。例如，欧洲的《通用数据保护条例》（GDPR）规定了用户数据的收集和使用原则，要求公司在获取用户数据时必须取得用户的明示同意。

综上所述，金融科技在数据隐私和安全问题上需要综合考虑用户隐私保护、数据安全措施和法律合规性。金融科技公司应该加强数据安全技术的研发和应用，建立健全的数据隐私政策，与监管机构合作，确保用户数据的隐私得到有效保护。

二、人工智能的道德考量

伴随着金融科技的发展，出现了一系列引发深刻思考的道德问题。这些问题涉及历史数据可能导致的身份歧视、AI 决策缺乏人类道德判断，以及复杂算法的不透明性。金融科技的崭新前景和无限潜力将不可避免地与道德原则相互交织，因此我们必须深入探讨这些伦理挑战以确保金融领域的持续健康发展。

（1）人工智能算法可能受历史数据中的偏见影响，进而导致不公平的结果。例如，一个信用评分模型可能在决定借款申请是否通过时，倾向于基于历史贷款记录，忽略了申请人的其他能力和潜力。这种偏见可能会影响一些特定人群，如少数族裔或低收入人群难以获得平等的金融机会。

为了解决这一问题，金融科技公司需要注重算法的公平性和透明性。引入多样化的数据，避免过度依赖历史数据，有助于减少偏见的影响。例如，在信用评分模型中，除了考虑信用历史，还可以考虑申请人的收入、职业和其他因素，以实现更全面的评估。

（2）人工智能决策可能缺乏人类的道德判断。在某些情况下，算法可能无法考虑人类的价值观和道德原则，导致不符合伦理的决策。例如，在借贷决策中，算法可能只关注利润最大化，而忽略了借款人的个人权益。

金融科技公司需要确保算法的决策是合乎伦理和人类价值观的。可以通过在算法中加入道德指引和约束，以及设定合适的决策优先级，来保证算法在做出决策时不会违背伦理原则。同时，金融科技公司还可以建立道德委员会或咨询机构，对算法决策进行审查和监督，确保其符合道德要求。

综上所述，金融科技在人工智能的应用中需要认真考虑道德和伦理问题。金融科技公司应该注重算法的公平性、透明性和道德合规性，以确保人工智能在金融领域的发展不会损害用户权益和社会公平。

三、技术滥用和金融犯罪

金融科技的蓬勃发展不仅带来了创新和效率，也为技术滥用和金融犯罪提供了新的机会。虽然金融科技的应用使得金融交易更加便捷，但也可能被不法分子利用，进行网络攻击、欺诈、洗钱等非法活动。这些技术滥用和金融犯罪不仅损害了个人和企业的财产，也对整个金融体系和社会稳定构成了威胁。

（1）技术滥用可能包括网络攻击和恶意程序的利用。金融科技的数字化特性使得金融机构和用户的数据更容易受到攻击。黑客可能利用技术漏洞入侵金融机构的数据库，获取用户的敏感信息，从而进行诈骗和盗窃。此外，恶意程序如勒索软件可能加密用户数据，威胁用户支付赎金才能解锁数据。

（2）金融犯罪可能涉及洗钱和非法交易。加密货币等金融科技工具的匿名性和交易不可追踪性使其成为不法分子的选择。虽然加密货币有助于跨境支付和降低交易成本，但也可能被用于洗钱和非法交易。例如，暗网市场中的交易往往以加密货币的形式进行，难以被监管机构追踪。

为了应对这些风险，金融科技公司需要与执法机构合作，加强反欺诈和反洗钱措施。建立实时监控系统，检测可疑交易和异常行为，有助于及早发现潜在的技术滥用和金融犯罪。金融科技公司还可以投入更多资源进行网络安全研发，提升系统的抵御攻击能力。此外，加强用户教育，提高用户对网络安全和金融犯罪的认知，有助于降低用户受骗的风险。

四、不平等和社会影响

金融科技的发展虽然为更多人提供了便捷的金融服务，但也可能加剧数字鸿沟，使一些群体难以获得金融服务。这可能进一步扩大社会中的不平等现象，阻碍一些群体的经济发展和社会参与。

（1）数字鸿沟可能源自数字技术的不平衡普及。虽然金融科技的应用使金融服务更加普及，但一些地区或群体可能由于技术使用能力不足，无法享受到这些便利。缺乏数字技能、设备和网络连接可能使这些人错失金融科技带来的机会，从而进一步加剧不平等。

（2）金融科技的产品和服务可能存在设计上的偏见，导致一些群体被忽视。由于算法和模型的训练数据可能受到历史偏见的影响，金融科技产品可能更倾向于为特定群体提供服务，而忽略了其他群体的需求。例如，在信用评分模型中，可能会忽略低收入群体的信用价值，导致他们难以获得贷款和信用。

为了缓解这些问题，金融科技公司应该努力促进金融包容性。首先，公司可以开发适应不同技术水平和需求的产品，降低数字技能门槛。其次，应该注重算法的公平性，避免歧视性结果的产生。通过引入多样化的数据和人工干预，可以减少算法的偏见。最后，金融科技公司还应与政府、非政府组织合作，推动数字教育的普及，提高所有群体的数字素养，从而缩小数字鸿沟，实现更加包容的金融科技发展。

综上所述,金融科技的风险与挑战涵盖了技术滥用和金融犯罪、不平等和社会影响。金融科技公司需要积极采取措施,与执法机构合作,加强安全防范;同时,也要努力推动金融包容性,确保技术的发展不会加剧社会不平等,而是为更多人带来平等的机会与利益。只有在综合考虑伦理和社会影响的前提下,金融科技才能够真正实现可持续的发展和价值创造。

第三节 金融科技伦理治理现状

一、国际金融科技伦理治理现状

金融科技已成为在全球范围内不断发展的关键行业,在改变我们储蓄、投资、支付和借贷方面扮演着重要角色。然而,随着金融科技的迅猛发展,伦理和治理问题也日益凸显,包括但不限于数据隐私、算法公平性、金融包容性和社会责任等方面。不同国家和地区在应对这些问题方面有着不同的法规和措施。

每个地区都有其特定的法规、监管机构和行业最佳实践,以确保金融科技的健康、公平和可持续发展。从数据管理和合规性到金融产品和服务的可达性和安全性,再到环境、社会和治理(ESG)目标的实施,这些地区都在全方位地考虑如何更好地将伦理原则融入金融科技发展。

(一)美国金融科技伦理治理现状

在美国,金融科技伦理治理是一个多层次和多方面的议题,包括隐私与数据治理、技术与道德考量、金融包容性与安全性、监管合规与社会影响。

1. 隐私与数据治理

美国对金融科技领域的隐私保护和数据使用有严格的法规。例如,加利福尼亚推出的《消费者隐私法》(CCPA)和联邦贸易委员会(FTC)的规定共同构建了一个要求企业提供透明隐私政策和保护客户数据的框架。金融机构还需要遵循《格雷姆-里奇-比利雷法》(GLBA)和反洗钱(AML)法规,确保用户数据的安全和合规性。

2. 技术与道德考量

人工智能和算法在金融科技中的应用日益广泛,但美国尚未制定统一的道德准则。不过,纽约已经开始要求使用这些技术进行决策的公司提供更多的透明度和公平性。

3. 金融包容性与安全性

美国政府和金融科技公司正在通过各种方式,如移动支付和数字货币等技术,努力提高金融包容性,使更多没有银行账户的人能参与金融活动。同时,消费者金融保护局(CFPB)对反金融诈骗进行了严格监管,以保护用户权益。

4. 监管合规与社会影响

金融科技公司需要遵循不同行业的监管规定,如支付卡行业数据安全标准

(PCI DSS)和金融市场法规。金融科技公司的崛起也对社会经济产生了积极影响,尤其是在金融科技创新中心如旧金山和纽约,但是也引发了对传统金融业工作岗位减少的担忧。

(二) 英国金融科技伦理治理现状

英国金融科技的伦理治理框架是一个综合体,包括数据管理与合规性、金融服务的可达性与安全性、创新与社会影响、金融科技的未来方向。

1. 数据管理与合规性

英国的《数据保护法》(DPA)和《通用数据保护条例》构建了一套严格的个人数据使用和保护规范。这些规范被英国金融行为监管局(FCA)进一步细化,特别是在金融公司使用第三方数据和人工智能算法方面。金融行为监管局要求进行风险评估和遵循数据隐私及安全性的指南,以确保用户数据的合法使用和共享。

2. 金融服务的可达性与安全性

英国政府正致力于通过数字金融技术扩大金融包容性,尤其在不同社会群体和地区。金融行为监管局不仅对金融诈骗和用户安全进行严格的监管,还提供了预防金融诈骗的警告和建议。

3. 创新与社会影响

金融科技在英国推动了创业和经济增长,但也带来了岗位流失和数字鸿沟等社会问题。为应对这些问题,政府和各相关机构通过支持培训和创新项目,并推动金融教育来增强公众的金融素养。

4. 金融科技的未来方向

除了传统金融服务,英国还在探索如何将金融科技与环境、社会和治理目标相结合。这包括了基于可持续发展的投资和贷款解决方案。同时,监管科技(RegTech)也被广泛应用以提升监管效率,金融行为监管局鼓励金融科技公司开发能帮助金融机构更好地遵守合规性要求的技术解决方案。

(三) 欧盟金融科技伦理治理现状

欧盟在金融科技伦理治理方面拥有多元且综合的治理体系,包括数据保护与合规性、安全性与身份认证、可持续发展与社会责任、人工智能与算法伦理、金融教育与包容性。

1. 数据保护与合规性

欧盟通过实施《通用数据保护条例》为个人数据设定了统一的保护标准,并且通过反洗钱指令(AMLD)和支付服务指令第二版(PSD2)进一步规范了金融科技公司。此外,各会员国如德国和法国也有着自己特定的数据保护法规,如《联邦数据保护法》(BDSG)和《数据保护法》。

2. 安全性与身份认证

欧盟大力推动数字身份认证技术,如"eIDAS"法规,以提升在线金融交易的安全性。不仅如此,一些国家如爱沙尼亚更是推出了 e 身份卡,用于金融交易和其他在线服务。此外,为了能够方便民众掌控个人账户,欧盟在金融领域推动开放银行,通过支付服务指令第二版要求银行向合作伙伴提供开放银行接口,使消费者能够更好地控制其金融数据。

3. 可持续发展与社会责任

欧盟和其成员国高度关注金融科技与环境、社会和治理目标的结合。这体现在欧盟可持续金融行动计划和个别国家如荷兰在促进经济增长和创造就业方面对金融科技创新的支持。

4. 人工智能与算法伦理

人工智能在金融科技应用中扮演越来越重要的角色,欧盟和一些成员国已发布一系列人工智能伦理准则和白皮书,以确保 AI 的可控、透明和非歧视。例如,法国推出了 AI 伦理原则,鼓励人工智能应用遵循可解释性和非歧视性原则。

5. 金融教育与包容性

金融教育与包容性也是欧盟政策的关注重点,尤其在数字支付和金融服务方面。欧盟鼓励金融科技公司提供数字金融教育资源,帮助公众更好地了解数字金融产品和服务。一些国家还在学校课程中引入数字金融教育。

(四) 日本金融科技伦理治理现状

日本在金融科技伦理治理领域有着详尽的法规和措施,涵盖了数据隐私与监管、支付安全与创新、金融包容性与社会需求、人工智能的透明度与公平性等多个方面。

1. 数据隐私与监管

在日本,《个人信息保护法》(PIPA)和《个人信用信息法》强调了用户数据隐私和保护的重要性,规定了金融科技公司在处理用户数据时需遵循的各种原则和安全措施。个人信息保护委员会则负责确保这些法规得以执行。另外,日本的《金融商品取引法》规定了与金融商品交易相关的各种监管要求,包括投资者保护和信息披露,以确保金融科技公司在提供投资服务时的合规性。

2. 支付安全与创新

日本政府通过《支付服务法》《电子支付法》和《虚拟货币交易所法》等多项法规,鼓励支付创新并确保支付安全。这些法规规定了支付服务提供者和虚拟货币交易平台的注册和监管要求,旨在保护用户权益。

3. 金融包容性与社会需求

日本政府推动金融科技以促进金融包容性。例如,为了提供在日本无银行账户人群的金融服务,一些金融科技公司开发了基于手机的电子钱包解决方案。随着日本人口老龄化,金融科技公司试图满足老年人的金融需求。例如,一些公司开发了针对老年人的数字支付和金融咨询应用。

4. 人工智能的透明度与公平性

日本金融机构将人工智能算法用于优化投资组合、评估信用风险等。因此,如何保证透明度和公平性成为紧迫的问题。监管机构要求金融科技公司必须保证算法决策的可解释性和公平性。

二、我国金融科技伦理治理现状

作为社会主义国家,我国历来高度重视科技伦理建设。早在中央确立建立社会主义市场经济体系的第二年,全国人大常委会就出台了《科学技术进步法》,从立法层面推动科技伦理建设,具有极强的前瞻性。进入中国特色社会主义新时代,面对数字经济、科技进步的繁荣与挑战,党的十九届四中全会提出"健全科技伦理治理体制",《中华人民共和国国民经济和社会发展第十四个五年规划和 2035 年远景目标纲要》也明确纳入科技伦理建设内容。

(一) 政策法规

根据目前的相关制度看,我国在金融科技伦理顶层设计方面日益完善。我国金融科技伦理治理已经取得积极成效。从党中央、国务院到金融监管部门,一直高度重视科技伦理治理。中国人民银行也发布了一系列的规范和标准来进行治理,特别是将伦理规范落实到监管制度与监管沙盒,金融科技伦理自律管理也得到了加强。

1.《关于构建更加完善的要素市场化配置体制机制的意见》

在金融科技伦理方面,2020 年中共中央、国务院印发的《关于构建更加完善的要素市场化配置体制机制的意见》中,数据被列为土地、资本、劳动力和技术之外最重要的生产要素。随着人工智能、大数据等数字技术在数字普惠金融领域应用的不断深入,新技术应用对数据形成高度依赖,需要依靠大量的、多维度的数据建模进行决策。由此产生的数据安全问题不仅关系到数字普惠金融产品和服务的质量,更涉及客户隐私保护和公共安全问题,因此应被高度重视。

2.《金融业数据能力建设指引》

2021 年 2 月 9 日,中国人民银行发布《金融业数据能力建设指引》,将金融数据管理能力划分为数据战略、数据治理、数据架构、数据规范、数据保护、数据质量、数据应用、数据生存周期管理 8 个能力域和 29 个能力项,提出了每个能力项的建设目标和思路。该指引有助于引导金融机构深挖数据要素潜能,全面提升数据管理和应用水平,切实将数据规划好、治理好、应用好、保护好。

3.《人工智能算法金融应用评价规范》

2021 年 3 月 26 日,中国人民银行发布金融行业标准《人工智能算法金融应用评价规范》,该规范规定了人工智能算法在金融领域应用的基本要求、评价算法、判定准则。其适用于开展人工智能算法金融应用的金融机构、算法提供商、第三方安全评估机构等,另外还从安全性、可解释性、精准性和性能方面开展 AI 算法评价,适用对象分为资金类场景和非资金类场景,最后给出了详细的 AI 算法评价方法,包括查阅报告、查看系统、访谈人员、系统测试、攻击测试、算法测试、查看算法等。该规范给出了从安全性、可解释性、精准性和性能方面开展 AI 算法评价的具体内容和判定准则。

(1) AI 算法的安全性在金融行业的应用中起到关键作用,为确保算法的可用性提供了安全保障。AI 算法只有在满足安全性要求的前提下,才能在金融领域进行应用。

对于 AI 算法的安全性评价,主要考虑目标函数安全性、算法攻击防范能力、算法依赖库安全性、算法可追溯性,以及算法内控等方面。

（2）判断算法是否适用的另一个重要依据是 AI 算法的可解释性。可解释性越高,算法的内在逻辑、技术实现路径、决策过程和预期目标就越明晰,使得算法更容易被理解、匹配、应用和管理。对 AI 算法可解释性的评价涵盖了算法建模准备、建模过程和建模应用三个阶段。

（3）在评估 AI 算法的应用效果和目标预期方面,精准性和性能是主要考虑因素。一般而言,精准性和性能越高,算法的应用效果越好。对 AI 算法的精准性和性能评价包括了算法建模过程和建模应用两个阶段。

总体而言,这个规范建立了人工智能金融应用算法评价框架,系统地提出了基本要求、评价方法和判定准则,为金融机构加强智能算法应用风险管理提供了指引。

4.《金融科技发展规划（2022—2025 年）》

2022 年 1 季度,中国人民银行印发的《金融科技发展规划（2022—2025 年）》中除了提到完善现代化治理结构和全面塑造数字化能力,还提到"加强金融科技伦理建设"。

5.《金融领域科技伦理指引》

2022 年 10 月,中国人民银行发布了《金融领域科技伦理指引》（简称《指引》）,从数据安全、包容普惠、公开透明、公平竞争等方面对金融机构、金融科技公司的金融科技伦理治理进行规范和指导,预防和化解金融领域的科技伦理风险。《指引》明确了金融科技的定义为"技术驱动的金融创新",其核心是在合法合规的前提下,持牌金融机构利用现代科技成果对金融产品、经营模式、业务流程等进行改造或创新,以推动金融发展提质增效。对于金融机构如何运用技术进行创新,《指引》强调了伦理治理主体责任的履行,要求金融机构遵守金融持牌经营要求、践行服务实体经济的使命、秉持科技赋能金融的定位、坚持诚信履约行为准则、严格遵守依法合规的底线,并切实维护各方合法权益。

（1）伦理原则。《指引》指出,金融机构应秉持"金融为本、科技为器"的原则,坚持将科技定位为金融赋能的工具,并明确了金融机构与科技公司的合作边界。在这一合作中,金融机构直接提供金融服务,而科技公司为金融机构提供技术支持,以实现互促共进,有效隔离金融风险和科技风险。

（2）数据安全。为了规范金融机构的行为,《指引》也着重强调了数据安全的重要性。数据是金融科技创新的基础,涉及从创新产品设计到金融服务模式,以及从业务流程优化到风险安全防控等方面。《指引》在围绕数据的采集与使用方面提出了一系列规定,包括在采集、处理用户数据之前需要充分获取用户授权,采集数据时要遵循最小必要原则,并且在使用数据时应秉持"专事专用"原则;同时,也要求采取严格的防护措施,依法合规地共享数据,并主动清理留存数据。在最小必要采集数据方面,《指引》要求采取合法、正当的方式,确保采集目的明确合理,并将采集内容、频率和数量控制在实现处理目的的最小范围,以确保采集信息对用户权益的影响最小,避免过度采集数据。另外,《指引》强调了加强数据来源管理,以确保数据的合法性、完整性、真实性和准确性,避免通过非正常手段获取和使用数据。

在专门使用数据方面,需要遵守与数据主体的约定义务,确保在既定的目的、范围和处理方式内处理个人信息和重要数据,避免超范围使用数据。如果数据的处理目的、处理方式或种类发生变更,应通过重新明示相关信息或获得用户的明确同意等方式,以实现"用途明确,范围可控"。

在数据共享方面,要在依法合规的前提下,谨慎有序地推动数据资源的安全共享,不得设置不合理的限制,不得妨碍其他市场主体公平获取数据。在数据共享的过程中,需要充分尊重并保障数据主体的知情权等合法权益,采取有效措施确保数据接收方按照约定的目的、范围和处理方式处理个人信息和重要数据,以防止不当使用数据。

(3)公平竞争与风险防控。《指引》在关注数据安全的同时,对公平竞争和风险防控等方面也提出了多项要求,特别是针对近年来发生的数据滥用和算法滥用等情况进行了明确规定。《指引》强调了防范数据和流量的滥用,倡导维护公平的市场竞争秩序,杜绝过度采集和滥用数据资源,禁止利用数据和流量等优势从事垄断经营和不正当竞争,切实保障相关方的合法权益。同样,《指引》要求公平公正地使用智能算法,以促进人民福祉为目标,遵循公平、公正、透明的原则,利用智能算法帮助相关方做出更好、更明智的选择,同时不得利用算法优势减少或限制各方的选择机会,也不能通过影响用户选择等方式干扰、破坏其他经营者合法提供金融科技产品服务的行为。《指引》还明确反对利用算法进行流量造假、制造信息茧房、诱导超前消费等不当行为。

(二)组织与机构建设

2019年10月,国家科技伦理委员会正式成立。这一举措具有重大意义,它从国家层面为包括金融科技在内的整个科技领域的伦理治理指明了方向,奠定了坚实基础。国家科技伦理委员会的成立,标志着我国对科技伦理问题的重视提升到了全新高度,为后续一系列科技伦理政策的制定和实施提供了核心指导与统筹协调。

深圳、浙江等地积极响应国家号召,先行先试,成立了地方性金融科技伦理委员会。这些地方委员会紧密结合本地金融科技发展的实际情况,深入开展金融科技伦理规范的探索与实践。它们在促进本地金融科技企业之间的交流合作、引导企业遵守伦理规范、解决金融科技伦理纠纷等方面发挥了重要作用,为全国金融科技伦理建设积累了宝贵经验,提供了可借鉴的地方范例。

(三)行业自律

中国互联网金融协会在金融科技伦理建设方面积极履行职责,开展了一系列卓有成效的工作。通过组织问卷调查等方式,协会深入了解行业发展现状和问题。例如,协会联合毕马威中国面向全国250家金融科技企业开展的问卷调查显示,已开展科技伦理相关工作的受访金融科技企业比例从2022年的77%上升至2023年的82%,这一数据直观反映出行业整体在科技伦理建设方面的积极进展。协会还积极推动行业自律,通过制定行业自律公约、开展宣传教育活动等手段,引导金融科技企业树立正确的伦理观念,规范企业行为,营造良好的行业生态环境。

在2023金融街论坛年会上,北京金融科技产业联盟发布了《金融领域科技伦理自律公约》,该公约的发布对于推动行业自律具有重要意义,为金融管理部门开展金融科技伦理工作提供了有力支撑。同时,联盟发起"金融领域科技伦理倡议",凝聚了行业力量,共同致力于提升金融科技伦理水平,推动行业健康可持续发展。

(四) 参与国际治理,贡献中国智慧

中国在国际舞台上积极输出"东方理念"。2022年,中国向联合国提交《关于加强人工智能伦理治理的立场文件》,首次系统提出"伦理先行、自我约束、负责任使用、国际合作"四大主张,强调发展中国家在人工智能治理中的话语权。

中国还积极参与并推动区域金融科技伦理合作。中国与"一带一路"沿线国家共同探讨金融科技伦理治理路径。例如,在与东盟国家的合作中,围绕跨境数据流动、数字金融服务等领域,就金融科技伦理问题展开深入交流,促进区域内金融科技的健康发展,为构建区域金融科技伦理治理体系贡献力量。

(五) 展望

在探索之路上取得了一定成果,但我国金融科技伦理仍面临一些挑战,包括数据安全隐患、算法滥用、数字鸿沟扩大、无序竞争加剧。面对挑战,中国金融科技伦理的未来发展需要政府、企业、行业组织等多方协同努力,多管齐下推动金融科技伦理体系不断完善。金融机构作为金融科技伦理实践的主体,应进一步深化责任意识。行业组织应发挥桥梁和纽带作用,制定并推广金融科技伦理行业标准和自律公约,引导行业成员自觉遵守。行业应借助技术创新为金融科技伦理发展赋能。

通过各方共同努力,在强化政策监管、深化企业责任、发挥行业组织作用和推动技术创新赋能等方面持续发力,有望构建一个更加健康、公平、可持续的金融科技伦理生态,为中国金融科技的高质量发展奠定坚实基础,确保金融科技在正确的轨道上健康发展,更好地服务实体经济和人民生活。

本章小结

1. 金融科技伦理是金融学、伦理学与科技的交叉部分,是科技伦理与金融伦理的有机结合,是科技伦理的分支,也是金融伦理的延伸。在科技快速发展的背景下,传统的伦理在与科技活动结合的时候,就衍生出由于科技发展给传统伦理带来的挑战。

2. 金融科技伦理治理的意义有五点。第一,保障金融科技向上向善的迫切需要。第二,平台经济反垄断、防止资本无序扩张的内在要求。第三,维护金融安全与金融稳定的重要防线。第四,提高金融资源配置效率和维护消费者权益的必由之路。第五,提高我国金融科技国际竞争力的必要条件。

3. 金融科技伦理治理的主要问题包括:数据隐私和安全问题;人工智能的道德考量;技术滥用和金融犯罪;不平等和社会影响。

复习思考题

1. 如何定义金融科技伦理？

2. 金融科技伦理主要包含哪几个方面？

3. 我国金融科技伦理治理的现状如何？

主要参考文献

［1］李佳.基于区块链的电子支付变革及展望［J］.中国流通经济,2018,32(10).

［2］温胜辉.区块链在资产证券化领域的应用前景探究［J］.债券,2018(3).

［3］徐光,叶欣怡.区块链与资产证券化［J］.中国金融,2018(3).

［4］李玉秀.区块链技术在信贷资产证券化上的应用问题研究［J］.北京金融评论,2017(4).

［5］管同伟.区块链在资产证券化风险控制中的应用研究［J］.新金融,2018(1).

［6］张璟霖,伦祖炜.区块链技术与供应链金融结合研究［J］.合作经济与科技,2017(21).

［7］邹均,张海宁,唐屹,等.区块链技术指南［M］.北京:机械工业出版社,2016.

［8］WANG Y S,ALEXANDER K.Designing confidentiality-preserving Blockchain-based transaction processing systems［J］. International journal of accounting information systems,2018(30).

［9］KEISTER,TODD,DANIEL S. Should central banks issue digital currency? ［J］. The review of economic studies,2023(90).

［10］保建云.主权数字货币、金融科技创新与国际货币体系改革:兼论数字人民币发行、流通及国际化［J］.人民论坛·学术前沿.2020(2).

［11］巴曙松,姚舜达.央行数字货币体系构建对金融系统的影响［J］.金融论坛,2021,26(4).

［12］孟刚.法定数字货币与人民币国际化［J］.中国金融,2019(24).

［13］刘凯,李育,郭明旭.主要经济体央行数字货币的研发进展及其对经济系统的影响研究:一个文献综述［J］.国际金融研究,2021(6).

［14］姚前.区块链与央行数字货币［J］.清华金融评论,2020(3).

［15］陈燕红,于建忠,李真.中国央行数字货币:系统架构、影响机制与治理路径［J］.浙江社会科学,2020(10).

［16］孙榕.人民银行发布《中国数字人民币的研发进展》白皮书［J］.中国金融家,2021(7).

［17］AITKEN M,TOREINI E,CARMICHAEL P,et al. Establishing a social licence for financial technology:reflections on the role of the private sector in pursuing ethical data practices[J]. Big data & society, 2020，7(1).

［18］LOBSCHAT L，MUELLER B，EGGERS F，et al. Corporate digital responsibility[J]. Journal of business research, 2020.

［19］唐士亚,张巍瑜.金融科技伦理规制的基本法理与制度化构造[J].北京邮电大学学报(社会科学版),2022，24(6).

教师教学资源服务指南

关注微信公众号"**高教财经教学研究**"，可浏览云书展了解最新经管教材信息、申请样书、下载课件、下载试卷、观看师资培训课程和直播录像等。

 课件及资源下载

电脑端进入公众号点击导航栏中的"教学服务"，点击子菜单中的"资源下载"，或浏览器输入网址链接http://101.35.126.6/，注册登录后可搜索相应资源并下载。

 样书申请及培训课程

点击导航栏中的"教学服务"，点击子菜单中的"云书展"，了解最新教材信息及申请样书。

点击导航栏中的"教师培训"，点击子菜单中的"培训课程"即可观看教师培训课程和"名师谈教学与科研直播讲堂"的录像。

 联系我们

联系电话：（021）56718921